こころのケア

―臨床心理学的アプローチ―

池田勝昭・目黒達哉　共編

学術図書出版社

は じ め に

　本書は，初学者から現任者までが活用できるような臨床心理学の専門書です．

　私どもは実践者を目指している人が基本的な学びができるように，また現場で活躍されている実践者がふと自分が実践していることを振り返り，基本に返ることができるような専門書として出版いたしました．

　本書は，臨床心理士などのカウンセラー，看護師，作業療法士，社会福祉士，精神保健福祉士，介護福祉士，保育士，幼稚園教諭，小学校・中学校・高等学校教諭，特別支援学校教諭などを目指している人，もしくは現任者として実践しておられる方に活用していただければ幸いに思います．

　ご承知のように，昨今，日本の社会はいじめ，不登校，児童虐待，発達障害，少年犯罪，凶悪犯罪，うつ病，自殺，認知症など子どもから高齢者まで，臨床心理学が取り上げるべき課題が山積されています．こうした課題や問題を解決していくために，臨床心理学は必要不可欠な学問となりました．日本の社会は物質的に豊かになりましたが，人として大切な何かを置き去りにして来たように感じられます．日本は物質性は向上しましたが，精神性は低下しているように見受けられ，この精神性を向上させていくうえでも臨床心理学は一役を担うと考えます．

　本書が，関係機関で実践しておられる専門家の皆さんの一助となりますことを願っています．

平成22年（2010年）4月
愛知教育大学　名誉教授
池田　勝昭
同朋大学　教授
目黒　達哉

も く じ

序　論　こころのケアについて ……………………………… 1

第Ⅰ部　『こころのケア』に関する基礎知識

第1章　臨床心理学とは ………………………………… 8
1．臨床心理学の定義 ……………………………………… 8
2．臨床心理学の対象 ……………………………………… 9
3．臨床心理学の領域 ……………………………………… 12
4．臨床心理学の技法 ……………………………………… 14
5．臨床心理学の実践者（カウンセラーの資格） ………… 16

第2章　臨床心理学の発展史 …………………………… 18
1．臨床心理学の歴史的背景 ……………………………… 18
2．精神測定法の発展 ……………………………………… 20
3．精神分析の発展 ………………………………………… 22
4．臨床心理学の誕生から今日まで ……………………… 26
5．日本における臨床心理学の歴史 ……………………… 28

第3章　臨床心理学を学ぶ上での基礎知識 …………… 32
1．意識と無意識 …………………………………………… 32
2．パーソナリティ理論 …………………………………… 38
3．発達理論 ………………………………………………… 45

第Ⅱ部　『こころのケア』への実践方法・研究方法

第4章　臨床心理検査（心理アセスメント） ………… 52
1．面接法 …………………………………………………… 52
2．知能検査 ………………………………………………… 64

3．質問紙法……………………………………………… 66
　4．投影法………………………………………………… 71
　5．作業検査法…………………………………………… 82

第5章　臨床心理面接……………………………………… 90
　1．カウンセリングと心理療法………………………… 90
　2．代表的理論と技法…………………………………… 92
　　1）精神分析………………………………………… 92
　　2）行動療法………………………………………… 99
　　3）カウンセリング………………………………… 106
　　4）家族療法………………………………………… 113
　　5）箱庭療法………………………………………… 116
　3．治療形態……………………………………………… 117
　4．集団心理療法………………………………………… 120
　　1）心理劇…………………………………………… 121
　　2）ＳＳＴ…………………………………………… 127
　　3）エンカウンター・グループ…………………… 130
　　4）芸術療法………………………………………… 134
　　　(1) 絵画療法……………………………………… 134
　　　(2) 音楽療法……………………………………… 136
　5．心理リハビリテイション…………………………… 141
　　1）心理リハビリテイションとは………………… 141
　　2）心理リハビリテイションの地域援助実践事例… 150
　6．作業療法……………………………………………… 161

第6章　臨床心理的地域援助……………………………… 168
　1．臨床心理的地域援助の概念………………………… 168
　2．臨床心理的地域援助の方法………………………… 172
　3．臨床心理的地域援助による開拓の可能性―高齢者福祉領域―… 180
　4．学校臨床……………………………………………… 182

第7章　臨床心理学的研究……………………………………… 188
　1．研究することの意味と目的……………………………… 188
　2．「事例研究」の意味と方法……………………………… 192
　3．質的な事例研究の例……………………………………… 196

第Ⅲ部　『こころのケア』の対象

第8章　子どもの心理…………………………………………… 202
　1．いじめ……………………………………………………… 202
　2．不登校……………………………………………………… 204
　3．チック……………………………………………………… 207
　4．緘黙………………………………………………………… 209
　5．吃音………………………………………………………… 211
　6．児童虐待…………………………………………………… 213
　7．発達障害…………………………………………………… 215

第9章　障害児・者の心理……………………………………… 220
　1．障害児・者全般についての基本概念と特性…………… 220
　2．障害児・者のこころのケアに関する基礎理解と展開… 222
　3．こころのケアにおける具体的なアプローチと展開…… 228
　4．障害児・者の心理とこころのケアにおける課題と展望… 229

第10章　高齢者の心理…………………………………………… 231
　1．高齢者の知能……………………………………………… 231
　2．高齢者の心理的問題……………………………………… 236
　3．認知症高齢者の心理的特徴……………………………… 240
　4．高齢者の生と死…………………………………………… 242

第11章　精神障害者の心理……………………………………… 246
　1．精神障害とは……………………………………………… 246

2．精神障害の症状と分類……………………………………… 246
  3．精神保健活動と予防………………………………………… 251
  4．精神障害者の生き方について……………………………… 254

おわりに………………………………………………………… 257

索　引…………………………………………………………… 258

序論
こころのケアについて

1.『こころ』が枯れている

　今日の日本は，物質社会であるといわれている．戦後，高度経済成長の波に乗り，日本の社会は物質的，経済的に豊かになった．最近では，戦後において三種の神器といわれたテレビ，冷蔵庫，洗濯機もちろんのこと，車，コンピューターまでもが各家庭で所有するようになった．

　平成の時代に入り，バブル崩壊，阪神淡路大震災，異常気象，構造不況によるリストラ・失業，凶悪犯罪の低年齢化，新型インフルエンザの感染拡大など，日本の社会は混沌とした時代を迎えた．このような時代背景のなかで，平成21年8月の衆議院議員総選挙では，民主党が圧勝し，自民党から民主党へと政権交代がなされ，国民の社会変革への期待が高まった．

　時代の変化とともに，『こころ』の問題も浮き彫りなってきた．日本の社会は，物質的な豊かさを追い求めてきた結果として，その反対側にある精神性（こころ・気持ち）を置き去りにしてきように感じられる．

　現在，日本の社会では，子どものいじめ，不登校の問題から高齢者のうつ病・自殺の問題まで，こころに関する問題が山積みとなった．平成20年度における日本での自殺者は，32,249人と発表されている（警察庁「平成20年中における自殺の概要資料」，愛知県警察本部）．日本は，今や自殺大国といっても過言ではない．誰がこのようなことを予測しただろうか．日本の社会は，人として大切な何かを見失ってしまったようだ．

2.日本における『こころ』の問題の現状

　日本における『こころ』の問題の現状について，概観してみたい．
　ここでは，乳幼児期，児童期，青年期，成人期，高齢期と発達段階の各段

階における『こころ』の問題もしくはそれに関連する問題について述べることにする.

(1) 乳幼児期の問題

近年，乳幼児期から児童期にみられる諸問題の代表例として児童虐待があげられる．この問題は，子どもが死に至るという最悪な事態にまで発展していることがマスコミなどで取りあげられている．児童相談所における児童虐待に関する相談対応件数の推移をみると，平成2年度は1,101件で，その後増加傾向を示し，平成10年度には6,932件，平成19年度には40,639件となった（平成21年版『青少年白書』内閣府，p.43）．

虐待の要因としては，虐待の世代間伝達がある．これは，虐待者である親の約30％が，自分の親から虐待を受けた経験がある．虐待者の背後には，人格障害を伴うなど精神病理の深い問題を抱えている場合もある．

平成17年4月に発達障害者支援法が施行された．この法律は，これまでグレーゾーンにおかれていた「発達障害」の人々を対象とするものであった．

この法律では，「発達障害」を「自閉症，アスペルガー症候群その他の広汎性発達障害，学習障害，注意欠陥多動性障害その他これに類する脳機脳障害であってその症状が通常低年齢において発現するもの」と定義している．この問題は，発達障害をもつ人が乳幼児期から高齢期まで，各発達段階に応じた援助を受ける必要がある（厚生労働省社会・援護局障害保険福祉部『発達障害の理解のために』2007年，http://www.mhlw.go.jp）．

(2) 児童期の問題

児童期から青年期にかけては，いじめ，不登校が代表的な問題である．いじめは，いじめに遭い自殺する子どもがいて深刻な社会問題となっている．公立小・中・高校のいじめ件数の推移は，平成7年に39,992件で，10年後の平成17年に38,119件と若干減少しているが，ほぼ横這い状態といえる（文部科学省「生徒指導上の諸問題の現状について〔2-1 いじめの発生学校数・発生件数〕http://www.mext.go.jp/b_menu/houdou/16/08/04082302/005.htm〕）．

不登校は，小学生，中学生，高校生，専門学校生，短大生，大学生，大学院生と広範囲にわたって考えることができる．今，どこの学校にもひとりやふたり不登校の児童・生徒，学生はいる．筆者らも大学教員であるが，このような傾向のある学生は複数いる．全国の小・中学校の不登校児童生徒数の推移は，平成3年度に66,817人で，その後増加し続け，ピーク時の平成13年度に138,722人となった．平成18年度には，126,764人と若干減少傾向を示した（文部科学省「平成18年度生徒指導上の諸問題の現状（不登校）について（8月速報値）」，http:www.mext.go.jp/b_menu/houdou/19/08/07080133.htm）．

　いじめ，不登校の増加から，平成7年度から当時の文部省（現在，文部科学省）は，「スクールカウンセラー活用調査研究委託事業」をスタートさせた．主に臨床心理士の資格を持つカウンセラーなど『こころ』の専門家が教育現場に派遣されるようになった．それと同時にこの出来事によって日本の社会の中で『こころ』の問題への対応がクローズアップされたといっても過言ではないであろう．

(3) 青年期の問題

　青年期は，前期，中期，後期と分けることができる．前期は中学生，中期は高校生，後期は大学生と考えることができる．この時期は，多感な時期で，アイデンティティ確立と失敗が混在する時期である．このような時期に，リストカット，摂食障害，うつ病，統合失調症，人格障害など精神病理の深い疾患が発症する．さらには，青年期の延長として「モラトリアム人間」という用語があるように，なかなか大人になれない若者も出現している．

　これに関連して，「社会的ひきこもり」と呼ばれ，不登校などをきっかけとして，社会適応が困難な若者もいる．また，「フリーター」「ニート」という用語があるように，定職に就かない，定職になかなか就けない若者も出現し，社会の問題となっている．この問題も『こころ』の問題と関連づけて考えることができよう．

(4) 成人期の問題

　成人期は，人生の内でも最も充実した時期ともいえ，社会の第一線で活躍する時期である．しかし，その反面，離婚，挫折など自分自身の人生を見つめ直す時期でもある．今日の構造不況のなかで，リストラ，会社の倒産による失業など危機的な状況にあり，うつ病を発症したり，自殺に追い込まれる人もいる．残された家族は，経済的に苦しい状況となる．育ち盛りの子どもがいて，教育に最も経済的負担が増える時期でもある．

　高度経済成長期には，自動車が急増し，交通戦争という用語が造られ，交通事故死者が増加した．こうした状況のなかで，親を交通事故で亡くしてしまった子どもたちへの経済的，心理的支援が必要となった．彼らは交通遺児と呼ばれる．

　これに対して，今日では，親を自殺によって亡くしてしまう子どもたちの存在がクローズアップされるようになった．彼らは自死遺児と呼ばれ，経済的，心理的支援の必要性が出てきた．

　成人期の『こころ』の問題は，本人だけの問題ではなく，その家族に降りかかってくるのである．

(5) 高齢期

　人生の最終ステージである高齢期では，いかに自分の人生に整理をつけ，受け容れていくかが課題である．

　高齢期は，職業からの引退，経済的喪失，心身機能の低下による日常生活動作能力の低下，配偶者や友人との死別など喪失体験が増加する．これらの要因が絡み合っての認知症の問題は周知のとおりであろうが，ここで取りあげたいのは高齢者のうつ病，特に自殺の増加である．

　愛知県における平成20年度の自殺者は，1,555人で，その内60歳以上の高齢者が約36％であった．自殺の原因のほとんどがうつ病を呈していたといわれている（警視庁「平成20年中における自殺の概念資料」，愛知県警察本部）．

　人生の最終ステージでの自殺は非常に残念なことではあるが，喪失体験など自殺に至る要因が身近に多く存在する時期で，死への準備教育など心理的

援助の必要性が迫られている．

3．こころのケア（『こころ』の問題へのアプローチ）

　こころの問題へのアプローチは，さまざまな学問領域から行われ，それぞれの専門家が実践している．医療領域では精神科医，保健師，作業療法士が，福祉領域では精神保健福祉士が，そして心理領域では臨床心理学の分野において臨床心理士が，それぞれの専門性を生かして予防から治療，社会復帰に至るまでアプローチし，時にはそれぞれの職種が協働・連携している．

　本書では，特に臨床心理学からのアプローチに関して取りあげたい．臨床心理学からのアプローチを実践する専門家は，主に臨床心理士である．

　1998（昭和63）年3月に，16種の臨床心理学に関連する学術団体や学会の理解と協力により「日本臨床心理士資格認定協会」が創設され，「臨床心理士」の資格が産声をあげた．その後，1990（平成2）年8月1日付で，文部省より同認定協会は公益法人格を有する財団法人として認可され，臨床心理士はより以上に公共性を帯びることとなった．平成7（1995）年4月に，当時の文部省（現在，文部科学省）が「いじめ」の増加と「いじめ」によって中学生が自殺するという痛ましい事件をきっかけとし，小，中，高校に「文部省スクールカウンセラー活用調査研究委託事業」として，主に臨床心理士有資格者をスクールカウンセラーとして派遣したことによって，臨床心理士が国民に知られるようになった．現在では，「制度化」され，全国の中学校に全校配置されるまでに発展した．

　臨床心理士に要請される専門性には四つの柱がある．それは，臨床心理査定技法，臨床心理面接技法，臨床心理的地域援助技法及び，これらに関する研究・調査となっている．

　本書では，日本における『こころ』の問題の現状を把握しつつ，どのようにケアしていけばよいのか四つの専門性にしたがって，それぞれの専門的知識と実践方法について述べることにする．

参考文献
（1）池田勝昭・目黒達哉共編『障害者の心理・「こころ」－育ち・成長・かか

わり-』学術図書出版社，2007.
（2）下山春彦・丹野義彦編著『講座臨床心理学Ⅰ　臨床心理学とは何か』東京大学出版会，2001.
（3）財団法人日本臨床心理士資格認定協会監修『新・臨床心理士になるために〔平成21年版〕』誠信書房，2009.
（4）田畑治編『臨床心理学』放送大学教育振興会，1995.
（5）福屋武人編『現代の臨床心理学』学術図書出版社，2002.

第Ⅰ部

『こころのケア』に関する基礎知識

第1章
臨床心理学とは

1．臨床心理学の定義

　現代心理学はあらゆる人間の心理を対象とし，時代を追って専門化，細分化が進んでいる．基本的に心理学は，「全ての人間に共通する心のメカニズムを説明する理論の構築」を重視する基礎心理学と，「人間社会における現実的な目標の達成や具体的な対象の特徴を明らかにする」応用心理学に大別される．臨床心理学（Clinical Psychology）は，応用心理学に属する．

　そもそも臨床（Clinical）の原語は病院のベッドを意味し，「患者と接する」ことを指す．すなわち臨床心理学とは，「心理的苦悩に状況にある個人を理解し，健康な方向へと支援することを目的とする心理学の学問分野」と定義される．直接的支援の内容と方法は，心理療法，心理相談，またはカウンセリングと表現される．心理的問題の理解と支援の基礎にあるのは，異常心理学，人格心理学，発達心理学，大脳生理学，精神医学の諸領域である．

　心理的苦悩を抱える個人が，その苦悩の程度を減らし，所属する社会・環境と調和することで現実生活を主体的に行えるように，具体的な治療目標を掲げて心理療法は進められる．個人の生活史のなかで，心理的苦悩がどのように生じ，形成されたかという発現メカニズムと形成プロセスの分析，また心理的苦悩の程度の測定，さらに個人の人格特徴や個人をとりまく環境との相互作用などを分析・診断し，実際的な支援を行うのが心理療法である．

　臨床心理学は，さまざまな社会病理ともいえる心理現象に対応する分野であり，現在心理学を専攻する学生のなかでも最も人気の高い分野の一つである．なぜなら現代日本においては，1998年以降連続で年間3万人を超える自殺者，12万人いる不登校児・生徒，100万人以上とも推定されるひきこもり

者，これらの問題の背後にあるうつ症状や不安症状に悩む人の増加がみられ，また幼児・児童虐待や DV の報告などからも，家族の絆が脆くなりつつある様相がうかがえ，これらの心理的問題をどう解決するかという社会的要請があるためである．

このような現代社会において，人間のメンタルヘルスの回復，維持，増進に重要な役割を担う臨床心理学では，人間性への信頼やヒューマニズムに基づくアプローチと並行して，心理的問題の解決のために，より科学的・実践的で，しかも実効性のあるアプローチが求められている．心理学の目標は，人間の行動の予測とコントロールにあるため，臨床心理学の目標は「心理的問題（精神症状，問題行動）の生起条件と解消条件」を探ることにあると言えよう．そのため近年エビデンスに基づく臨床心理学（Evidence Based Clinical Psychology）が重要視されている．

2．臨床心理学の対象

(1) 原因による分類

心理的苦悩は，人間が「ある人物や事象が自分にとって有害である」という知覚をしたときに生じる．通常心理的苦悩の原因は一つではなく，多くの場合，生物学的要因，心理学的要因，社会的要因の相互作用（bio-psycho-social）によって起こる．

臨床心理学の対象となるものを原因によって大まかに分類すると，外因性精神障害，内因性精神障害，心因性精神障害，パーソナリティ障害になる．

① 外因性精神障害は，病気や怪我による脳の機能障害によるものである．
② 内因性精神障害は，脳の構造や機能に何らかの不全が認められるものである．分裂性障害（統合失調症等）と気分障害（躁鬱病，うつ病）が含まれる．
③ 心因性精神障害は，本人の素因とストレスによって起こると考えられているものである．不安障害やストレス関連障害が含まれる．
④ パーソナリティ障害は，外因性精神障害，内因性精神障害，心因性精神障害以外で，パーソナリティの偏りが大きすぎて社会不適応を起こ

すものを指す．妄想性パーソナリティ障害，精神病質パーソナリティ障害，精神病型パーソナリティ障害，反社会性パーソナリティ障害，境界性パーソナリティ障害，演技性パーソナリティ障害，自己愛性パーソナリティ障害，回避性パーソナリティ障害，依存性パーソナリティ障害，強迫性パーソナリティ障害の10タイプに分類される．

（2）症状による分類

　エビデンスに基づく心理療法を行うためには，適正な精神医学的診断，心理診断が不可欠である．精神医学的治療，心理治療が必要かどうかの判断の一つとして，WHO の ICD-10（世界保健機構，2008，『ICD-10　精神および行動の障害　DCR 研究用診断基準新訂版』医学書院）とアメリカ精神医学会の DSM-Ⅳ-TR（アメリカ精神医学会，2003，『DSM-Ⅳ-TR　精神疾患の分類と診断の手引新改定版』医学書院）が世界的に使用されている．ICD-10は国家機関による疫学調査や国際的調査で使われることを想定し，開発途上国でも使えるように，診断基準が複雑になりすぎないように工夫されている．一方，DSM-Ⅳは学問的研究を促進し，治療のガイドラインを提供する目的で作成されている．

　DSM-Ⅳでは使用にあたり，患者や家族から構造化面接によって情報収集し，各精神疾患の臨床像に，複数の特徴的な症状のうちいくつ以上あてはまる項目がみられるか，また何ヶ月以上持続しているかという診断基準を設けて，疾患名を判断するシステムを採用している．DSM-Ⅳの診断カテゴリーには，① 通常幼児期，小児期，または青年期に初めて診断される障害，② せん妄，認知症，健忘障害，および他の認知障害，③ 一般身体疾患による精神病理，④ 物質関連障害，⑤ 統合失調症および他の精神病性障害，⑥ 気分障害，⑦ 不安障害，⑧ 身体表現性障害，⑨ 虚偽性障害，⑩ 解離性障害，⑪ 性障害および性同一性障害，⑫ 摂食障害，⑬ 睡眠障害，⑭ 他のどこにも分類されない衝動制御の障害，⑮ 適応障害，⑯ パーナリティ障害，⑰ 臨床的関与の対象となることのある他の状態，⑱ 追加コード番号がある．

　最終的な診断は，専門家による面接を経て，対象者を多軸評定する．すなわちⅠ軸　精神症状，Ⅱ軸　パーソナリティ（人格障害・知能）の特徴，Ⅲ

軸　身体症状（ICD-10による診断名）の影響の有無，Ⅳ軸　心理社会的・環境要因（ストレス等），Ⅴ軸　全体的機能の評定の五つの観点からを総合的に理解する．つまり，専門家が身体的疾患や人格の特徴，その人を取り巻く心理社会的環境を鑑み，総合的に判断するわけであるが，個人的に関心のある場合，あるいは臨床心理学の学習用に必要がある場合には，DSM-Ⅳ，ICD-10やM.I.N.I.などの簡易診断用マニュアルを入手し，参考資料とする．

　その他，いわゆる精神障害の基準には達しないが，相談者自身が生活上の出来事へのやりにくさや辛さを感じている場合にも，心理相談はもちろん有効である．精神的ストレスが蓄積すると日常的生活に現れる兆候としては，仕事に行けない，電車に乗れない，家事ができない，育児ができない，学校に行けないなどの社会的活動が制限される場合がある．次に，眠れない，食欲がない，アルコールの摂取量が増えてしまうなど生活習慣が乱れる場合がある．さらに一日中不安で何も手につかない，一日中ある考えにとりつかれている，全く何をする気にもなれない，何をしても楽しさがわいてこない，という情緒的な困難がある場合がある．このような状態を何とかしたいと思っているが，自分だけではどうにもならない場合には，心理相談が必要になる．

　日常の人間関係から受けるソーシャルサポートで，心理的苦悩が解消されることもあるが，問題が複雑化，長期化した場合には，臨床心理専門家に相談する必要があると思われる．精神症状が現れた時すぐにかつ十分な治療を受けることが良好な予後のため必要なのであるが，治療のタイミングを逃したり，治療が不十分に終わると問題が長期化したり，再発しやすくなることが指摘されており，臨床心理学の対象となる問題と支援法の啓蒙活動を行うことが重要である．

（3）治療動機・相談動機の有無

　本人に治療・相談動機がある場合には，治療・相談機関にかかることは比較的スムーズで，良好な予後をもたらしやすくするが，そうでない場合の心理には注意を払う必要がある．本人に病識（病気であるという自覚）がない場合でも，臨床心理学の対象となりうるケースがある．

例えば「自傷他害」すなわち自分自身を傷つける（例：リストカット，自殺），人を傷つける恐れのある場合（例：殺人，虐待）は，治療・相談機関にかかることになる．また，自分で問題と認識できない乳幼児や児童などは，その家族が対象となる．自覚がない本人や受診したがらない子どもや家族に関しては，なぜ治療が必要で，どうすれば本人の苦しみが軽減されるのか，特に子どもの場合にはそこで何が行われるのかについて十分に話し合い，説得する必要がある．その過程が後の症状回復の経過に良い影響をもたらす．

3．臨床心理学の領域

　心理治療・相談を行う臨床の現場もいくつかの領域がある．心理支援が必要となった場合，相談機関を選択するときの目安として，まずは相談対象者の属性（年齢，所属機関），次に相談対象となる心の問題の種類の2点を考えると，該当する機関が1，2候補としてあがる．実際に，相談者の属性（年齢と所属），現実に抱えている問題，症状の種類もさまざまで，個別の対応が必要になるため，より適合度のよい機関を選択することは重要である．以下に相談機関を ① 医療，② 福祉，③ 教育，④ 司法，⑤ 産業，⑥ 開業の領域に大別し，主として相談できる内容に加え，料金の問題，および特徴を含めてその相談活動の内容を表1-1で説明する．

　① 医療領域の機関には，病院の精神科，神経科，心療内科，精神保健センターや保健所，ホスピスなどがある．② 福祉領域の機関には，養護施設，障害者施設，高齢者福祉施設，児童相談所養護老人ホームなどがある．③ 教育領域の機関には，小中高の心理相談室，大学の学生相談室や保健管理センター，教育センターなどがある．④ 司法領域の機関には，警察，犯罪被害者支援センター，家庭裁判所，少年鑑別所，少年院，刑務所などがある．⑤ 産業領域の機関には，企業内の心理相談室（内部EAP），外部EAP機関などがある．⑥ 開業領域の機関には，一般のカウンセリングルームがある．

　近年臨床心理学の領域では，精神障害者の患者だけではなく，さらなる成長を望み悩む人も心理相談を受けられる開放的なスタイルに変遷しつつあ

3．臨床心理学の領域

表1-1　相談機関の種類と相談内容一覧

領域	相談機関 機関名	主に相談できる内容	料金	特徴
①医療	公立・私立〔総合病院／大学病院〕{精神科／神経科／心療内科} 個人クリニック 保健所・保健センター・精神保健センター	総合失調症（精神分裂病）・アルコール依存・心身症・気分障害（躁うつ病・うつ病）・不安障害・ストレス関連障害・人格障害・摂食障害・睡眠障害・性同一性障害	有料：5千円～8千円／時間	対象に限定なし。身体に不調顕著である場合最適。薬物療法とカウンセリングの併用可。地域で治療実績のある相談機関の紹介が受けられる
	ホスピス	終末期のがん・エイズなど	無料	相談機関は少ない
②福祉	養護施設（療育センターなど） 障害者施設（授産施設・作業所など） 高齢者福祉施設（特別養護ホームなど）	精神遅滞・自閉性障害・注意欠陥多動性障害・ホスピタリズム 精神障害（総合失調症など）・知的障害 痴呆・対象喪失にまつわるうつ	有料：5千円～8千円／時間 無料 有料	対象は、障害を持つ子どもや成人とその家族の生活支援。就学・就業、療養などで、そのケースにに応じて
	児童相談所	幼児、児童虐待・学習障害・神経性習癖・緘黙（かんもく）・吃音	無料	各種自助グループの紹介あり
	福祉相談窓口	育児相談・DV被害相談・セクシュアルハラスメント	無料	
③教育	小・中・高・心理相談室	不登校・保健室登校・いじめ・転校・軽度発達障害	無料	対象は、在学生とその保護者・教員。公立中学校のスクールカウンセリング事業への予算は厚い
	大学〔学生相談室・保健管理センター／心理相談室（一般用）〕	アパシー・対人関係・性格・進路（就職）問題・異文化不適応・異性問題・自傷行為・対人恐怖・パニック障害・強迫性障害	有料：1千～4千円／時間	
	教育研究所・教育相談センター	不登校・いじめ・校内暴力・学級崩壊・家出・窃盗	無料	
④司法	警察 家庭裁判所〔少年部／家事部〕 少年鑑別所・少年院 犯罪被害者支援センター	非行全般（薬物）・障害・援助交際・凶悪少年犯罪・再生 離婚・相続・親権・扶養義務の問題 少年犯罪者・犯罪者の矯正と更生 （レイプ・交通事故・ストーカーなどによる）ASD・PTSD	無料	対象は触法少年、ぐ犯少年犯罪者。矯正や更生のための、人格査定・治療を行う 通常の生活に戻るための支援
⑤産業	企業内心理相談室 公務員心理相談室 外部EAP心理相談室	転職・退職・リストラによるストレス・結婚・離婚の問題・職場の対人関係の問題・燃えつき症候群・休職・復職	無料 一部企業負担あり	対象は被雇用者とその扶養家族
⑥開業	心理相談 カウンセリングルーム	不安障害・ストレス関連障害・人間関係、家族の問題全般	有料：1万円前後／時間	対象に限定なし

（出典：松田英子「イミダス2004『心はどうなる―カウンセリングの実態』」PP.42-45，集英社，2003を改変）

る．心理相談が，自己理解を深めるための，そして自分だけのオリジナルな人生を創造するための1つの機会として，これらの相談機関を積極的に利用しやすくなることが期待される．

4．臨床心理学の技法

(1) 対象者を理解するための技法

　臨床心理学とは，実験や調査に裏付けされた，さまざまな心理学の理論を統合して，患者・相談者を理解し，専門的な心理支援を行うことを目的としている．理解のための方法論を，臨床心理学的アセスメントという．クライエントの状態を理解し，必要な心理的援助を与えたり，将来の行動を予測したり，援助の成果を調べることである．主として，パーソナリティ，知能および精神症状の測定を行う．そのために，心理臨床家には①臨床的面接（構造化，半構造化，自由）を行う技法，②パーソナリティの把握のための各種性格検査（質問紙法・投影法・作業検査法）や知能検査を行う技法，また，③注意深く相談者の行動観察を行う技法の習得が求められる．

(2) 対象者を支援するための技法

　次に支援のための技法について述べる．一般的には，心理的苦悩を抱える対象者には，ほとんどの場合，根深い対人不信感がある．心理療法の開発が行われるようになったということ自体が，精神症状は本人が内在的に生まれもったというよりは，生まれてからの環境との相互作用，特に周囲との人間関係の中で生じたと考え，それに対して信頼できる人間関係を回復するための支援ができるということを示しており（春日『刺激の質と生体反応』ブレーン出版，2000），これが心理支援のための生物学的，心理学的，社会学的相互作用モデルである．より具体的に言えば，人は集団のなかで傷つき対人不信に陥り，また一方で集団のなかで，対人不信を払拭し，信頼の絆を取り戻す．その試みのきっかけとなる人間関係が，患者と心理臨床家との間で展開されるのである（松田『現代の臨床心理学』学術図書出版社，2002）．

　そのために実際に使用される心理療法の技法はいくつか種類がある．1対

表1-2　主要心理療法の技法

	心理療法の技法	主たる提唱者	治療内容と治療目標
個人療法	①精神分析療法・分析心理学的アプローチ	フロイト，ユング，アドラー，サリヴァン	相談者の症状は，無意識の領域「本当の自分」によって起こっているので，それを意識化させることにより，症状を緩和する．
	②来談者中心療法・現象学的・人間性心理学的アプローチ	ロジャース，ジェンドリン，フランクル	相談者の人間性，成長可能性を信頼し，「あるがままの自分」になるための支援を行うことで，相談者自身が自己実現をはかる．
	③行動療法・認知行動療法	ウォルピ，エリス，ベック	相談者の問題行動，思考パターン，症状は，これまでの経験によって形成されているので，新しい学習経験を積むように促せば，「なりたい自分」に改善できる．
集団療法	④家族療法	ミニューチン，ボウエン，ヘイリー，ワッラウイック	相談者に起こっている問題を，家族間のコミュニケーションの問題と捉え，相談者を含めた家族の成長をはかる．

1の個人療法では，①精神分析療法，②来談者中心療法・現象学派・人間性心理学派，③行動療法，認知行動療法，集団療法では，④家族療法に大別される．それぞれの技法の特徴を表1-2に示した．各技法により治療目標は異なり，それぞれ，①無意識的なものも含め自己理解を深化させること，②相談者の自己成長力を発現させること，③行動・認知面での適応的変化を促すこと，④家族や身近な他者とのコミュニケーションを改善させることにある．

実際に，日本ではどの技法を使用する心理臨床家がどの程度いるのか．2002年に日本カウンセリング学会員を対象とした「現在基盤としている理論・技法」の調査結果では，①24.2％，②39.6％，③40.6％，折衷的アプローチ，54.2％（N＝434），また2004年に臨床心理士を対象とした「臨床心理面接で用いている技法」の調査結果では，①42.4％，②51.3％，③39.7％，折衷的アプローチが73.7％（N＝4377，複数選択可）であった（丹野『認知行動療法の技法と臨床』日本評論社，2008）．

このように実際にはいくつかの治療法を折衷的に使用する心理臨床家が多く，主として基盤とする技法にもばらつきがある．実際の体験なしでは相談者の問題に適しているか不明な部分もあり，相談者自身が自分の問題に合わないという印象を持った場合は，次の機関を探す参考資料として相談体験を生かす，あるいは臨床家が他機関を紹介する．また問題の性質や症状によって支援効果を挙げやすい技法も異なるため，各技法に関する知識を一般に普及させる努力が必要である．

ここまで説明した全ての技法は，基本的には対面での相談で使用する技法となるが，家から出られない症状のある人や相談時間のとれない人のために，従来の電話相談に加えて，近年はメールを使った相談，さらにはTV電話相談の利用率が高まりつつある．

最終的に心理療法の目標は，相談者の心理的苦悩を受け止め理解し，相談者が自分自身で，自分を取り巻く状況とともに，自分のことについて深く考え，現在抱える問題に対処し，現在および将来について主体的に決断していく支援を行うことであろう．よって，心理相談における変容過程は，成長過程ともいえる．つまり心理的危機は，精神的成長のチャンスでもある．最終的には，どの心理療法の技法であっても'治してもらった'ではなく，'自分で治ることができた'とエンパワーメント（自己活力化）することになろう．

5．臨床心理学の実践者（カウンセラーの資格）

心理相談に携わる実践者の資格について述べる．いわゆるカウンセラーの資格も多種多様である．臨床心理士，認定カウンセラー，産業カウンセラー，キャリアカウンセラー，臨床発達心理士，学校心理士，健康心理士，家族相談士，家族心理士などがある．厚生労働省認定の精神保健福祉士（PSW），言語聴覚士（ST）の2資格以外は，法人認定あるいは，ほとんどは各学会が独自に認定している．30以上の心理学関係の学会で構成される，日本心理諸学会連合の資格検討委員会において，統一された国家資格の確立を目指し審議が続けられているが，未だ実現していない．例えば，「医療心理師（medical psychologist）」構想では，医療心理師登録簿に登録され，医

療心理師の名称を用いて，心理学に関する専門的知識および技術をもって，心理相談および心理観察を行うことを業とする者を想定していたが，2005年7月，国会内の議員連盟総会は「臨床心理士及び医療心理師法案」の国会提出を断念した．その後も心理職の基礎資格を巡っての議論が続いている．

　実践者の統一国家資格がないことによって，心理臨床家の大半が非常勤職で職位が不安定であるため，実力を伸ばす機会に恵まれない場合や，相談者が相談料が高額のために，安定して来談できない場合など，日本の心理臨床の現場において問題が生じているため，これらが改善されることが期待される．例えば，イギリスでは，クリニカルサイコロジストは国家資格であるが，「科学者―実践家モデル」に基づいているため取得が大変難しく，相談希望者に比してクリニカルサイコロジストが少ない．国民の6人に1人が不安障害や気分障害に悩んでいるが，薬物療法よりも心理療法を望んでいるのに受けられない実情を改善するために，2008年から保健省は「心理療法アクセス改善プログラム」を導入し，全国152ヶ所の地方組織を拠点に，認知行動療法を実践できるクリニカルサイコロジストを国が予算を出して養成し，患者に治療を提供することにした．認知行動療法とは，物事の捉え方（認知）が非現実的に否定的に歪んでいるためにうつ病などの精神症状が起こると考え，認知の修正をすることで症状の回復を目指す心理療法の一種であるが，これを実践できる認知行動療法家を7年間で1万人を養成する計画である．日本においてメンタルヘルスの予防，治療，リハビリテーションが社会的問題となっている現状を鑑みても，このような国を挙げての取り組みが重要と考えられる．

参考文献
（1）福屋武人（編）『現代の臨床心理学』学術図書出版社，2002．
（2）松田英子（著）『図解　心理学が見る見るわかる』サンマーク出版，2003．
（3）Sheehan, D.V. & Lecrubier, Y.L.（著）大坪天平・宮岡等・上島国利（訳）『M.I.N.I.　精神疾患簡易構造化面接法日本語版5.0.0』聖和書店，2003．
（4）内山喜久雄・坂野雄二（編）『認知行動療法の技法と臨床』日本評論社
（5）VandenBos, G.R., Norcross, J.C., McNeil, J.F., & Freedheim, D.K.（著）岩壁茂（訳）『心理療法の構造―アメリカ心理学会による12の理論の解説書』誠信書房，2003．

第2章
臨床心理学の発展史

1．臨床心理学の歴史的背景

　心理学は，物理学的方法で人間の魂の測定をしようと試みたフェヒナーや，次いで視聴覚に関心を示したヘルムホルツ，そして彼らの弟子であり，1879年にライプチヒ大学に世界初の心理学実験室を作り上げたヴントらが先駆者である（森谷，1996）．彼ら3名は，もともとは物理学者であった．このように，心理学の始まりは物理学と密接な関係があるが，同じ心理学の一分野である臨床心理学は，それとは別の歴史的背景を持っている．それは，人々の悩みや異常行動の改善である．時代背景によってその質・量は異なるであろうが，有史以来，人々はこのような悩みや行動異常を救うための方法を模索し続けてきた．臨床心理学とは，こういった背景から生まれた学問領域であり，客観性や科学的な厳密性を重視する実験心理学もより実践的・実用的・応用的な側面を重視する学問なのである．ここでは，我々人類がどのように「悩み」や「心の病」に対応してきたのかを見ていくこととする．

　古代では，心に問題を持った精神病者は悪霊がついた状態であると考えられ，祈祷や呪術，宗教の力によって解決できると考えられていた．このように，人間の異常行動や社会からの逸脱行為は悪魔や悪霊の影響であるとされており，悪魔を追い払う宗教者が現在のカウンセラーの役割を担っていた．こういった思想は古代の四代文明などで信じられており，日本においては，悪霊や狐つきの治療を行った平安時代の陰陽師などがそれらの代表例といえるだろう．

　心に対する考え方は，ヨーロッパにおけるギリシャ時代に，いったんそれらの超常現象とは切り離され，科学的な見方をされるようになる．近代精神

1. 臨床心理学の歴史的背景

　医学の父といわれたヒポクラテスは，医学を宗教や呪術から切り離し，独立した学問として認知されるような貢献をした．彼が生きた紀元前5世紀ごろのギリシャでは，病気は神が人に罰を与えたものであるといった考え方が主流であったが，彼はこういった伝統的な考えを否定し，人々の行動異常は脳に要因があるという仮説を打ち立てた．その後プラトンの「イデア論」でも人の心についての記述があり，アリストテレスも，記憶や学習における観念連合など，心についての考察を残している．

　しかしながら，ギリシャ・ローマ時代が終焉を迎え，キリスト教が普及しはじめると，心についての理解は再び宗教との深いつながりを持ちはじめる．精神病者や悩みを持った人々に対する修道院の介入，聴罪師への告白の重視などがその具体例である．その後，12世紀ごろから教会と政府は異端派の弾圧に乗り出し，悔い改めない者を処刑するようになった．14世紀ごろは，飢饉や疫病などが長く続き，それに呼応するように人々は悪魔の思想にとりつかれるようになった．当時の教皇は「魔女狩り」の徹底を行う．そこで「異端」とみなされ，火あぶりになった精神病者も数多くいた．

　15世紀ごろになると，ヨーロッパ各地に精神病者を収容する施設ができ始める．しかしながら，この段階ではまだ有益な治療や人道的なかかわりが行われていたわけではなく，治療というよりも隔離に近い状態であった．収容された患者に鎖をつけたり，見世物のようにしたりした施設さえも存在した．

　施設の精神病者に対して人道的なかかわりをする試みがなされたのは1773年，フランスの医師ピネルによってである．彼はパリのビセートル収容施設に赴任したとき，監禁されている人々の鎖をはずし，精神病者である前に一人の人間として接することを提唱した．それを契機として，人道的な処遇を標榜する施設が作られるようになっていった．

　ギリシャ時代のヒポクラテスが主張した「人の行動異常は脳の病である」という説は19世紀半ばにドイツの医学者グリージンガーやクレペリンらによってふたたび見直される．クレペリンは精神病を早発性痴呆（統合失調症の前名）と躁鬱病に分け，精神病理学を打ち立てた．

　18世紀後半から19世紀にかけては，精神病や異常行動は心的機能の不全が

原因であるとする心因論が唱えられるようになった．オーストリアではメスメルの動物磁気による麻痺の治療が試みられた．またフランスにおいてはシャルコーがヒステリーの研究に取り組んだ．彼はヒステリーは神経の病気であるとし，さらに治療として催眠を研究した．彼の元で学んだのが有名なフロイトである．

2．精神測定法の発展

　本来，人の感覚・知覚・知能（発達）・人格などの心理的な量や過程や機能は物理的には測定できないとされていたが，精神物理学的測定法の登場や知能（発達）・人格などの測定の発展で，精神測定はある程度可能となった．精神物理学的測定法としては主に感覚・知覚の測定であり，19世紀の実験心理学から始まった．また，知能（発達）・人格を測定する検査は，例えばビネー式知能検査やウェクスラー式知能検査，投影法がよく知られている．

　まず，臨床場面でよく使われる知能検査の開発の歴史を見てみる．知能検査は個人差の研究と精神薄弱児を見出すためであった．ダーウィン（Darwin, C.）の進化論から影響を受けた19世紀後半のイギリスの遺伝学者ゴールトン（Galton, F., 1822〜1911）は，遺伝研究で個人差の測定を試みたが，感覚的機能と知能の間に積極的な関係は見られなかった．そして，ゴールトンの影響を受け1890年に初めて精神検査（mental test）という言葉を使ったキャッテル（Cattell, J.M., 1860〜1944）は，反応時間と学業成績の相関を研究したが，低い相関しか得られなかった．フランスでは，ビネー（Binet, A., 1857〜1911）がパリ市教育委員会より就学時に正常児と精神薄弱児の判別方法を依頼され，医師のシモン（Simon, T., 1873〜1961）とともに1905年世界初の知能検査ビネー・シモン尺度（Binet-Simon scale）を開発した．1908年には，3歳から13歳までの年齢ごとに構成される問題から年齢尺度を作成し，精神年齢（MA）を考案して知能の水準を発達の指標とした．1911年には成人までの尺度を構成した．この2回の改訂で現在使用されているビネー式知能検査（Binet-test）のもととなった．その後，ドイツのスターン／シュテルン（Stern, W., 1871〜1938）によって，提唱された知

能指数 (IQ) をアメリカのターマン (Terman, L.M., 1877～1956) が精神年齢を生活年齢 (CA) で割り, その値を100倍して知能指数とし, その知能指数が測定できるように標準化されたスタンフォード改訂ビネー・シモン知能尺度を発表した. ビネーは知能検査を精神薄弱児の選定に用いたが, ターマンは英才児の研究に用いたのである. 我が国では1930年に鈴木治太郎による鈴木・ビネー知能検査, 1947年に田中寛一による田中・ビネー知能検査などで標準化された.

また, ウェクスラー (Wechsler, D., 1996～1981) はニューヨークのベルビュー病院精神科の臨床経験を生かして, 診断的に個人の知能の特徴をとらえるウェクスラー・ベルビュー知能尺度を1939年に開発した. 知能指数による表示法は, 知能は加齢とともに直線的に発達するという仮定のもとに考案された. しかし, 実際には暦年齢が増すにつれて知能の発達はゆるやかになるので, 個人が属する同一年齢集団の平均的知能からの偏りを, 標準偏差を単位として表示する偏差知能指数 (DIQ) を知能指数の表示法として用いた. 1955年には成人用の知能検査ウェクスラー成人用知能検査 WAIS (Wechsler Adult Intelligence Scale), 1949年に児童用 WISC (Wechsler Intelligence Scale for Child), 1963年に幼児用 WPPSI (Wechsler Preschool and Primary Scale of Intelligence) が作成され, 1974年に WISC-R に改訂された. ウェクスラー知能検査の知能指数は言語性知能指数 (VIQ) と動作性知能指数 (PIQ) で算出される. 我が国でも標準化され心理診断的知能検査として広く使われている.

その他として, 知能検査の流れを見ると医療現場や教育現場での使用だけではなく, アメリカでは第一次世界大戦に知能検査の結果から部隊の配属や担当任務を決める目的で使われた. これらは集団による知能検査の実施を可能にした. また, 移民の選別方法にも用いられたりもした.

次に人格検査に着目すると, ユング (Jung, C., 1875～1961) は言語連想テストで無意識の存在を認識した. 投影法にあたるロールシャッハテストはロールシャッハ (Rorschach, H., 1884～1922) が1911年に考案し, 左右対称のインクのしみからの想像で患者の人格を分析するテストである. 1935年にはマレー (Murray, A.H., 1893～1988) が被験者に絵を見せて物語を作ら

せ，できた物語から人格を探っていく絵画統覚検査TATを考案した．その他，バウムテストやP-Fスタディなどの投影法も次々と誕生し，さまざまな現場で実践的に用いられている．

3．精神分析の発展

　心理学史上の学派がアカデミックな，心理学のなかから誕生したのに対して，情緒障害者の治療が目的であったところのひとつの学派が精神分析である．精神分析はフロイトにより19世紀後半に構成されたものである．特徴として統制された場所での実験ではなく，臨床的な観察によりデータを収集し，それまでの学派が扱わなかった無意識の世界を扱う．フロイトは患者の異常な行動の源泉と思われる，抑圧された記憶や感情を意識化のレベルに上げるため，自由連想法を考案しヒステリーの研究を行った．また夢に着目し自己分析によって夢の研究を行った．意識化無意識化の区分けを見直し，超自我・自我・エスといった構成概念を取り入れた．フロイトの初期の考えでは，抑圧の原因について人が幼児期に体験した恐怖感などの心的外傷（トラウマ）のなかで，特に激しいものが思い出したくないものとして心の深層に残されたものだと主張している．基本的に精神分析は「抑圧」と「カタルシス」の概念で成り立っている．すなわち，神経症の症状は，抑圧されて忘れてしまっている過去の体験が原因であり，それを思い出して言葉にすることで（意識化することで），これらの症状を解消する（カタルシス）と考えるものである．

　フロイトの精神分析の背景にはもちろんながら，ショーペンハウエル等の先駆的研究が存在したが，シュルツによると例えば無意識については，ドイツのライプニッツがあらゆる現実を構成するこの要素としてモナドといった構成概念を唱えている．モナドは原子ではなく心的実態であり活動とエネルギーの中心であるという．ライプニッツの考えにはその後ヘルバルトによって識閾といった概念に発展していった．識閾化の概念は無意識であって，概念が意識に登りつめるには，その概念は意識にある他の概念と協和しなくてはならない．不協和な概念は意識外に放たれ抑圧された概念になるという．

そして18世紀から19世紀にかけては快楽主義の動機付学説が支流であり，機械論的学派の影響はフロイトを精神決定論に向かわせた．リビドーやカタルシスの概念は当時よく知られていたのであった．

(1) 精神分析とは何か

　精神分析はS.フロイトが創始した心理学理論であり，人間心理の研究方法である．現在では，精神分析は心理学や精神医学を超えて，宗教や哲学，文学，芸術など多くの分野に影響を与えており，精神分析をどのように定義するか，またどこまでを精神分析の範疇とするかはさまざまな研究者によって異なってくる（小川，1999）．したがって，ここでは主に創始者であるフロイトの考え方に沿って，精神分析について述べていきたい．

(2) 意識と無意識

　フロイトは，人の心のうち，意識（今気が付いている心の部分）はほんのわずかであり，大部分は無意識の領域であると考え，ヴントの心理学実験室開設以来心理学の主な研究対象だった「意識」の他に，「無意識」が存在することをはじめて提言した．フロイトによれば，無意識はさまざまな本能衝動や感情を伴った観念や記憶が抑圧されており，それらを意識的に思いだすことは困難である．無意識のなかには「前意識」という領域があり，これは今気が付いていないが努力によって意識化できる部分である（前田，2001）．

(3) 心の三層構造・心的装置論

　フロイトは，心のエネルギーの源泉を本能衝動にあるとし，それをリビドーと名づけた．また，無意識の部分を図2-1のように三つの構造に分け，それぞれを「イド（エス）」，「自我」，「超自我」と名づけた．イドはより「～したい」という本能的な部分，超自我と自我はエスの衝動を抑えたり許可したりする機能である．その際に，超自我は「～しなければならない」，「～してはいけない」といった外在的な道徳的な側面に沿い，自我は自身の判断で善悪やメリットデメリットを判断する現実的な側面に沿うと捉えることができる．

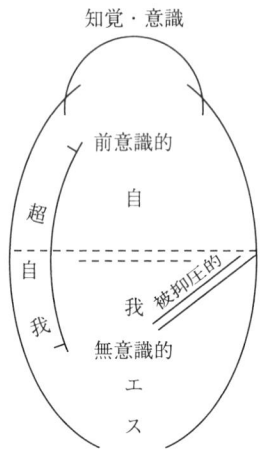

図 2-1　フロイトの心的装置

　フロイトは，リビドーがそれらのどこに大きく作用するかによって，人の性格形成は影響を受けると考えた．前田（2001）によると，イドが強すぎると衝動的，感情的，幼児的な行動や性格になり，超自我が強いと良心的，自己懲罰的，抑圧的，理想主義的，完全主義的な行動や性格になる．自我の部分にリビドーが作用すると，理性的，合理的，現実主義的な行動や性格になるという．

（4）自由連想法と抑圧

　自由連想法とはフロイトが編み出した面接法で，心に思いついたものを自由に話すように促すことである．自由に話させることでフロイトが狙ったのは，「無意識の意識化言語化」である．フロイトは，心にある葛藤や苦悩や不安などが意識化言語化されないと，これらの葛藤などは出口を求めて，それが身体症状になってあらわれると考える（平井，2002）．フロイトは，エリザベートという症例でこの現象を説明している．エリザベートは，下肢の痛みを訴えてフロイトの治療を受けていたが，治療の途中である考えが浮かぶと，自由連想が途切れてしまうことがあった．治療がある程度進んだ段階で，彼女が姉を亡くしたとき，「これで義兄と結婚できる」と思ったことが

わかった．その考えは彼女にとってあまりに非道徳的であったため，その考えが浮かんだときに義兄との結婚願望を無意識に追いやられてしまっており，出口を失った願望が「下肢の痛み」という身体症状に転換されたのではないかと，フロイトは考えた．フロイトの治療は，介入や解釈を控え，患者が自由に話すなかで無意識にある隠された思いや願望に「気付いていく」ことである．

しかしながら，人は無意識を意識化しないようにする働きを持っており，これを「防衛機制」という．特に，エリザベートの症例に見られるような，観念を無理やり無意識に押し込めてしまうような防衛機制を，特に「抑圧」という．

フロイトの精神分析は，我々が無意識や性的エネルギー（リビドー）に突き動かされているといったことや無意識の三層構造を前提にし，人間の心や人格において画期的な体系を構築した．臨床実践においても自由連想法を開発するなど，臨床心理学に多大な寄与を残した．

（5）フロイトの後継者

精神分析はその後ユング，アドラー，ホーナイ，フロムらの反フロイト派により発展していった．

フロイトの後継者とみなされる人たちは，基本的に人間の心を考える上で無意識の存在と機能を認める立場をとっている．

例えば，アドラーは，性的衝動を重視するフロイトに対して権力の意志や劣等感を重視し，フロイトと決別しているが，後に，社会性が人間の特質であるとし，「個人心理学」を創設している．ユングも，無意識の存在や重要性といった意味ではフロイトと一致しているものの，フロイトは無意識を個人的なものとして捉えていたのに対して，ユングは無意識を個人的無意識と集合的無意識が相互に関連し合ったものであると捉えている点でフロイトの考えと対立している．後にユングはイメージの持つ心理的意味を重視するようになり，「分析心理学」を打ち立てた．またエリクソンは，フロイトの発達理論の視点に心理社会的視点を導入し，ライフサイクル理論や発達課題の概念を考えた．その他，自己心理学のコフート，フロイトの娘で児童分析に

取り組んだアンナ・フロイト，クライエント中心療法のロジャーズもフロイトの影響を多分に受けつつも，独自の理論を展開している．

4．臨床心理学の誕生から今日まで

(1) 臨床心理学の誕生

かつて，人々は宗教や哲学，文学，芸術などに心の癒しを求めていた．人間の異常行動や逸脱行為も，神や悪魔などの人智を超えた存在が人体に憑依し，その人の心身を支配するのだと考えられており，その治療として僧侶による悪魔払いや祈祷が行われていた．

「臨床心理学」という用語が用いられるようになったのは比較的最近のことで，1896年にウィトマーがペンシルバニア大学で世界最初の心理クリニックを開設したときである．(鵜養，2002)．この頃から，臨床心理学は宗教や哲学，文学などからはっきりと切り離され，独自の歩みを始めるようになったといえる．しかしながら，そこで行われていたのは，知的障害や学習に乗らない児童の診断と矯正教育であり，当時の臨床心理学のあり方は，クライエント一人ひとりの主訴をくみ取って治療を進めていくというよりも，実験心理学の分野で得られた知見を心理学的な問題解決に利用するといった意味合いが強かったことがうかがえる．このことは，ウィトマー自身が実験心理学の大家ヴントのもとで博士号を取得した人であり，もともとは実験心理学を学んでいたこととも無関係ではないだろう．

(2) フロイトの精神分析学

このように，誕生当時の臨床心理学や心理治療は，実験心理学の要素を色濃く持っていたが，1930年代，フロイトが精神分析学を創始して以降，次第に今日のそれと近い意味合いを持つようになった．フロイトはシャルコーに催眠を学び，ヒステリー症例の催眠療法に取り組んだ．そこでフロイトは，覚醒状態では患者は自分の症状がどこから来ているかを思い出せないが，催眠状態ではそれを説明できることを発見し，心理治療においては無意識をいかに意識化するかが重要になってくることを知る．やがてフロイトは，催眠

によらなくても、ただ思いついたことを自由に話すだけで無意識の意識化が可能であることを発見した。このように、心に思い浮かんでくることを何でも隠さずに話すことが無意識の意識化、すなわち自分の症状の原因に自分で気づいていくことにつながり、治療が促進されていく、というのが精神分析治療の代表的な方法論であり、「自由連想法」と呼ばれる。この自由連想法の方法論は後のユング、ロジャーズらのカウンセリングにも受け継がれ、現在に至っている。

(3) 行動主義・行動療法

行動療法は1950年代から60年代にかけて台頭してきた心理療法の方法論である。行動療法は、フロイトが考案して以来心理療法の理論として絶対視されていた「問題行動の根底に無意識の関与を仮定する」という精神分析理論の実証性への疑問、精神分析理論の妥当性への疑問、ひいては精神分析の治療効果への疑問などを前面に出しながら台頭してきた（高山、1999）。したがって、精神分析のように無意識に焦点を当てるのではなく、人の問題を「行動」として認識し、それを治療の主な対象としている。問題をいろいろな精神的な概念で捉えるよりも、行動でおさえる、つまり「この人の悩みや問題は、具体的にどのような行動からなっているのか」といった捉え方である。(山上、2002)。

行動療法の代表的なモデルはアイゼンクやウォルピの新行動SR仲介理論モデル、スキナーの応用行動分析モデル、バンデューラらの社会学習理論モデル、エリスやベックらの認知行動療法モデルなどがある。

(4) 人間学的心理学

人間を「無意識に支配されている」ととらえる精神分析や、「外的環境に支配されている」とする行動主義に対して、人間の主観性や主体性にもっと焦点を当てるべきだといった動きが生じた。それが人間学的心理学の立場であり、マズローはこれを「第三勢力の心理学」と呼んでいる（越川、1999）。この立場の人物として、人間が主体的に決断しうる存在であることを強調したアドラーの個人心理学、生きる「意味」が重要であると考えたフランクル

の実存分析,ビンスワンガーの現存在分析,欲求5段階説で自己実現欲求を明らかにしたマズロー,受容・共感・自己一致などを重視したロジャーズのクライエント中心療法,ロジャーズの共同研究者であるジェンドリンの体験過程理論などがあげられる.

(5) コミュニティ心理学

コミュニティ心理学は,1965年にボストンで開かれた「地域精神衛生にかかわる心理学者の教育についての会議」において定義づけられた心理学の一領域であり,一般的には,地域社会における住民の精神保健を扱う領域である.

こういった地域精神衛生の目標は,精神病院に入院している人々をできるだけ地域の中に戻していくことと,従来は精神保健に関するサービスを受けてこなかった地域住民にもそのサービスを拡大していくことにある(吉川,1999).これまで心理臨床家の姿勢は,基本的にクライエントの来談を面接室で待っているスタイルであったが,コミュニティ心理学の誕生を契機に地域の中に出ていくことになる.コミュニティ心理学の主な技法としては,危機介入,コンサルテーション,ケアネットワークづくりなどがあげられる.

(6) 現代の臨床心理学

これまで見てきた臨床心理学の発展史は,ある理論がもともとあった理論のアンチテーゼとして,あるいは至らなかった点の反省に基づいて展開するといった形の繰り返しであったと言える.しかしながら現在では,これらの技法・立場は理論的な対立をするのではなく,「多様な心理治療技法の発展」(大塚,2002)として捉えられている.それぞれの技法は共存し,いろいろなアプローチでクライエントへの心理的援助がなされるようになってきている.

5. 日本における臨床心理学の歴史

我が国における臨床心理学の誕生は,1945~50年にかけてであると捉えら

れている（大塚，2002）．この時期は，第二次世界大戦が終結し，現代の民主主義にかかわるさまざまな法制度が定められていった時期である．臨床心理学についても例外ではない．例えば，福祉領域においては1947年に「児童福祉法」，1950年には「身体障害者福祉法」が施行され，全国に設置されつつあった児童相談所や身体障害者更生相談所の心理判定員などを充実させる必要性があった．また，裁判所領域においては，1949年に「少年法」，「少年院法」が施行され，新設されつつあった少年鑑別所や家庭裁判所の技官や調査官など，心理職のニーズが高まることとなった．さらに精神保健領域においても1950年に「精神衛生法」が制定され，「精神病者監護法」が廃止されることとなった．監置され，取り締まられる存在であった精神障害者は，「精神衛生法」で医療・保護の対象となった．ここでも，精神障害者のアセスメントや心理的援助を行う心理職の充実が求められることとなった．

　森田療法や田中・ビネー式知能検査，内田・クレペリン作業検査法など，第二次世界大戦前・中の時点で考案されていた治療法やアセスメント技法もあったが，1945年以降，以上のような背景から，それらの他にもさまざまな心理検査やカウンセリングの方法論が海外から持ち込まれるようになった．特に1950年に日本に紹介されたカール・ロジャーズの来談者中心療法は，1961年のロジャーズ本人の来日講演と相まって，日本のカウンセリング界に熱狂的に受け入れられた（村山，1995）．ロジャーズの著書や論文は，その多くが邦訳されている．

　こうした海外からの理論の吸収およびそれらの発展を受け，心理アセスメントとカウンセリングを専門的に研究することを目的とした「日本臨床心理学会」が1964年に設立された．学会の機関紙である「臨床心理学研究」も1967年に発刊され，臨床心理学の研究成果も発表されていくこととなった．「心理技術者資格認定機構設立準備委員会」も発足し，心理職の身分保障も整えられつつあったが，1969年秋の臨床心理学会大会で，研修制度や教育制度が確立されていない，認定委員会の理事機構や審査基準が不明確である，などの批判がなされ，認定業務の停止が学会決議として採択されることとなった．

　日本臨床心理学会の紛糾で全国規模の組織化と資格の確立はいったん頓挫

したが，その後約10年を経て，河合隼雄（1928〜2007）らが中心となって日本の臨床心理学の発展を願う人々が集まり，1979年に名古屋で「心理臨床家の集い」が開催されたのを機に，資格制度や学会再編成の運動が再び起こることとなった．河合は教育・研究にも力を入れ，京都大学教育学部の心理相談室の活動のなかで，臨床心理学分野の研究・教育体制を確立していった．そして1980年には文部省より，この相談室において有料でクライエントのカウンセリングを行うことを認可された．これは臨床心理学系の大学院での臨床教育の始まりととらえることができ，その後九州大学（1981），東京大学（1982），広島大学（1983）と，続けて有料の心理教育相談室が開設されていった．そしてそれらの大学を中心として，後進の心理臨床家を育成する土台が整えられ，臨床心理学の研究である「事例研究」が発展していった．

　1982年には，先述した「心理臨床家の集い」を基盤として「日本心理臨床学会」が発足，1988年には財団法人による認定という形で臨床心理士の資格制度が始まり，2005年には国家資格化への動きもみられた．同じ頃，全国保健・医療・福祉心理職能協会が中心となって医療心理師という国家資格を作る動きが急浮上，議員連盟を作るに至った．その後医療心理師推進と臨床心理士推進の両議員連盟が話し合い，医療心理師と臨床心理士の両方を一法案で議員立法化する「二資格一法案」でいったん落ち着くこととなった．しかしながら立法化直前に日本医師会，日本精神病院協会，日本精神科診療所協会，日本精神神経学会などが反対を表明することでこの法案は凍結となり，現在に至っている．

　現在，我が国の臨床心理学領域は，臨床心理士の有資格者がその活動の中心となっており，小・中・高等学校のスクール・カウンセラーをはじめとする学校領域，精神科・神経科をはじめとする病院領域，司法・矯正領域，一般企業のメンタルヘルス領域，心理相談所の個人開業など，さまざまな領域で活動している．臨床心理士の資格取得者は2008年の時点で20000名を超え，社会的な認知や期待も高まってきているが，それと同時に，例えば社会福祉士（社会福祉領域），産業カウンセラー（企業のメンタルヘルス領域）など，それぞれの領域における他の専門職やボランティア等の連携や業務の分担をどのようにしていくかなどの問題も残されている．

参考文献
（1）福屋武人編『現代の臨床心理学』学術図書出版社，2002．
（2）梅津八三・相良守次・宮城音弥・依田新監修『心理学事典』平凡社，2003．
（3）上里一郎監修『心理アセスメントハンドブック　第2版』西村書店，2003．
（4）小川俊樹「精神分析」p.493-494，中島義明ら編集『心理学辞典』有斐閣，1999．
（5）前田重治『図説臨床精神分析学』誠信書房，2001．
（6）森谷寛之・竹松志乃編著『初めての臨床心理学』北樹出版，1996．
（7）平井孝男「心気症」p.793-794，氏原寛・小川捷之・東山紘久・村瀬孝雄・山中康裕共編『心理臨床大辞典』培風館，2002．
（8）D.シュルツ，村田孝次訳『現代心理学の歴史』培風館，1986．
（9）大塚義孝「臨床心理学の歴史と展望」p.7-12，氏原寛・小川捷之・東山紘久・村瀬孝雄・山中康裕共編『心理臨床大辞典』培風館，2002．
（10）村山正二「個別理論（3）パーソンセンタードアプローチ」p.131-144，河合隼雄監修，山中康裕・森野礼一・村山正二編『臨床心理学1 原理・理論』創元社，1995．
（11）越川房子「人間性心理学」p.660-661．高山厳「行動療法」p.259-260．吉川肇子「コミュニティ心理学」p.279，中島義明ら編集『心理学辞典』有斐閣，1999．
（12）森谷寛之・竹松志乃編著『初めての臨床心理学』北樹出版，1996．
（13）鵜養美昭「学校教育と心理臨床」p.1114-1121．山上敏子「行動療法」p.317-322，氏原寛・小川捷之・東山紘久・村瀬孝雄・山中康裕共編『心理臨床大辞典』培風館，2002．

引用文献
① 森谷寛之・竹松志乃編著『初めての臨床心理学』北樹出版，1996．
② 杉原一昭監，渡邉映子・勝倉孝治編『はじめて学ぶ人の臨床心理学』中央法規，2003．

第3章
臨床心理学を学ぶ上での基礎知識

1．意識と無意識

（1）心の構造と意識・無意識

　パーソナリティ理論で述べているように，心の構造の中心は欲望，自我・主我（I），超自我・役割的自我（me）の大きく三つの機能から成るが，それらの多くの部分は無意識である（図3-1）．図はまだ完成されたものではなく，細部は不正確なところがある．例えば，欲望がすべて無意識であるわけではないし，思考や性格にも無意識の部分はある．意識はどの瞬間にもわずかな内容を含むだけであって，心の大部分は無意識（潜在的記憶）を前提に考えざるをえない．意識化＝気づきと抑圧による無意識などは特に超自我の働きと密接に関連する．心はそもそもイメージの連想を基本としているが，無意識はまさに連想から成り立っている．無意識とは意識にはそれと認められないが，ある種の徴候や証拠によって間接的にその存在を認めざるをえないような表象である．無意識の存在は，記憶，連想，後催眠性暗示，神経症，夢，失策（錯誤）行為，人格分裂（多重人格）などから推測される．

（2）無意識の特質

　フロイト（Sigmund Freud, 1856～1939）によれば，無意識の核は欲動（基本的な生のエネルギーで，リビドーといわれるのはそのうちの性的欲動）の表象つまり欲動興奮から成り立っている．これらの無意識の内容は互いに矛盾していても並存し（矛盾律は存在しない），否定も疑惑もなく（チェック機能はない），時間的秩序はなく（過去・現在・未来が入り交じっている），現実への顧慮がなく，完全に快感原則に従っている．移動によってあ

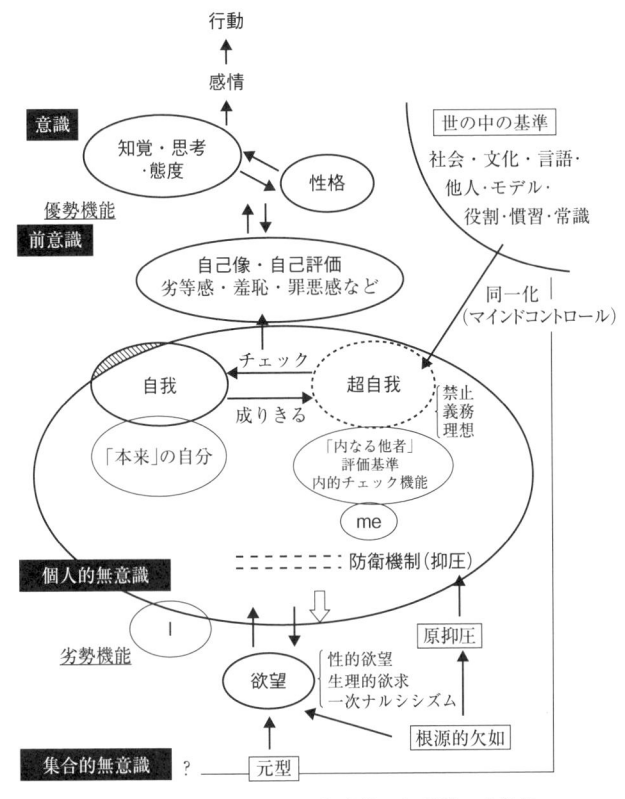

図 3-1 パーソナリティと意識―無意識の全体像

る表象へのエネルギー備給（注意を向けること）が他の表象に移ったり，圧縮によって一つの表象がいくつかの表象の働きを持つことができる（これらは夢に典型的に表れる）．無意識は一次過程（快感原則に従う原初的自己中心的思考）に従う（フロイト『本能とその運命（著作集6）』人文書院，1970.；『精神分析入門（正）（著作集1）』人文書院，1971.）．

(3) 抑圧と無意識

　無意識の欲動はそれを容認しない超自我の命令を受けて自我が行う防衛機制（その代表は抑圧）によって，意識から切り離される（フロイト『防衛―神経精神病（著作集6）』人文書院，1970.）．しかしそれは完全に意識から

閉め出されるのではなく，検閲によって，形を変えて意識に現れる．さまざまな検閲の仕方が防衛機制の種類といってよい．例えば，B子さんは上司の紹介で見合いをした．相手から気に入られて改めて会うことになった．当日，彼女は待ち合わせ場所が通勤とは逆の駅であることを忘れ，うっかりいつもの電車に乗ってしまった．早く家を出ていたので，時間までには着いたが今度は約束とは反対の改札を出てしまった．あとで考えたら，自分の方はあまり相手を気に入っていなかったのかもしれない．会いたくないという気持ちが抑圧されて無意識の中に押し込まれてしまったが，それが行き方を間違えるという形で表に現れ，行動を妨害したと考えられる（西川ほか『自己理解のための心理学　性格心理学入門』福村出版，1992．）．すなわち無意識の欲望は相手が気に入らないので，断りたいのだが，上司や相手から悪く評価されてはならないという超自我がそれを許さず，自我が防衛機制を働かせ，意識させないように，「うっかりミス」（失策行為と言う）という形でカモフラージュしながら，無意識の目的を達成したと考えられる．ただし無意識的なものと抑圧されたものは全くのイコールではない．あらゆる抑圧されたものは無意識的であるが，無意識的なものは抑圧されているとは限らない（フロイト『快感原則の彼岸（著作集6）』人文書院，1970．）．自我や超自我の一部も無意識であり，それらには無意識的な欲動が働いている．

（4）個人的無意識

フロイトが問題にしたのはユング（Carl Gustav Jung, 1875～1961）のいう個人的無意識で，それはコンプレックス（複合観念という意味で劣等感はその一部にすぎない）から成り立っている．コンプレックスとは心的外傷のような敏感な核を中心に連想の凝集したものであり，入り組んだ心理学的特質を有する．フロイト的にいえば，その連想は防衛機制（抑圧）の産物である．それらのコンプレックスは高次の心的統一体を形成している．それは思考と行動の全体を，従って連想をも支配する（ユング『分析心理学』みすず書房，1987．；『診断学的連想研究（ユング・コレクション7）』人文書院，1993．）．それは無意識の中の感情によって着色された表象群である．フロイトがこれをノイローゼの主要な原因としたのに対して，ユングは健康な人の

精神の主要な部分として認識した．ユング派によれば，フロイト派は無意識を全く否定的な面から眺めている．それは理性的なもの，価値あるものは意識のなかにしかないと見ている．しかし無意識が危険なのは意識がそれを不当に抑圧している場合である（ユング『ユング著作集3』日本教文社，1970．）．コンプレックスが生じる原因は心的外傷，すなわち情動的ショックであり，それによって心の一部が分離させられるのである．そこには道徳的葛藤が多く見られる．しかしコンプレックスはフロイトのいうように不道徳のため抑圧を受けている面だけとは限らない．コンプレックスは未開の原初的な精神状態の残り滓（後述する集合的無意識）という面もある．これには連想の二つの法則，類似の法則（圧縮・隠喩，「氷のように冷たい心」など）と隣接の法則（移動・換喩，「星条旗（アメリカ国家のこと）よ，永遠に」など）が関わっている．つまりある個人がある元型（後述）に類似した特徴の人物や状況に隣接したとき，その元型がその人の心のなかで活性化され，それと関連した観念や情動的体験が連想的に発生し，コンプレックスを形成する．つまりコンプレックスは人生のある時期，対応した元型が布置され，それが長期にあるいは強烈に体験されることによって，その反応パターンが固定化したものである．コンプレックスは病理を示し得るのに対して，元型は病理的ではない（ユング『連想実験』みすず書房，1993．；スティーヴンズ『ユング』新曜社，1993．；樋口『ユング心理学の世界』創元社，1978．；林『無意識の人間学』紀伊國屋書店，1981．）．ただしフロイトでも外傷体験の抑圧ということがいわれている．「不道徳」な性的欲望もある意味で罪悪感をもたらすなどの外傷体験でもある．

　さらにユングでは心の優勢な機能が意識にあり，それによって排除された劣勢な機能は無意識の中に隠されていると考える．例えば，外向が優勢な人は内向が劣勢機能として隠されており，男性性が優勢な人は女性性が排除されて潜在していると考えられる．

(5) 言葉の世界と無意識

　ラカン（Jacques-Marie Lacan, 1901〜1981）によれば，乳児が言葉の世界に参入したときに，言葉では表現しきれない実感（根源的な欠如感）を意

識から排除してしまったと考える（原抑圧という）．それによって言葉の世界という公共世界に参入できるのである（言葉は個人的実感を排除することで成り立つ）．フロイトのいう本来の抑圧は言葉の世界（社会）に参入した後に起きることである．なぜなら抑圧の原因である超自我の形成は社会への参入（社会化）を意味しているからである．したがって，社会化の水準はこの超自我の内容，同一化のレベル，柔軟性などに依存している．図3-1で示したように実線で囲われた自我は点線で囲われた狭義の超自我と対比されうるが，通常はほとんどがより大きな超自我の実線で囲われている．こうして無意識としての言葉の秩序と言語の世界＝社会は相関している．すなわち意識的主体の統御を全く離れたものとしての言葉の秩序が無意識として出現するのである．夢はその典型である．つまり意識として言語化されなかったものは無意識となるが，その無意識は（言葉と相関しているがゆえに）言語のように構造化されているのである（ラカン『精神分析の倫理（上）』岩波書店，2002.；若森『精神分析の空間』弘文堂，1988.）．

（6）ユングの集合的無意識論

　ユングによれば，個人は孤立した存在ではなく，社会的存在でもあるのと全く同様に，精神も個別的現象ばかりでなく，集合的現象でもある．ここからかけ離れた民族の無意識が酷似する事実が説明できる．集合的無意識の原像は人類の最古の最も普遍的な表象形式である．無意識は無差異（融即）という根源的状態から生じる（ユング『自我と無意識の関係』人文書院，1982.；『無意識の心理』人文書院，1984.）．集合的無意識は元型から構成されている．元型とは集合的無意識のなかにある基本的要素のことである．原始心像は元型が意識に浮び上がって来たものである（河合『ユング心理学入門』培風館，1967.）．本能は元型的象徴によって形式を与えられるのである（ユング『変容の象徴』筑摩書房，1985.）．元型は神話的性格を持っている．未開人の原始心性（神秘的融即）は現代人の集合的無意識の心理的深層であり，すべての人に共通する心の基本構造である（ユング『分析心理学』みすず書房，1987.；『タイプ論』みすず書房，1987.）．元型は我々が人生を歩んでいく際に，心にすでにあるパターンに従って，特定の経験をしていくよう

に素地を提供し，さらに知覚されたものが本来のパターンになじむように組み立てる．元型は中枢神経系に位置づけられ，生物学的事実と精神的事実を橋渡しする（スティーヴンズ『ユング』新曜社，1993.）．ただし諸表象の遺伝ということを主張するものではなく，表象作用の可能性の遺伝ということを主張している（ちょうど個々の言語ではなく，言語能力の潜在的基盤が脳にあるように）．イメージの内容でなく，イメージを作り出す可能性が遺伝するのである（ユング『元型論』紀伊國屋書店，1988.；『心理学と宗教（ユング・コレクション３）』人文書院，1989.）．

（７）思い込みと無意識

　あらゆる心の働きは認識の枠組みであるスキーマ（心のレンズ）に基づいている．その多くは思い込み（信念）という意識しない透明なレンズである．その出発点にある思い込みはもはやそれ以上の根拠がない信念である．防衛機制や自己中心的思考によって無意識の内にある信念を選択したのである．

　カウンセリングなどで気づき（洞察）があると症状が消えるというのは出発点の根拠のない思い込みに気づいたということではないだろうか．そこまで意識化するためには自我が柔軟で許容的なものへ成長する必要がある．

（８）意識と気づき

　ユングによれば，意識は膨大な未知の無意識領域の表層のようなものである．意識は内外の刺激から距離を取ることを本質的条件とする．無意識の意識への同化（意識化）によって，第１に意識は拡大される．第２に無意識の支配的影響が次第に削減されていく．第３に人格変貌が生じる，つまりその人が背後に追いやっている劣等機能が意識に同化される．これは超越的機能と呼ばれる（ユング『自我と無意識の関係』人文書院，1982.）．

　意識化は言語化と密接に関連する．語の表象は意識の体系内にあり，無意識が意識に入り込むのは言葉によってである（ルメール『ジャック・ラカン入門』誠信書房，1983.）．意識化は追加の心的エネルギー備給とコトバの表象によって可能となるが，無意識は抑圧によって，追加の備給を受けず，コ

トバに翻訳されない表象から成っている（佐々木『ラカンの世界』弘文堂，1984．）．内部から意識的になろうとするものはあたかも外部的知覚のように対象化されなければならない．すなわち無意識の内容は視覚的とりわけ聴覚的知覚の記憶痕跡と強固に結合する言語表象の媒介によって，（外部に由来するかのような）知覚になる．意識化はある特定の心的機能・注意力の志向と関連している．この注意力はある一定量においてのみ働き，他の目標によって逸されることもある．また批判に堪えられないと判断された表象はそれへの注意のエネルギーが差止められる（フロイト『精神分析学概説（フロイド選集15）』日本教文社，1958．;『夢判断（著作集2)』人文書院，1968．）．自分の心的過程は通常，自動的で無意識的であるが，時にはそれを意識することがある．自動化された動作を意識化すると却ってぎこちなくなるのと同様に意識化としての自己意識は自意識過剰のようにやはり行動がぎこちなくなることがある．もちろん気づきが葛藤や不決断を解消することもある．また心的過程を意識化すると言ってもそこに解釈が介在することは言うまでもない．視点と知識という認知の枠組みによって意識化は影響され，正確な自己の心的過程の把握は難しい．意識化も自己意識と同様に心的二重性によってもたらされると考えられる．

2．パーソナリティ理論

(1) パーソナリティ（人格）の全体像

人格は欲望，自己像・自己概念・自己評価，性格，思考・態度が相互に複雑に作用し合うシステムである．人が日々の生活で，人生の諸局面で，どういう行動（内的な思考・判断も含めて）をするかを説明するものがその人の人格心理構造である．まず行動の直前にはその行動の選択をする「思考・態度・判断・思い込み」（意識的とは限らず，無意識的自動的な選択も含めて）があるだろう．「感情」はその身体的情動的な判断といえる．その判断をさせるものには一定の持続的な思考・行動パターンとしての「性格」（対人態度・価値観・基本的気分なども含まれる）が考えられる．次にその「性格」と重なりつつ，それを形成するものでもある「自己像（自己意識）」すなわ

ちアイデンティティや自己概念・自己評価や防衛機制がある．その自己像・自己意識を生み出すのは心の二重性（役割理論で言うⅠとme）である．これは広い意味で思考によって作り出される．それらの根本には意識的か無意識的の「欲望や動機」がある．「欲望や動機」が直接的に行動を起こさせることもあろう．ただしそれらいずれの働きにも基盤には意味・解釈を作り出す広い意味での思考・態度（認知の枠組み・スキーマ）がある．欲望でさえ本能とは異なり，すでに意味づけ（思い込み）が働いている（「意識と無意識」の節の図3-1）．この図は心の構造を正確に描けているわけではない．円の大きさが各心的領域の大きさを表しているわけでもない．思考・態度がすべて心の表層にあるわけでもなく，ある種の「思い込み」のように欲望と同じくらい根源的な部分もある．自己像・自己評価の内的構造である自我と超自我の相互関係も本来は一体のものであり，また態度とも重なっている．

(2) 思考・態度

人の行動に「直接的かつ力動的な影響を及ぼす組織化された心的準備状態」を社会心理学では「態度」と呼んでいる（安藤・西田（編）『「マインド・コントロール」と心理学』現代のエスプリ369号，至文堂，1998.）．人格諸機能の中心にはこの態度があるといってよいが，態度の基本は認知的成分（思考）であり，その基盤にあるのはスキーマ・思い込みである．認知心理学におけるスキーマはさまざまな経験から得た知識により作られた物事に対する「認識の枠組み」である．それに基づいて物事の意味づけをするのである．また一般的態度は性格と言われるものと重なる．ただし性格は諸特性をバラバラに捉えている傾向が強いが，態度は諸要素をより有機的統合的に捉えようとしている．好き嫌いやこだわりなどの態度が人格の中核を占め，社会的行動の原動力ともなっている（島田『社会心理学の基底　態度の心理学』大日本図書，1968.）が，それらの感情や動機や価値観を規定するのは認知的成分である．

成人の日常的思考においても論理性という「超自我」的チェック機能によっては十分にコントロールされない（つまり論理的合理的客観的でない）思考が依然として機能している．それらはフロイトの言う一次過程に近く，

自己中心的であり，願望的であり，無意識的であり，自動的である．

また防衛機制は自我が葛藤に際して，役立てるすべての技法を含んでいるが，そこに無意識的な判断・思考が働いていることはいうまでもない．

感情は心の働きのなかで態度の領域に含めてもよいだろう．内外の刺激に対してまず何らかの認知的評価（無意識のことが多い）があり，基本的には自分にとって良いか悪いかの判定に応じて行動準備態勢が取られ（ここに感情の欲望・動機的側面が見られる），同時に実感的評価（快か不快かなどの本音の評価）が生じると考えられる．

(3) 性　　格

「人格」と「性格」はほぼ同義に使われることが多いが，語源的には「人格（personality）」は「ペルソナ」すなわち仮面を意味し，「性格（character）」は「キャラクテール」すなわち「刻印」を意味する．この点では「性格」の方が「人格」より恒常的で，より根源的な側面といえるかもしれないが，本論では語源的な意味合いにはとらわれず，「人格」は人物全体を指し，「性格」はそのなかの一つの側面を指すものとする．性格は深層の心理力動を含めた人格構造全体が一定の持続的な思考・行動パターンとして現れたものである．その人独自の「個性」とは異なり，より一般的なパターンである．欲望，動機，価値観，防衛機制，同一視，役割意識，自己意識，知識，イメージ，意志，感情，判断・思考，信念・思い込みなど人格システム全体が関与しながら，パターン化したものである．

従来の性格理論では類型論と特性論の2つの大きな立場がある．類型論では性格タイプは互いに異質な質を持つとする．その代表であるクレッチマーの理論では3つの類型に分類する．分裂気質の特徴は非社交的，敏感と鈍感の同居，神経質，温和，無関心などである．躁鬱気質の特徴は社交的，親切，明朗，激しやすさと穏やかさのサイクルなどである．粘着気質の特徴は一つのことに粘着（ネチネチしつこい）して，几帳面で秩序を好み，融通がきかないで，ときに爆発的に怒ることなどである．特性論では特性が性格の構成単位であり，特性がさまざまな程度に組み合わさって，人格ができあがっていると考える．人の性格特性を表す言葉は英語では18000もあるとい

われているが，性格を記述するとき必要にして十分な特徴はどれかということが特性論の大きな問題である．代表としてギルフォード（Guilford）の特性論がある．13の特性を抽出して，Y―G性格検査を作り，A型，B型，C型，D型，E型の5つの性格分類を行っている．最近の特性論ではビック5が有名であり，外向性（社交性），情緒不安定，協調性，信頼性，文化の5つの特性を調べる性格検査が作成されている．

　人は多面的な性格を持っている．性格検査で測定されたもののように固定されたものではない．性格には状況によって変わる多重モードがある（サトウ・渡邊『「モード性格」論』紀伊國屋書店，2005.）．単に特性論や類型論ではなく，性格をもたらす思考パターン（価値観も含まれる）や認知の枠組みを理解する必要があるし，防衛機制を中核とした心理力動に注目することも重要である．類型論と特性論とは対立する性格理論であるが，どちらも性格を個人内部に存在する実体のように捉えている点は似ている．それらが個人に状況にかかわらず，比較的一貫した行動を取らせると考えるが，実際は人はその認知の枠組みでたえず状況を意味づけている．その中核にあるのが自己概念・自己評価の在り方である（依田編『性格形成（性格心理学新講座2）』金子書房，1989.）．

（4）超　自　我

　超自我とは自己の内的チェック機能（評価基準）であり，「本来の」自分を監視する「もう一人の自分」である．車の運転の比喩でいえば，自分が依拠する交通ルールに相当する．その働きは大きくは三つに分かれる．第1は「〜してはならない」という禁止である．良心ともいわれ，違犯すると恥や良心の呵責つまり罪悪感を感じる．交流分析でいう禁止令も含まれる．第2は「〜しなくてはならない」という義務感である．違犯すると劣等感や恥を感じる．論理療法でいう不合理的信念も含まれる．第3は「〜でありたい」などの理想である．うまくいかないとやはり挫折感・自己無能感や劣等感を感じる．仲間・みんなと同じになりたいという同調の心理とも関連する．フロイトのいう自我理想は超自我のなかで自己愛を基礎とし，親の期待が加わってできあがる（古村龍也『図解深層心理分析マニュアル』同文書院，

2000.).

　超自我形成の基本は同一化である．初め幼児は快楽追求の衝動を制御する内的阻止力を持っていない．後に超自我が引き受ける役割は初め両親の権威が引き受ける．親は愛の表示による許容と罰によるしつけ（最初はトイレット・トレーニング）によって子どもを支配する．罰は親の愛の喪失を意味し，その現実不安が後の良心の不安の先駆である．その後，外的抑制は内面化され，超自我が両親の法廷に取って代り，今や超自我が自我を監視するようになる．この過程の基礎となるのは同一化である．同一化のなかに「思い込む」という心理的機制が中心的に働いているといってもいいだろう．それはある自我が他の自我に同化し，模倣し，自分のなかに取り入れることである．その意味で自我から分化したものである．自我理想の発生には個人の最初の最も重要な同一視すなわち父（及び母）との同一視が関与している．これはエディプス・コンプレックスの過程である。こうして外界の一部は同一化によって自我のなかに取り入れられる（内なる他者）．それは内界でありながら，両親のような外界の人々が果たしてきた機能を受け継ぎ，自我を観察し，命令し，裁く．超自我は正確には両親の超自我を模範としている．それには親の期待も含まれる．親以外でも自分にとって価値のある重要な他者はやはり超自我として取り込まれる．こうして世の中のきまり・価値観を取り入れる（マインド・コントロール）．超自我は世代から世代へ受け継がれてきた文化・伝統の担い手である（フロイト『精神分析学概説（フロイド選集15）』日本教文社，1958.；『精神分析入門（正続）（著作集1）』人文書院1971.）．

　超自我としてどのような内容を取り込んでいるかがその人の在り方を決めるといっても過言ではない．つまりどういう評価基準を取り込んでいるかが重要である．とくに日本人では若者を中心に「みんなと同じ」「仲間と同じ」「仲間に受け入れてもらえる」ことが最大の価値基準といってもよい．

　また性格とか個性ということとも関連するが各人物を理解するために，すなわち「その人であるとはどういうことか」を了解するためには，感情や身体のレベルまで染みついた価値基準の「思い込み」がどういうものかを理解する必要があろう．

神経症は硬直した超自我による内的評価である劣等感などを意識しないようにする防衛機制（抑圧）の歪んだ形の表れと言えよう．また心のなかに価値ある他者性を持たない場合，アイデンティティが拡散し，自分を見失うこともある．

（5）自　　我

自我は自分という心のコントロールの中心である．すなわち現実と欲望（エス）と超自我の接点（手なづけ）ともいえる．車の運転の比喩でいえば，ドライバーに相当する．主我（I）とは異なって，原初的超自我と一体化しつつ，「本来の」自己を代理している．

自我は現実に対応するために現実原則（超自我の一種）に従っている．すなわち思考・知覚・言語に従う．自我は危険な外界に対処する働きがあり，そのため知覚・運動・意識を司る．それは二次過程ともいわれる．

自我は防衛機制を発動する主体である．自我が衝動に対して防衛機制を発動するのは超自我があるためである．したがって，ストレスに強い柔軟な自我とは柔軟な超自我を獲得し，同一化した自我（自己）である．

（6）欲望・エス（イド）

フロイトによると行動の源のエネルギーは深層のエス＝欲動にあり，通常は抑圧されて社会的に統御されていて表には現れない．車の運転の比喩でいえば，エンジンに相当する．エスは生きることのエネルギーであるが，その中心は性的欲動（リビドー）であると思われる．欲動（衝動）の他に生理的欲求，性的欲望，対人的要求，動機などが厳密には区別されるがここではすべて欲望と広く呼ぶことにする．

基本的欲望には生理的欲求，性的欲望，ナルシシズム（自他の区別ができてからは自己愛ともいう）があるが，根源的一次的ナルシシズムが共通の根源にあり，自己と他者の区別以前のいわば胎児の状態であり，何も考えなくていい状態である．基本的欲望が社会的影響を受けて，連想や代理によって多様な形で現れる．例えば，「結婚したい」「車が欲しい」「サッカーしたい」「ブランド物が欲しい」「旅行へ行きたい」「変身したい」「ギャンブルしたい」な

ど.

　欲望自体は非人称的で道徳・規則・論理・時間性・理由などを無視する快楽原則に従う．また圧縮，置き換え，象徴などの原始的思考である無意識的一次過程に従う．超自我に許容されないとその心的内容は抑圧され，無意識となる．

（7）自己の二重性と自己意識・自己評価・自己像

　パーソナリティの中心は「自分」という意識である．それが自己意識，自己像，自己概念，自己評価などをもたらす．例えば，劣等感は評価基準の自分が「本来」の自分を否定的に評価した結果の自己像である．このように自己意識は「二つの自分」から成っている．つまり心は二重性を持つ．一つは「本来的」（衝動的主我という意味での）自分，見られる自分，自我，主我（I）などと呼ばれる働きである．もう一つは「内なる他者」，見る自分，評価基準，超自我，客我（me）などと呼ばれる領域である．通常は二つの区別は意識されず，両者はどちらも同じように「自分」である．主我（I）が客我（me）に「成りきっている」のである．フロイト的な自我も超自我と独立しているように見えるが，その最初の形成においては原初的超自我と一体となったものである．その点で主我とは異なる．ただし自我はエス（欲動）と繋がるものでもあるので，その点では主我ともつながる．自我あるいは主我が一体となる超自我はさまざまなもの（役割）があるので，それに応じてさまざまな（多重な）自分が成立する．いわゆる「正常」な心＝自己とは「社会良識」的な超自我に自我の大部分が包摂されている状態である．図で実線で囲われた自我がより大きな超自我の実線によってその大部分が囲われていることがそれを表している．ただし斜線の部分のように完全には取り込まれないで，はみ出る部分がある（例えば，「うまく言葉で表現できない感じ」など）．このようにパーソナリティの中心には欲望，超自我（それによる自己評価），自我の3者の相互関連があるのである．

3. 発達理論

(1) 遺伝と環境

　人間の発達にとって，遺伝と環境のどちらの影響が強いかは重要な問題である．この問題を考える上で有名な例として，カリカック家系の調査がある．それによると，アメリカの独立戦争当時，カリカックという一人の兵士が知的障害の少女との間に子どもをもうけ，また，後に健常者の婦人と結婚した．それ以降，カリカックを祖先とする家系は多くの子孫を作ったが，知的障害の少女からの家系からは多くの知的障害者や犯罪者，アルコール中毒者，売春婦が出たのに対して，健常者の婦人からの家系からは社会的に有能な人間が多数出たというものである．この報告は，発達には遺伝の影響が大きいことの根拠としてあげられることが多い．しかし，この報告では遺伝的な要因と環境的な要因とがきちんと分離されていない点に問題がある．例えば，母親が知的障害をもっているという遺伝的な影響と彼女の育児態度という環境的な影響とを混同してとらえている点があげられよう．

　遺伝要因と環境要因が発達に与える影響に関しては，そのどちらを重要視するかによって，成熟優位説・学習優位説・相互作用説の三つの考え方に分かれる．成熟優位説とは，発達とは遺伝的にプログラムされた過程が成熟することによって発現するととらえる考え方である．この立場の代表的な学者はゲゼル（Gesell, A.L., 1880〜1961）であり，彼は双生児法を用いて成熟優位説を実証する実験を行った．一方，学習優位説とは，遺伝的要因より学習や教育の影響を重要視する考え方である．この立場を過激に主張したのは，行動主義心理学者のワトソン（Watson, J.B., 1878〜1958）である．「私に，健康で，いいからだをした1ダースの赤ん坊と，彼らを育てるための私自身の特殊な世界を与えたまえ．そうすれば，わたしはでたらめにそのうちのひとりをとり，その子を訓練して，私が選んだある専門家—医者，法律家，芸術家，大実業家，そうだ，乞食，泥棒さえも—に，きっとしてみせよう」という彼のことばが，学習優位説の立場を語っているといえる．

　今日では成熟優位説や学習優位説のような，「遺伝か環境か」という図式で発達をとらえることはない．むしろ，発達には「遺伝も環境も」重要な要

因として働いているというのが共通の理解であり，この考え方を相互作用説という．ここで重要なことは，発達に対して「遺伝も環境も」影響を与えるときに，具体的にどのような形でそれぞれの影響を与えているのかを示すことが必要である．このような相互作用説のモデルとして，シュテルンの輻輳説・ルクセンブルガーの両極説・ジェンセンの環境閾値説があげられる．輻輳説と両極説は，遺伝的な要因と環境的な要因とが加算的に働いて発達に影響を与えると考えるのに対して，環境閾値説は環境要因が遺伝的な特質が発現する上での「スイッチ」の働きをするという考え方である．

(2) アタッチメント

発達における母子関係の重要性については，いまさら繰り返すまでもないが，その中でもボウルビィ（Bowlby, J.M., 1907~1990）の愛着理論は注目に値する．赤ん坊にとって生後に接する周囲の大人のなかで最も密接な関係を結ぶのは母親である．赤ん坊は母親からの養育行動を一方的に受けるばかりでなく，自らが種々の行動（泣く，笑う，声を発する，母親を目で追う，母親を探すというような愛着行動）を行うことによって，母親から養育行動を引き出してもいるのである．このように，赤ん坊と母親との間の相互関係を通して二者の結びつきが強くなるのである．この結びつきをアタッチメント（愛着）という．

(3) フロイトの発達理論

精神分析学の創始者フロイトは，リビドー（性的エネルギー）がどのように充足されるかによって，五つの発達段階を設定した．五つの発達段階とは，口唇期・肛門期・男根期・潜伏期・性器期である．

a．口唇期（0~1歳半）

この時期は，授乳時に赤ん坊が自分の唇と母親のお乳とが触れることで快感を得ることによってリビドーが充足される時期である．したがって，授乳は赤ん坊への栄養補給以外に，リビドーを充足させてくれる母親との結びつきを強める働きもしているのである．この結びつきがうまくできた赤ん坊は，今度は母親以外の周囲の大人との結びつきへと関係を広げていくのであ

る．逆に，この時期にリビドーの充足がうまく行かなかった赤ん坊は，情緒不安定などの問題が見られるのである．

b．肛門期（2～3歳）

この時期は，トイレットトレーニングが行われる時期である．トイレできちんと排泄を行うためには，トイレに行くまでがまんして，決められた場所で排泄しなければならない．がまんするために肛門を閉め，排泄するために肛門を緩めることから感じる快感によってリビドーが充足されるのである．トイレットトレーニングが厳しすぎると，後に出し惜しみやけち，几帳面といった特徴が見られるようになる．これを肛門性格という．

c．男根期（3～4歳）

この時期は，男児は自分のペニスをいじることにより快感を得る．また，幼い性的欲求の対象として異性の親に愛着を求め，同性の親を憎み攻撃心を抱く．ところが，このような思いを同性の親である父親に気づかれると自分の性器を切り取られてしまうのではないかという去勢不安に悩む．さらに，母親と父親，自分の間の一種の三角関係にあって，母親を自分のものにし，父親をなき者にしたいという空想を，エディプス・コンプレックスという．

d．潜伏期（4，5歳～性器期）

この時期は，リビドーが抑圧され，子どもたちの関心は学校での集団生活や社会的な規範を学ぶことに移る．このように，性器期まで性欲が潜伏する時期である．

(4) エリクソンの発達理論

フロイトの発達理論を受け継ぎ生涯発達論を提唱したのがエリクソン（Erikson, E. H., 1902～1994）である．彼はフロイトが提唱した発達段階において解決する必要がある課題を心理的危機という名前で設定した．例えば，フロイトの発達段階では口唇期に該当する時期の心理的危機は「信頼対不信」である．既述したように，フロイトの口唇期は，リビドーの充足を与えてくれる母親に対する信頼関係が形成される時期である．これに対応して，エリクソンは母親への信頼を形成しなければならない課題として設定した．もしこの課題が達成されないと，母親に対する不信が形成され，ひいて

はその他の人への不信が形成され，情緒の不安定な状態に陥ることもあるのである．

　また，青年期の心理的危機として設定されたのが「自我同一性（アイデンティティ）対自我同一性拡散」である．青年期とはいわゆる「自分探し」の旅をする期間である．自分探しの旅とは，アイデンティティの発見へ導かれる旅である．人は青年期を通じて自分という人間，自分の人生，自分の将来について悩み，苦しみ，そしてやがては自己認識に至るのである．そのような経過をたどって到達した自己認識をアイデンティティという．青年期とはアイデンティティ発見への旅をする時期なのである．ところが，自分の将来への見通しがうまく立たなかったり，アイデンティティ発見ができなかったりすると自我同一性拡散に陥る．

（5）ピアジェの発達理論

　ピアジェ（Piaget, J., 1896～1980）は，彼の発達理論を理解する上で重要な概念をいくつか提唱している．まず，ピアジェ理論の中心概念ともいえるのがシェマである．シェマとは，類似の対象に対して同じような行動を繰り返すことを可能にする構造や組織のことである．例えば，赤ん坊が自分の口に入ったものは何でも吸ったり，自分の手の平に触れたものは何でも握る行動を示すことがあげられる．

　さらに，重要な概念としてあげられるのが，同化・調節・均衡である．同化とは，既存のシェマを外界に適用することによって，外界にあるものをシェマのなかに取り込むことをさす．例えば，授乳時にお乳に対して適用される吸うという既存のシェマを，指という外界にあるものに対して適用した場合に，指しゃぶりという行動が現れる．調節とは，既存のシェマを外界に合わせて変化させることをさす．例えば，最初は口に入るものはどんなものでも吸っていた赤ん坊が，やがてお乳とその他のものを区別し，前者は吸うが後者が口に入った場合は吸わないというようにシェマが分化する．同化によって外界にあるものをシェマのなかに取り込むことによって調節の必要が生じる．調節は外界の変化に対応したシェマの変化であるから，ある意味で不安定な状態である．このシェマの変化が安定状態に達するのが均衡であ

る．

　ピアジェもまたフロイトやエリクソンたちと同様に発達段階を提唱している．ピジェの発達段階は思考の論理形式に注目して区分したもので，感覚運動期・前操作期・具体的操作期・形式的操作期である．

a．感覚運動期（0〜18ヵ月）

　この時期は，具体的な動作を行った結果を感覚を通して認識する時期である．例えば，赤ん坊が音の出るおもちゃを握ったとき，それを見て認識するのではなく，手を振ったときにおもちゃも一緒に振られることで音が出る．すると赤ん坊は音のする方を見る．少し時間が経ってまた手を振るとおもちゃの音が出る．また音のする方を見る．というように，おもちゃを振ることと音を聞くこととが「共応」することによっておもちゃの存在を認識する時期である．

b．前操作期（18ヵ月〜7歳）

　この時期の特徴は，見かけにとらわれた認識をすることである．例えば，異なった高さのグラスの間を同じ液体が移動しただけで液体の量が変化したように感じたり（量の保存が成り立たない），同じ風景を視点を変えて見ることができない（三つ山問題における自己中心性）などである．

c．具体的操作期（7歳〜12歳）

　この時期は見かけにとらわれた認識をすることはなく，論理的操作が可能である．しかし，論理的操作は具体的な場面や実用的な問題だけに応用でき，純粋に抽象的な考え方が要求される場面で結論を導くのは無理である．例えば，「もし，人間に未来を知ることができたら，今より幸せだろうか？」というような思考は無理である．

d．形式的操作期（12歳〜）

　純粋に論理だけに基づいた思考や仮定に基づいた思考ができる．

参考文献

1.
（1）小此木啓吾・馬場謙一（編）『フロイト精神分析入門』（有斐閣新書），有斐閣，1977.

（2）河合隼雄『無意識の構造』（中公新書），中央公論新社，1977.

2.
（3）二宮克美・子安増生（編）『パーソナリティ心理学』新曜社，2006.
（4）榎本博明ほか『パーソナリティ心理学』有斐閣，2009.

3.
（5）内田伸子・臼井博・藤崎春代『乳幼児の心理学（ベーシック現代心理学2）』有斐閣，1991.
（6）桜井茂男・岩立京子『たのしく学べる乳幼児の心理』福村出版，1997.
（7）遠藤利彦『発達心理学の新しいかたち（心理学の新しいかたち6）』誠信書房，2005.
（8）内田伸子『よくわかる乳幼児心理学（やわらかアカデミズム・「わかる」シリーズ）』ミネルヴァ書房，2008.

第II部

『こころのケア』への実践方法・研究方法

第4章
臨床心理検査（心理アセスメント）

1. 面接法

　面接（interview）とは，人と人とがある目的をもって，直接顔を合わせて話し合うことである．それは，面接当事者のパーソナリティ・生育暦・生育環境・価値観など非常に多数の要因が複雑に絡み合っており，同時に時々刻々変化するダイナミックな相互作用であるといえる．このような面接を，心理的・精神的な問題を抱えた面接対象者に対して行う際に，どのような点に注意しなければならないか，またどのようなことが問題になってくるかについて述べる．

(1) 面接法の種類

　面接法は，面接の目的によって査定面接（アセスメント面接）と治療面接に分類される．査定面接とは，訪れたクライエントに対して相談内容を聞き出し，今後の見通しを査定するために必要な情報を得る作業である．査定面接の目的は，来談したクライエントの悩みや訴えを聞いて，問題点の所在や発生メカニズムを明らかにし，治療的援助や介入法についての方針を立てることを目的とする．査定面接は，インテーク面接・受理面接・初回面接ともいわれる．一方，治療面接とは心理療法としての面接であり，多くの場合査定面接を経て行われる．この節では査定面接に限って述べることにする．

　面接法はまた，構造化の程度により構造化面接法・半構造化面接法・非構造化面接法に分類される．構造化面接法とは，客観的なデータを得るために事前に決められた一定の質問を，順序やことば使いまで統一して行う方法である．半構造化面接法は，質問文や質問の順序は決めておくが，それ以外は

面接の対象者の反応に合わせて変化させる面接法である．非構造化面接法は，面接対象者の反応に合わせて適宜質問内容や順序を変える方法である．

（2）面接者の姿勢

既述したように，面接は面接者とクライエント（面接対象者）との間の複雑な相互作用であるから，面接者の側の態度や動作・行動によって大きな影響を受けることが考えられる．したがって，面接に望む面接者側の姿勢が重要になってくる．ここでは，面接者の姿勢として，関与観察・平等な注意・内的現実への接近の3点をとりあげる．

a．関与観察 (participation observation)

この概念はサリヴァン（Sullivan, H.S., 1892～1949）によって唱えられたもので，面接における鍵概念である．これは，関与と観察とが不可分に関連しあっていることをさしている．

面接において，クライエントの様子や表情，服装，態度などを注意を持って観察しなければならないのはいうまでもないが，面接者が観察を行うこと自体が関与を進展させ深めることを意味し，したがって，クライエントの態度や行動にある影響を与えていることになるのである．たとえば，来談したクライエントの話を促すために発した面接者のことばの違いによって，それ以降のクライエントの様子や態度がまったく異なったものになることがある．

このように，面接者は面接場面に身を置いて観察を行うと同時に，クライエントに対して働きかけを行うことによって面接場面全体の構造や進行に対しても影響を与えているといえる．このようなある種の質的データの取り方といえる方法は，文化人類学のフィールドワークにも通じるものがあるといえよう．

さらに，関与観察が意味することは，面接者とクライエントとの相互作用にとどまらない．面接者がクライエントを観察するときには，観察対象であるクライエントに関する観察と同時に，面接者の内面へも観察が向けられているのである．面接者はクライエントを観察することによって，自分がクライエントをどのようにイメージしているのか，自分の中でどのような感情が

起こっているのか，二人の関係をどのように体験しようとするのか，などを感じながら観察を進めて行くのである．

b．平等な注意

面接者はクライエントの内面に対して注意を向けることはもちろんであるが，注意を向けすぎてもいけない．また，クライエントの表情を注意深く観察することも必要であるが，そのことのみにとらわれてもいけない．

すなわち，クライエントに払う注意は選択的であってはいけない．クライエント全体に対して注意を向けることが必要である．面接の究極の目的が，クライエントの語りがある一つのまとまりにまで至るまでに，クライエントに辛抱強くつき合い，時には促しながら，クライエントの語りの全体像を正しく捉えることにあるのであるならば，選択的な注意や選択的な不注意はあってはならない．

さらに，平等な注意の意味することは，面接者が向ける注意はクライエントばかりではなく，自分の内面や，クライエントとの二者関係にも向けられなければならないことを意味する．

c．内的現実への接近

面接者とクライエントとの関係には，ズレや歪みが伴うことがある．例えば，面接者が何気なく発したことばに対してクライエントが激しく反発するというような場合である．面接者が発したことばには，当然ある意味が込められているわけであるが，あくまでもそれは面接者が解釈した意味であって，クライエントにはそれとは異なった，あるいはそれとはズレた意味が伝わることがある．そのズレて伝わった意味に対してクライエントが反応してしまう結果，予想外の反発として返ってくることがある．

面接者が発することばには客観的外的事実が込められているが，それによって，クライエントの内面で心理的現実を帯びているものが刺激されたために，予想外の反応が返ってくるのである．

内的現実はクライエントの側の問題ばかりではない．面接が進行していくにつれて，面接者がクライエントに対して決まって一定の態度が出てしまうことがあり，面接者は思わずそれに気づいて後悔することがある．例えば，あるクライエントに対しては，きまってつい激しい口調で接してしまうこと

に気づいて,「しまった」と思うことがある.これは,面接者の内的現実にあるクライエントとの二者関係の何かが活性化される結果であると考えられる.

(3) 面接のねらい
　面接(査定面接,アセスメント面接,インテーク面接)で行われる仕事のねらいは次の6点である.
　① クライエントの臨床像の把握
　　クライエントから受けるイメージに関して,なるべく客観的なものを得る.
　② クライエントの表情や服装に関する資料の収集
　　服装はクライエントのライフスタイルや人間関係を表していることが多い.
　③ クライエントの相談内容の聴取
　　クライエントの主訴・悩み・困難,クライエント自身が来談したのか,または紹介であるのかの来談動機や来談経緯,職歴,対人関係の歴史,家族関係などについて聴取する.これらの事項について,自然な流れのなかで抵抗なく聴取を行うことが必要である.
　④ クライエントの症状形成に関する仮説の設定
　　クライエントから聴取した内容や,場合によっては心理テストなどの結果を,面接者が依拠している理論的枠組みに結びつけて考える.
　⑤ クライエントの診断
　　クライエントの診断で重要な視点は,欲求不満耐性・自我防衛の強さ・パーソナリティの統合性と安定性・自我同一性の確立である.
　⑥ 見たて
　　見たてとは,診断と予後を含む全体の見通しである.治療過程全体についての見通しを持つことが必要である.

(4) 面接の進め方
　面接は1回50分前後で,2～4・5回行われるのが普通である.面接は通

常次のような手順で行われる．
　① 導入
　　自己紹介を行い，相互確認を行う．ラポールを図ることも忘れない．
　② 一般的調査
　　主訴，病歴，家族関係，生活史などの概括的調査．
　③ 探索
　　症状の成立機制，パーソナリティ構造，自我などを念頭に置きながら焦点化を図る．
　④ 要約
　　処遇について結論づけ，全体的なまとめを行う．
　⑤ 終結
　　処遇について指示を与える．

面接で用いられるインテーク・シートには決まった書式はないが，一例を図 4-1 に示す．

（5）面接によって得られるデータ

a．症状

来談理由…自発的来談か，紹介か．本人と紹介者との関係．主訴はどんなことか．

クライエントの印象…態度，表情，面接に対する反応（依存的・拒否的・攻撃的・回避的など）．

症状の経過…初発年月日，急性か次第にか．発症前後の心理的・身体的問題点．過去の相談や治療の種類．

症状の受けとり方…症状をどのように感じているか．病的であるという自覚の程度．クライエント本人が考えている原因．

b．生活歴

胎生期…母親の年齢・健康状態，胎児の状態．

出生時…在胎期間，出生時体重，分娩状況．

乳児期…養育法（母乳・人工・混合），発育状況（首のすわり・生歯・人

家族歴　（精神病障害　てんかん　精神遅滞　自殺　血族結婚など　　　　　　　）

　　　　父　　　　　　　　　　　　母

　　　同胞

　　　子供

　　　配偶者

既往歴
　既往疾病：

　　　　　　　　　　　　　　　　　出生時：満期，早期，遅産　　　カ月
　　　　　　　　　　　　　　　　　安産，難産

　　　　　　　　　　　　　　　　　生下時体重　　　　g

　　　　　　　　　　　　　　　　　発　育：正常・遅れ気味
　　　　　　　　　　　　　　　　　アレルギー：無・有
　　　　　　　　　　　　　　　　　けいれん：無・有

　月経：初経　　　オ　　順・不順
　　　：閉経　　　オ

　最終学歴：　　　　　　　　　　　小中学校時代の学業成績
生活史　　　　　　　　　　　　　　（　　　　　　　　　　　　　）

　飲　酒：　　　　　　　タバコ　　本／日　　常用薬物：
　結　婚：未婚　　既婚　　離別（生別・死別）
　家族構成と家庭環境：

　性格特徴（患者本人または病歴陳述者が表現した通りに記載。例えば内気，几帳面）

　その他：

　国民・厚生・共済年金　　　老令・障害年金　　　級（　　年　　　月より）

図 4-1a

第4章 臨床心理検査（心理アセスメント）

（陳述者　　　　　　患者との関係　　　　）

【主　訴】

【現病歴】

図 4-1b

1. 面　接　法　　59

食欲　　　　　睡眠　　　　　便通

【記載者　　　　　　】

診断と治療方針　（担当医　　　　　）

治療目標

アレルギー	Ｈ　Ｂ	HCV	ワ　氏	その他

図 4-1c（橘ほか『臨床心理学特論』放送大学教育振興会，2005，pp.241〜243）

みしり・立ち始め・歩行・発語・後追いなど），授乳，離乳．

幼児期…ちえつき，排泄のしつけ，弟妹の出生への反応，動作や遊びの特徴，性格的傾向，両親のしつけの態度（厳格・支配・拒否・冷淡・過保護・不安定・矛盾）．

学童期…就学時の問題，学校生活（先生や友達との関係，クラスでの位置，成績，得意・不得意，転校，課外活動，塾，興味，遊び），家庭生活（両親のしつけとそれへの反応）．

青年期…第二次性徴，反抗期，性格の変化，進学，受験，恋愛，友達関係，就職，家庭での問題．

成人期…性生活，結婚，妊娠，夫婦間の問題，姑との関係，子どもとの関係，職業，趣味，宗教．

c．家族歴

遺伝…家族の病的要因．

過去および現在の家族構成．

両親…年齢，健康，職業，結婚，性格，夫婦関係，離婚，再婚，しつけ，クライエントとの心理的関係．

兄弟姉妹…年齢，健康，職業，結婚，性格，クライエントとの心理的関係．

祖父母その他の同居家族との関係．

家族内の雰囲気…安定，暗い，封建的など．

家族型…父権型，母権型，民主的，未成熟型など．

近隣関係．

d．性格

幼少期から青年期にかけての特徴と変化…内べんけい，人みしり，泣き虫，カンが強い，かんしゃくもち，神経質，すなお，社交的など．

日ごろの性格．

過去の病気や習慣の有無とその年齢…ひきつけ，意識障害，アレルギー反応，手術，チック，夜尿，偏食，爪かみ，指しゃぶり，不眠，どもり，不登校など．

(6) 面接の注意点
　a．ラポールの形成
　来談したクライエントと面接者とは初対面である．また，クライエントは不安と緊張をもってやって来る．さらに，クライエントは面接者に対して自己の悩みやプライバシーを明かすわけである．したがって，面接者はクライエントの信頼感を形成するようにしなければならない．この信頼感をラポールという．
　ラポールを形成するためには，まず自己紹介を行う．次に，クライエントが安心してくつろぐことができるように，温かいことばをかけたり，親身のある態度で接することが重要である．そのことによって，クライエントが身構えたり，来談したことを後悔したりしないようにするのである．
　b．転移を引き起こさない配慮
　クライエントの相談内容を聞き取る際には，誠実な態度をとることが必要であるが，あまり感情を込めたりしてはいけない．それは，一つは面接者が治療まで引き続いて担当するかどうか不明であるからである．もう一つは，過度に感情を込めた関わり方を行うことによって，クライエントからの転移が引き起こされることがあるからである．転移とは，クライエントが本来他の対象に向けるべき感情を面接者に対して向けてしまうことである．例えば，面接が進行するにつれて，面接者とクライエントとの関係が打ち解けて密接になってくると，クライエントが本来母親に向けるべき甘える態度を面接者に対して向けてしまうような場合である．
　クライエントから面接者に向けられる転移とは逆に，面接者からクライエントに対して向けられる逆転移にも注意する必要がある．例えば，母親コンプレックスを抱いている面接者が，やはり母親との関係で来談したクライエントとの面接の際に自分の問題を重ね合わせてしまい必要以上に同調したり，逆に自分の問題に触れるのを避けるために必要以上に防衛的になってしまう場合がある．
　c．記録のとり方
　面接者はクライエントの相談内容その他の記録をとっておくのが普通であるが，その際に記録に集中するあまりクライエントの方を見ることが少な

かったり，記録をとるのに忙しくクライエントの話に対して生返事をしてしまうようでは本末転倒である．後に述べるように，面接中はメモ程度にとどめておくべきである．

記録に関してもう一点注意すべきことは，記録されたくないことは申し出てほしいことをクライエントに告げるべきである．特に，電子カルテや共通カルテの場合に配慮すべきである．

d．面接室・プレイルームの確保

面接場面の確保は重要である．落ち着いた雰囲気と他人の視線が入らないこと，また他人から聞かれることがないことが保障される物理的環境の準備は欠かせない．

相談施設によっては，面接室などが確保できない場合があるが，そのようなときには例えば廊下を衝立で仕切るなどして，他人の視線に曝されないで面接できる場所を確保したい．

クライエントが子どもの場合には，面接室とは別にプレイルームがあることが望ましい．プレイルームには，オモチャやクレヨンなどの文房具を用意しておく．

e．治るのかの疑問に関して

クライエントは当然のことながら，自分の悩みが解決されて元の自分を取り戻したいという気持ちがあるから来談するのである．そこで，面接者に対して治るのかどうか尋ねることは自然の行動である．それに対して，今行っている面接は治療ではなくその準備であること，治療がうまく行くように面接を行っていること，クライエントの方でも何かよい方法があったら話してほしいこと，治るにはたった一つの方法しかないのではないことなど，期待を持てるような言い方をすることが求められる．

（7）面接を上手に行うコツ

a．記録のとり方

面接中は，簡単なメモ程度をとり，面接が終わったら記録を整理するとよい．これは，記録をとることに集中しすぎて，面接中クライエントの方をあまり見なかったなどということがないようにするためである．また，記録は

あまり詳細にとると，細部や末梢的な部分にとらわれて問題の核心を見失う恐れがあるので，必要な部分のみを簡潔に記録するようにする．

　b．質問のし方

　なるべく自由に話をさせることがよいが，適当に質問をして話題を変えたり，深めたりすることも大事である．また，面接の初めから問題の核心に迫るような深い質問をしたり，結論を急ぐような話の進め方をしてはいけない．

　c．話の進め方

① クライエントの現在の悩みや訴えを整理しながら聞く（訴えの焦点化，問題の明確化）．
② それらが発生した時点からこれまでの経過を聞く．その際に，家庭や学校，職場での適応の問題に入っていく．
③ 環境の側の問題をひととおり拾い出した後で，クライエント本人がそれらの要因をどのように受け止めているか，どうして不適応を起こしたのかを探る．
④ そのなかで，クライエントのパーソナリティや考え方，生活態度などが浮きぼりにされる．
⑤ そのようなパーソナリティや考え方，生活態度などがどのようにして形成されてきたかについて，幼児期からの両親との関係やその他の経験について拾い出す．

　d．言外の意味への関心

　クライエントが話す内容について，そのことばの表面的な意味だけをとってはいけない．むしろ，ことばの背後に含まれている内容や，語られないことへ関心を向けるべきである．クライエントは，防衛的な反応をする場合があるので，抑圧・置き換え・反動形成・投影・合理化などによって歪められた話をすることがあるからである．

（8）その他の面接法

　以下に述べる面接法は治療面接とも重複するが，査定と治療が不可分に結びついている場合もあるのでここで触れることにする．

a．並行面接

並行面接とは，クライエント本人の面接と同時に，別の面接者がクライエントと関わりの深い人を面接することである．

並行面接は，特に子どもの治療に際して，母親の面接を並行して行う場合が多い．子どもの問題行動や不適応行動の場合には，母子関係や家族間の問題が関係している場合が多いので，子どもと母親の両者の面接を行うことによって，問題像が立体的に見えてくるのである．

b．合同面接

合同面接とは，クライエント本人の他に，家族や配偶者を加えて出席者全員に対して面接を行うもので，合同療法の発展に伴い取り入れられるようになった．

c．訪問面接

訪問面接とは，何らかの理由で学校に通えなかったり，通常の教室での授業では十分な教育的サービスが受けられない子どもに対して，そのような子どもが居場所としている家庭や病院に出向いて行う面接である．

2．知能検査

(1) 田中ビネー知能検査Ⅴ

田中ビネー式知能検査はウェクスラー式と並び，代表的な知能検査のひとつである．ビネー式は，1905年にビネーとシモンにより開発されたビネー法1905年版をもとに多くの改訂を重ねられてきたが，本法は，日本で開発・改訂されてきた1987年版「全訂版田中ビネー知能検査法」が改訂されたものである．田中ビネー式知能検査としては5番目の版となるためⅤ(ファイブ)と名付けられている．検査の対象年齢は2歳から成人までとなっており，年齢の低い子どもが取り組みやすい簡単なものから，難しいものへと問題が配列されているのが特徴となっている．

本法は，2〜13歳までの被検者には，従来通りCA（生活年齢:実際の年齢）とMA（精神年齢:生活年齢とは関係なく知能の発達水準を年齢で表したもの）の比から導かれるIQ（知能指数）が算出されるのに対し，14歳以

上の被検者には DIQ（偏差知能指数:同年齢集団の中でどれくらいの知能発達を示すかを相対的にとらえたもの）が算出されるようになっている．また，DIQ については，総合的な値である総合 DIQ の他に，経験の積み重ねで得られる能力を示す結晶性領域，物事をいかに早く正確に行えるかという能力を示す流動性領域，記憶能力を示す記憶領域，言語・数量的な推論，抽象能力を示す論理推理領域という四つの領域別 DIQ についても求められるようになっている．

(2) 日本版 WAIS-Ⅲ

日本語版 WAIS-Ⅲ（Japanese Wechsler Adult Intelligence Scale-Third Edition）は，田中ビネー式知能検査と同様，日本で広く用いられているウェクスラー式知能検査の成人用である．日本語版 WAIS，日本語版 WAIS-R に次ぐ第 3 改訂版のため Ⅲ という記号が検査名の後につけられている．

検査の対象年齢は16歳から89歳となっており，下位検査ごとに順番どおりに施行されるよう構成されている．

本法では，全体的な知能を測定する全検査 IQ，知識や言語的な刺激への反応などを示す言語性 IQ と空間処理や注意，推理などを示す動作性 IQ の三つの IQ が算出される．下位検査としては，言語性 IQ を測定するためには「単語」「類似」「算数」「数唱」「知識」「理解」「語音整列」，動作性 IQ を測定するためには，「絵画完成」「符号」「積木問題」「行列推理」「絵画配列」「記号探し」「組合せ」という検査が設定されている．

また，本法では IQ の他に群指数という四つの指標が計算できるようになっている．四つの指標とは，言語的な知識や理解，推論などを示す言語理解，言語を含まない推論や注意などを示す知覚統合，被検者の情報記憶とその処理などを示す作動記憶，目で見た情報を素早く処理する能力などを示す処理速度である．これらの各群指数に対応する下位検査は，言語理解については「単語」「類似」「知識」，知覚統合については「絵画完成」「積木問題」「行列推理」，作動記憶については「算数」「数唱」「語音整列」，処理速度については「符号」「記号探し」となっている．なお，本法では IQ，群指数と

もに平均が100となるようにつくられている．

(3) 日本版 WISC-Ⅲ

日本版 WISC-Ⅲ（Japanese Wechsler Intelligence Scale for Children -Third Edition）は，成人用のウェクスラー式知能検査である WAIS の児童用として作成された WISC についての日本語版第3改訂版である．検査の対象年齢は5歳から16歳となっており，下位検査ごとに順番に従い施行されるよう構成されている．

本法も日本版 WAIS-Ⅲと同様，全検査 IQ，言語性 IQ，動作性 IQ の算出が可能である．言語性 IQ を測定するための下位検査は「知識」「類似」「算数」「単語」「理解」「数唱」，動作性 IQ を測定するための下位検査は「絵画完成」「符号」「絵画配列」「積木模様」「組合せ」「記号探し」「迷路」が設定されている．

また，言語理解，知覚統合，注意記憶，処理速度という群指数も日本版 WAIS-Ⅲと同様に設定されており，各群指数に対応する下位検査は，言語理解が「知識」「類似」「単語」「理解」，知覚統合が「絵画完成」「絵画配列」「積木模様」「組合せ」，注意記憶が「算数」「数唱」，処理速度が「符号」「記号探し」となっている．本法で用いられる IQ，群指数も平均が100となるようにつくられている．

3．質問紙法

(1) 矢田部-ギルフォード性格検査

矢田部-ギルフォード性格検査（以下 YG 性格検査と記す）は，南カリフォルニア大学の J.P. Guilford 氏のギルフォード性格検査に端を発するものである．このギルフォード性格検査を矢田部達郎・辻岡美延・園原太郎氏らが，日本の文化環境に適合するよう作り上げたものが YG 性格検査であり，教育・産業領域で広く使用されている質問紙法検査である．

YG 性格検査は，120の質問項目に「はい」「いいえ」「?（どちらでもない）」という形式で答えていくものである．検査時間が30分程度と短いのが

表 4-1　YG 性格検査の下位尺度（基礎因子）

D 尺度	抑うつ性	Ag 尺度	愛想の悪いこと
C 尺度	回帰性傾向	G 尺度	一般的活動性
I 尺度	劣等感の強いこと	R 尺度	のんきさ
N 尺度	神経質	T 尺度	思考の外向
O 尺度	客観的でないこと	A 尺度	支配性
Co 尺度	協調的でないこと	S 尺度	社会的外向

表 4-2　YG 性格検査の集合因子

集合因子	基礎因子
情緒不安定性因子	D 尺度・C 尺度・I 尺度 N 尺度
社会不適応性因子	O 尺度 Co 尺度 Ag 尺度
活動性因子	Ag 尺度・G 尺度
衝動性因子	G 尺度・R 尺度
非内省性因子	R 尺度・T 尺度
主導性因子	A 尺度・S 尺度

（出典：新版　YG テストの実務手引　人事管理における性格検査の活用　八木俊夫（著）日本心理技術研究所　1989年より）

特徴であり，個人を対象としても集団を対象としても試行できるようになっている．なお，検査用紙には小学生用・中学生用・高校生用・一般用の4種類が用意されている．本法は，表 4-1 に示すように，12の下位尺度から構成されている．

また，本法の分析においては，「基礎因子」，「集合因子」，「性格類型」の三つの要素がよく用いられる．

基礎因子とは表 4-1 に示した12尺度を示す．被検者の基礎因子得点のなかで，特に高いものや低いものが被検者の性格を特徴付けるポイントとなる．集合因子とは，基礎因子のなかで関連の高いものをまとめたものである．集合因子を構成する基礎因子の得点が総じて高い，あるいは低い場合，その集合因子の持つ意味が，被検者の性格に強い関連を持つものと考えられる．さらに，性格類型とは，被検者の基礎因子の得点パターンより被検者の性格をいくつかのパターン（性格類型）に分類するものである．本法では，基本的な性格類型を典型といい，A 型（平均型），B 型（右寄り型），C 型（左寄り型），D 型（右下がり型），E 型（左下がり型）という5種が存在する．この

表4-3 MMPIにおける臨床尺度

第1尺度(Hs)	心気症	第6尺度(Pa)	パラノイア
第2尺度(D)	抑うつ	第7尺度(Pt)	精神衰弱
第3尺度(Hy)	ヒステリー	第8尺度(Sc)	統合失調症
第4尺度(Pd)	精神病質的偏倚	第9尺度(Ma)	軽躁病
第5尺度(Mf)	男性性・女性性	第0尺度(Si)	社会的内向性

表4-4 MMPIにおける追加尺度

A尺度	不安	Dy尺度	依存性	Mt尺度	大学不適応
R尺度	抑圧	Do尺度	支配性	MAC尺度	マックアンドリューのアルコール症
MAS尺度	顕在性不安	Re尺度	社会的責任	O-H尺度	敵意の過剰統制
Es尺度	自我強度	Pr尺度	偏見	As尺度	アレキシサィミア
Lb尺度	腰痛	St尺度	社会的地位		
Ca尺度	頭頂葉・前頭葉損傷	Cn尺度	統制		

(出典：MMPIマニュアル'93 MMPI新日本版研究会(編) 三京房 1993年より)

典型に近い性格類型が準型といわれ，同様に5種存在する．そしてこれらの特徴を併せ持った混合型も5種の類型があり，合計15種の性格類型で，被検者の性格を理解する．

(2) MMPI

　MMPI (Minnesota Multiphasic Personality Inventory：ミネソタ多面的人格目録) は，1943年にS.R.HathawayとJ.C.McKinleyにより開発された質問紙法検査である．550の質問項目を有し，非常に広範囲の内容を測定することが可能で，医療領域において広く用いられている検査である．本法は，各質問項目に被検者が「あてはまる」「あてはまらない」を判断していくもので，対象年齢は15歳以上となっている．

　本法は，表4-3にあげた臨床尺度，表4-4にあげた追加尺度(追加尺度は表4-4にあげたほかにも多数存在する．)の他，妥当性尺度の算出が可能である．質問紙法では，被検者が素直かつ正直に回答することが求められるが，例えば「よりよく自分を見せたい」などという意図が被検者にあると，この素直かつ正直に回答するという条件は満たされないことになり，その検査結果は歪んでしまうことがある．このような歪みを測定するのが妥当性尺

度であり，本法では?尺度，L尺度，F尺度，K尺度という4種の妥当性尺度が設定されている．

(3) NEO-PI-R

NEO-PI-R (Revised NEO Personality Inventory) はパーソナリティーを五つの次元で把握しようとする5因子モデルに基づき，Costa, P.T.Jr.とMcCrae, R.R.により開発された質問紙法である．NEO-PI-Rは5段階の選択肢で答える240の項目により構成されている．

本法は「神経症傾向」「外向性」「開放性」「調和性」「誠実性」という五つの次元と，それぞれ六つの下位次元を測定できるようになっている．また，NEO-PI-Rの短縮版であるNEO-FFI (NEO Five Factor Inventory) は上記「神経症傾向」「外向性」「開放性」「調和性」「誠実性」という五つの次元のみ測定できるよう構成されている．

(4) SCI

SCI (Stress Coping Inventory：ストレスコーピングインベントリー) はLazarus.R.のストレスコーピング理論に基づき，日本健康心理学研究所が開発したもので，被検者のストレスの対処様式を測定するものである．本法は，ある特定のストレス状況を思い出し，そのときどのように対処したかを「あてはまる」「少しあてはまる」「あてはまらない」で答える質問項目64項目とカウンセリングで用いるストレスに対する体験調査30問から構成されている．なお本法では問題と情動志向の評価（2下位尺度）と対処型の評価（8下位尺度）が算出できるようになっている．

問題と情動志向の評価ではストレスなどの物事に対する積極性を示す「認知的ストラテジー」とストレスなどの物事に対する消極性を示す「情動的ストラテジー」が測定できる．

また，対処型の評価では，問題解決に向けて計画的に対処するなどの「計画型」，困難な状況を変えようとして積極的に対処するなどの「対決型」，問題解決のために他人や相談所などに援助を求める「社会的支援模索型」，誤った自分の行動を素直に自覚・反省するなどの「責任受容型」，自分の感

情や考えを外にあらわさないなどの「自己コントロール型」，問題から心理的に逃げ出すことを考えるなどの「逃避型」，問題は自分と関係がないと思うなどの「隔離型」，問題を解決した経験を高く評価するなどの「肯定評価型」が測定できる．（日本健康心理学研究所（著）『ストレスコーピングインベントリー　自我態度スケール　マニュアル―実施法と評価法』実務教育出版，1996.）

(5) EAS

　EAS（Ego Aptitude Scale：自我態度スケール）は，個人のストレスに対処する傾向を考える上で，その個人のパーソナリティ特性の影響を考慮する必要があるという視点より，日本健康心理学研究所が開発した，ストレス対処行動と関連するパーソナリティの調査法である．したがってストレスに関連するパーソナリティを測定する EAS はストレス対処様式を測定する SCI と相補的な位置づけにある．

　本法は自分に対し「あてはまる」「あてはまらない」「どちらともいえない」で答える94の質問項目から構成されている．

　本法は主として，自己の意見を主張し，責任感が強いなどの「調和性」，周囲への配慮と保護的態度などを示す「養育性」，親和的対人関係などを示す「円熟性」，論理的・計画的に物事を実行する「合理性」，自分の感情や衝動を自由に表現する「自然性」，好奇心や空想力などを示す「直感性」，自分の欲求を上手に満たす「適応性」という七つのカテゴリーが測定できる．

(6) POMS

　POMS（Profile of Mood States：気分プロフィール検査）は McNair DM により1960年代終わりに開発された主観的気分を測定する質問紙である．POMS は気分を表す65項目の事柄について，被検者が過去１週間で「まったくなかった」から「非常に多くあった」まで５段階で評価するようになっている．

　本法は「緊張―不安」「抑うつ―落ち込み」「怒り―敵意」「活気」「疲労」「混乱」という六つの気分について測定でき，医療機関・企業・スポーツメ

ンタルヘルス等で使用されている．

　カウンセリング領域でも，特定の技法や療法の体験前後にPOMSを実施し，気分変化を比較することで，その技法や療法の有効性を検討するために用いられる場合もある．

　なお，本法については30項目からなる短縮版も開発されている．

（7）CMI

　CMI（Cornell Medical Index-Health Questionnaire：CMI健康調査票）はコーネル大学で考案された，心身両面における自覚症状を調査する質問紙法検査である．CMIは男性用211項目，女性用213項目からなる質問項目に「はい」「いいえ」で答えるよう構成されており，医療・産業領域などにおいて用いられている．

　本法はAからRまでの下位尺度区分が設定されており，身体的項目（目と耳，呼吸器系，心臓疾患系など）と精神的項目（不適応，抑うつ，不安など）の自覚症状が測定できるようになっている．また，下位尺度区分のうち数区分の合計を組み合わせることで，神経症判別が可能になっている．

4．投　影　法

　投映法（projective method or technique）は，比較的あいまいで多義的な視覚的・言語的刺激に対する被検者の自由な反応内容および反応様式からパーソナリティ機能や特徴をとらえようとする心理検査の一方法である．投影法の大前提は，人々は漠然とした構造化されていない刺激に対しては独自の認知体系に基づいた特有の意味付けと解釈を行うゆえ，被検者の自由反応には個人の精神内界が露呈されやすいということである．

　投影法は，反応の自由度が高く，他の検査方法に比べて意図的な反応操作が相対的に困難であることから，被検者の反応には正にその人らしさが映し出されるという点が最大の特徴である．その反面，検査の実施，反応の整理・分類，結果の解釈には高度な訓練と熟練を要するものが多く，検査結果における検査者間の一致率が低いことから検査の信頼性や妥当性の面におけ

る批判がある．投影法検査の信頼性・妥当性におけるさまざまな批判は投影法があいまいな刺激に対する被検者の自由反応を求めるという投影法検査の方法論とその熟達に多くの訓練と経験が要求されることに起因しており，投影法のもつ心理アセスメントにおける有用性を否定するものではない．心理臨床の治療方針の見立てや治療効果の検討をするにあたり，投影法による臨床的有用性の評価は高く，多数の投影法検査が臨床現場で用いられている．

投影法の検査は，用いる刺激や検査によって測定できるパーソナリティの様相もさまざまで多岐にわたる．本節では，心理臨床現場で使用されている代表的な検査をいくつか紹介することとしよう．

(1) ロールシャッハ法 (Rorschach Technique)

ロールシャッハ法とは，10枚の多義的な図形（図4-2参照）を用いて個人の認知機能上の特徴や観念内容のサンプルを採取し，外界の刺激に対する個人の反応様式の中からパーソナリティ機能の諸特性をアセスメントしようとする臨床心理学的診断法である．この検査はスイスの精神科医ヘルマン・ロールシャッハ (Hermann Rorschach, 1884～1922) が，スイスの子ども

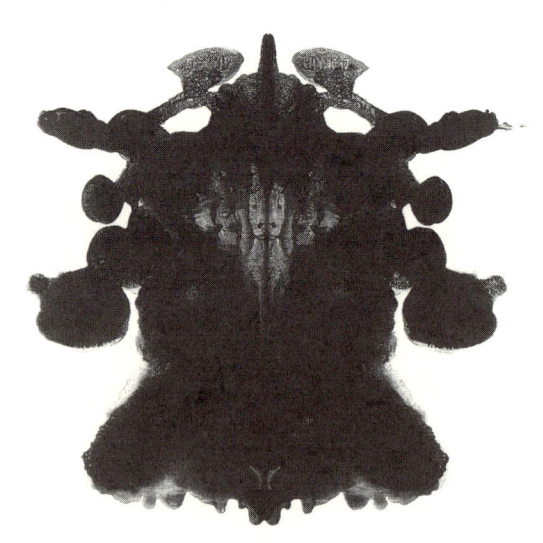

図4-2 ロールシャッハ図版を模したインクブロット（筆者作成）

の遊び（紙にインクや絵の具をたらして二つ折りにして左右対称の模様を作り，それが何に見えるかを問い合う）にヒントを得て創案したといわれている．ロールシャッハ法は，図版を見て何に見えるかという言語的表現が可能であれば誰にでも実施可能であるが，一般的には5歳くらいから実施可能とされている．

パーソナリティ機能のアセスメントにおけるロールシャッハ法が持つ可能性への評価は高く，その有用性や妥当性に関する数多くの研究がなされてきた結果，ロールシャッハ法は臨床心理学の最も重要な診断道具の一つになっている．ロールシャッハ法はその実施法や反応の採点に関するいくつかのスコアリング・システム（scoring system）が開発されており，クロッファー（Klopfer）式，ベック（Beck）式，シェイファー・ラパポート（Schafer & Rapaport）式，エクスナー（Exner）式などがあげられる．各スコアリング・システムは，ロールシャッハ法の研究やスコアリングの標準化の過程で各学者によってさらなる独自の採点指標が追加される中で発生しているが，いずれのスコアリング・システムにおいても検査図版はヘルマンロールシャッハが作成した原版を使用している．日本でも，内田勇三郎（1894～1966）によってはじめてローシャッハ法が紹介されて以来，盛んな学術的研究が行われた後，いくつかのスコアリング・システムの標準化がなされている．ここでは，日本で最も一般的に用いられている片口安史（1927～1995）のスコアリング・システムを紹介するとしよう．

片口式はクロッファー式に基づいており，検査は「自由反応段階」，「質問段階」，「限界吟味段階」の三つの段階に分かれ，検査者と被検者の対面方式で実施される．10枚の各図版に対し何に見えるかを尋ね，被検者が自由に反応を生成する段階（自由反応段階）の後，各反応に対してスコアリングに必要な情報を得るために被検者に対して質問を行う段階（質問段階）が続く．自由反応段階と質問段階で検査者は，被検者の自由な表現を妨げるような指示や誘導質問を行わないように細心の注意を払う．また，被検者からの言語的，非言語的反応はすべて逐語記録される．最後の限界吟味段階では，自由反応段階と質問段階のなかで生じた被検者の反応生成における知覚的な特徴や限界を吟味する段階である．例えば，被検者がインクブロット

第4章 臨床心理検査（心理アセスメント）

表4-5 ロールシャッハ法のスコアリング基準（片口式）

分類	基準	例
反応領域	反応が図版のどの領域を使って生成されているか	全体，部分，空白，etc.
決定因	反応が図版のどの要因に影響され，生成されているか	形態，運動，色彩，陰影
反応内容	生成された反応の内容	人間，動物，植物，etc.
形態水準	反応の正確さ，明細化，結合性のレベル	優秀（＋），標準（±），許容（∓），不良（－）
平凡反応	各カードの特定領域に対して頻出される反応	カートごとに特定の反応領域と反応内容が指定されている

(ink-blot) の全体を使った全体反応のみを報告したとすると，それは部分反応（インクブロットの一部を使った反応）にも気づいていながら全体反応として統合しなければ気がすまないタイプなのか，それとも全く部分反応には気が付かないタイプなのかを確かめると言った手続きが行われる．よって，限界吟味段階では，先行する二つの段階に比べてはるかに誘導的・暗示的・強制的な質問が加えられる．ただし，ロールシャッハ法による再検査を予定する場合には，限界吟味段階は一般的に省略される．

スコアリングは，各反応の「反応領域」，「決定因」，「反応内容」という三つの構成要素に分けて記号化され，付随して形態水準および平凡反応か否かという側面からの評価が加わる（表4-5参照）．検査結果の解釈は，スコアリングの数量化による「形式分析」と，図版ごとの言語的・非言語的反応内容による「継列分析」の二通りの分析が行われる．形式分析で注意すべきところは，ある特定のスコアリングの値が特定の解釈仮説と必ずしも一義的・直線的に結びつくものではなく，被検者の示す症状や全体のスコアリング結果などを総合的考慮した上で相対的に解釈がなされなければならないということである．これがロールシャッハ法の解釈上の難しいところであり，熟練した臨床経験が要求される理由である．なお，継列分析でも時系列を追って被検者の反応生成中に顕れる思考や感情の変化を力動的に解釈していくので，さまざまな臨床心理学的知識が要求される．それゆえ，初心者にとって

解釈は非常に骨の折れる作業であり，的確な解釈の力量を獲得するためには熟練者によるスーパーヴィジョン（supervision）と幅広い臨床経験が必要とされる．

（2）TAT（主題統覚検査：Thematic Apperception Test）

TATは，アメリカのマレー（Murray, H. A., 1893～1988）らによって考案された投影法検査であり，いく度かの改訂を経て1943年マレーによって発行されたハーバード版が広く使用されている．TATは，29枚の図版（図4-3参照）と1枚の白紙図版で構成されており，各図版の裏には1から20までの番号と14歳未満の少年用（B）・少女用（G），14歳以上の成人男性用（M）・成人女性用（F）のいずれかを示す記号が書いている．

検査の実施においては，まず被検者の年齢と性別に応じて第1シリーズ10枚，第2シリーズ10枚の計20枚の図版を選び，各図版のテーマに関する過去・現在・未来への展開，登場人物の思いや感情などについて自由に空想を働かせて約5分以内の短い物語を作ってもらう．

図4-3　TAT図版を模した例（筆者作成）

被検者によって創作された物語は，絵という視覚的刺激に対して被検者の主観的に意味付け（統覚；apperception）の結果であり，被検者の欲求と環境からの圧力との力動的な産物であると仮定する．そして，TATのねらいは被検者の物語に顕れた願望や欲求，葛藤，防衛様式などのパーソナリティの諸側面を力動的に理解することにある．したがって，TATの解釈においては，数量化による分析の試みもなされてきたが，物語全体を通して主人公の欲求や葛藤，共通する主題などを分析する内容分析が主流となっている．

TATは，言語表現ができる3歳位から老人にまで幅広く適用可能であるとされている．ところが，年少者の場合は動物に自己をより同一視しやすいこと，動物のほうが児童の想像性を刺激しやすいことから，動物を主人公にした幼児・児童用絵画統覚検査CAT（Children's Appperception Test）が制作されている（Bellak, L., 1948）．このほかにも，シニア用のTATとして老人を主人公とした高齢者用絵画統覚検査SAT（Senior Apperception Test）も開発されている（Bellak, L. & Bellak, S. S., 1973）．さらに日本では，日本人を主人公とした早大版，名大版，精研版などがある．

（3）SCT（文章完成法：Sentence Completion Test）

SCTは，主語だけが書かれた未完成の文章に対し被検者が自由な連想を働かせて文章を完成させる検査である（図4-4参照）．文章の完成を初めて心理テストとして用いた人はエビングハウス（Ebbingghaus, H., 1850～1909）であり，当時は知能検査の一方法として実施されていたが，

1	子供の頃，私は	太っていた
2	私はよく人から	とろいと言われる
3	家の暮しは，	良くも悪くもない
4	私の失敗	・・・この世の中に生まれたこと

図4-4　不登校（高校1年，女子）のSCT
　　　（佐野勝男・槇田仁「SCT質問紙」金子書房）

1940年代になってアメリカ合衆国の学者たちの手によってパーソナリティ検査として発展し，いくつものSCTが開発されている．その刺激文は，特定の領域を問うものから多方面の領域を問うものまで幅広い．SCTの解釈法は，文章内容を量的に分析する方法と質的に解釈する方法があるが，一般に後者が採用されている．

SCTは筆記という検閲的な要素を含む被検者の意識的作業を経ているので，他の投影法の検査に比べて回答には意識的水準の内容が反映されている．さらに，多領域に渡る被検者の考え方や感情に関する情報が得られることから，病院臨床や教育相談の臨床現場では被検者に関する初期的な情報収集の手段として広く用いられている．日本では，小学生用（8歳～12歳），中学生（13歳～15歳），成人用（15～16歳以上）のさまざまな年齢を対象としたSCTが開発されている．

(4) P-Fスタディ (Picture Frustration Study)

P-Fスタディは，フラストレーション場面での反応様式から自我防衛における個人差を査定する目的でローゼンツァイク（Rosenzweig, S.,

図4-5　P-Fスタディの図を模した例（筆者作成）

1907～2004）によって考案された検査である．P-F スタディの本来の名称は「フラストレーション反応を査定するための絵画連想研究（the Picture-Association Study for Assessing Reactions to Frustration)」であり，フラストレーションへの反応パターンを調べる研究道具であったのが次第に検査道具として用いられるようになった．

表 4-6　P-F スタディの反応評定基準

アグレッション方向	アグレッション型		
	障害優位（O-D）(Obstacle-Dominance)	自我防衛（E-D）(Ego-Defense)	要求固執（N-P）(Need-Persistence)
他責（E-A）(Extraggression)	E'（他責逡巡）：フラストレーションの原因となる障害を強調して指摘するに留まる反応．「ちぇ！つまらない」といった失望を表す反応も含む．	E（他罰）：避難，敵意などが人や物に直接向けられる反応．E：E 型の変形で，自分に向けられた非難に対して責任を攻撃的に否認する反応．	e（他責固執）：フラストレーション事態の解決を誰か他の人に強く期待する反応．
自責（I-A）(Intraggression)	I'（自責逡巡）：フラストレーションの原因となる障害を内側に留め，不満を外に表明しない反応．「フラストレーションではない」，「ある意味返って良かった」，「他人にフラストレーションを引き起こさせたことへの戸惑い」などの反応が含まれる．	I（自罰）：責任，避難などを自分に向ける反応．I：I 型の変形で，自分の責任を認めるが，避けられない事情があったと一切の根本的な過失を否認する反応．	i（自責固執）：フラストレーション事態を引き起こした罪悪感から自分で問題解決を図ったり，償いをしたりする反応．
無責（M-A）(Imaggression)	M'（無責逡巡）：フラストレーションを引き起こさせた障害の指摘が最小限に留まる，または，障害の存在を否定するなどの反応．	M（無罰）：フラストレーションの責任が一切回避され，事態は避けられないことであったとみなし，フラストレーションの原因となった人物を許すなどの反応．	m（無責固執）：時の経過や普通に予期される状況によって問題解決がもたらされることを期待する反応．忍耐するとか，規則・習慣に従うなどの反応．

漫画風に描かれた24のフラストレーション場面は，いずれも日常生活中で遭遇する可能性のある場面であり，何らかの障害が登場人物を妨害したり，失望させたり，喪失状態に陥れたりする「自我阻害場面」と，非難したり・問詰めたり・叱責したりする「超自我阻害場面」で構成されている．フラストレーションを引き起こす刺激人物の台詞に対して被検者は空白の吹き出しに自分の台詞を書き入れる形式で検査は実施される（図4-5参照）．被検者の反応は，フラストレーションに対するアグレッション（aggression）のタイプとその方向性からなる九つの評点因子ごとに得点化され，解釈が行われる（表4-6参照）．

P-Fスタディが捉えようとするアグレッションとは，敵意（hostility）または破壊性（destructiveness）のみならず主張性（assertiveness）をも含んだ包括的概念であり，このような概念上の特徴を十分に考慮した解釈が必要とされる．

(5) バウムテスト（Baum Test）

バウムテストは，樹木と自我像との関連性に注目したスイスのコッホ（Koch, K., 1906〜1958）が1949年に精神診断学的補助手段として公刊した描画法検査であり，被検者にＡ４判の画用紙に鉛筆（4B）で「一本の実のなる樹」を描かせる形で実施される．バウムテストの結果と解釈は，ユング（Jung, C. G., 1875〜1961）の深層心理学，クラゲース（Klages, L., 1872〜1956）の筆跡学，グリュンワルド（Grünwald, M.）の空間象徴論（図4-6参照）のほか，樹木画の発達的研究知見などをもとに，樹木の空間領域の検討，冠と幹の比率の測定，樹木形態（地平，幹の基，根，幹，枝，冠，果・花・葉）と運筆（タッチ）の検討，発達遅滞・退行に関する検討の順に行われる．

他の描画法による心理検査同様，バウムテストにも次のような利点があげられる．短時間で簡便に実施可能であること，所要時間やエネルギーに比べて豊富な情報が得られること，被検者の検査への抵抗が少ないことからテスト・バッテリーの導入テストとして使用可能なこと，個人のみならず集団でも実施可能なこと，再テストの実施が容易なことから心理療法の効果に関す

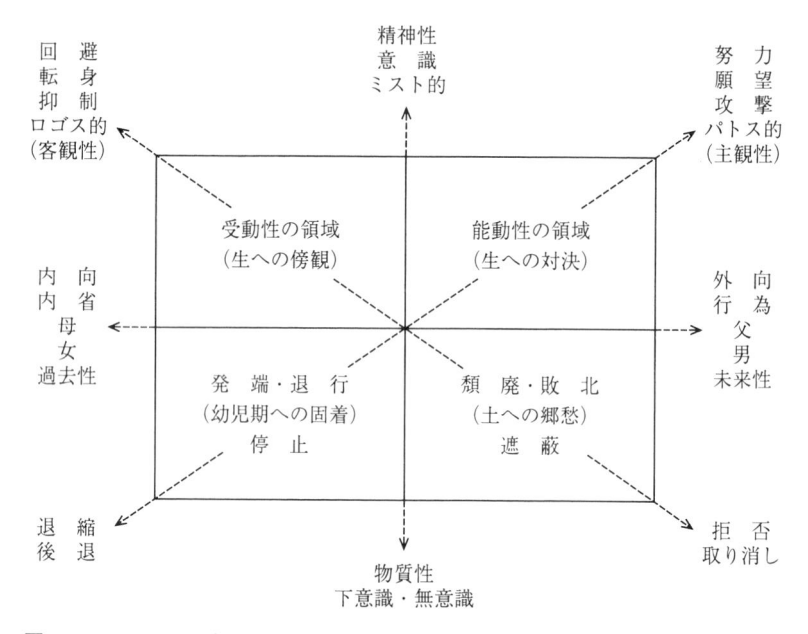

第4章 臨床心理検査（心理アセスメント）

```
                        精神性
                        意 識
                        ミスト的
回 避                                               努 力
転 身                                               願 望
抑 制                                               攻 撃
ロゴス的                                             パトス的
（客観性）                                           （主観性）

            受動性の領域           能動性の領域
            （生への傍観）          （生への対決）

内 向                                               外 向
内 省                                               行 為
母                                                  父
女                                                  男
過去性                                               未来性

            発 端・退 行           頽 廃・敗 北
            （幼児期への固着）       （土への郷愁）
                停 止              遮 蔽

退 縮                                               拒 否
後 退                                               取り消し
                        物質性
                        下意識・無意識
```

図 4-6 Grüwaid の空間図式（C.コッホ（林勝造・国吉政一・一谷彊訳）『バウム・テスト―樹木画による人格診断法』日本文化科学社，1970）

る評価指標として役立つことである．その一方で，解釈基準があいまいであることから，被検者の情報を全く持たない状態での解釈（blind diagnosis）は危険であり，あくまでも診断の補助手段として用いることが強調される．

そのほかの描画による代表的な心理検査として，人物描画法（Draw A Person Test, D-A-P），動的家族描画法（Kinetic Family Drawings, K-F-D），H-T-P（House-Tree-Person Test），風景構成法などがあげられる．

（6）ハンドテスト（Hand Test）

ハンドテストは，ワグナー（Wagner, E.E., 1929～）によって開発された投影法検査であり，投影刺激としてさまざまなポーズをした手の絵（図 4-7 参照）を用いている．ワグナー（1962）は，「手は広範囲に渡って人間が行うあらゆることに関っているため，比較的あいまいなポーズをした手の絵を

図 4-7 ハンドテストの図版を模した例（筆者作成）

用いた投影検査は行動的な要素を含んだ反応を誘発する」と仮定しており，ハンドテストは対人関係における外顕的な行動特徴や典型的な行動傾向の把握を可能にすると述べた．

　刺激図版は 9 枚の手の絵（図 4-7 参照）と 1 枚の白紙で構成される．各カードに対しては，「手が何をしているか，何をしようとしているか」を答えてもらい，白紙のカードに対しては「手を頭の中に思い浮かべて，その手が何をしているか」を答えてもらう．反応は，「対人的働きかけ」，「環境への働きかけ」，「非建設的な働きかけ」，「環境への働きかけの撤退」の 4 領域，15 サブカテゴリーに得点化され，数量化による解釈と反応内容による継列分析が行われる．

　ハンドテストは，日本に紹介された歴史が浅く，日本での標準化が十分になされていないものの，実施が簡便であり，手という馴染み深い刺激を用いているところから被検者の検査に対する不安や低抗が少なく，対人関係の特徴や現在の環境に対する態度をとらえる検査としてその活用が望まれる．

5. 作業検査法

面接法・質問紙法・投影法に次ぐ4番目の心理検査法としてあげられるのが作業検査法である．作業検査法は，一定の検査場面で作業を行わせ，その反応結果から種々の判定・診断を行う方法である．

(1) 内田・クレペリン精神作業検査
a．検査概要

内田・クレペリン精神作業検査は，ドイツの精神医学者クレペリン（Kraepelin,E., 1856〜1926）が行った作業課題の実験が源になっている．クレペリンは精神医学者であると同時に，実験心理学の創始者ヴント（Wundt,W., 1832〜1920）の弟子でもあり，精神作業に関する実験心理学的研究も行った．その研究の中で行われたのが連続加算の研究であり，この成果として作業曲線が得られたのである．

東京の松沢病院心理学教室に勤務していた心理学者内田勇三郎がこの研究に興味を持ち，連続加算から得られた作業曲線をパーソナリティや適性の評価に用いようと試み，多数のデータから判定基準を導き出したのである．

b．作業曲線を規定する因子

作業曲線に影響をあたる因子としてクレペリンは次の5個の因子をあげている．

① 意志緊張

精神作業を行っているときに起こる意志の緊張であり，作業の初期段階に見られる初頭努力や作業が終わりに近づいたことを予期できるときに見られる終末努力がある．

② 興奮

同一作業の進行につれて，その作業に没頭できるようになる状態のことである．

③ 慣れ

作業の遂行に都合のよいように精神的諸機能が統合されることをさす．

④ 練習

慣れは作業が終了するとともに消失するが，練習はその効果が比較的長時間に渡って続くような慣れであるといえる．

⑤ 疲労

作業を減少させるように働く因子のことである．

c．検査法と結果の整理方法

検査用紙には，3～9までの数字が1行に121個並んで記入され，上下2段に17行ずつ印刷されている．連続加算作業は，隣どうしの数字を加えその1位の数を数字の間に記入していくというものである．この作業が5分の休憩をはさみ，休憩前15分，休憩後15分行われるのが標準的方法（30分法）であるが，いくつかのバリエーションがある．

d．判定基準

判定作業に入る前に，各行の最終回答の数字を線で結び作業曲線を作る，特定の行の計算の誤りを調べる，各行の作業量から休憩前・休憩後の平均作業量を求める，という作業を行う．

その後に判定作業に移るが，判定は作業量と作業曲線の形の二つの基準に基づいて行われる．

① 作業量

休憩前・休憩後の平均作業量の組み合わせにより5段階の作業量区分を設ける．休憩前後の平均作業量によっては，二つの段階にまたがる場合があるが，この場合には休憩後の平均作業量が含まれる段階を採用する．

② 作業曲線の形

作業曲線の特徴として，初頭努力の有無，休憩効果の有無，作業量のむらの有無，興奮によるはなはだしい上昇の有無，誤謬・脱落・行飛びの有無，などに基づいて，8個の型に分類される．

e．作業曲線の特徴

① 定型曲線の特徴

休憩前の作業曲線の特徴として，初頭努力が顕著に見られる，2行目には作業量が低下し6～7行目まで作業量が徐々に低下する，6～7行目ころより興奮の働きが見られ疲労に打ち勝って作業量の増加が見られる，というこ

とがあげられる．

また，休憩後の作業曲線の特徴としては，休憩による疲労回復と慣れの効果が著しく現れて初頭作業量がはるかに増加する．その後の経過は休憩前と類似するが休憩前に比べ興奮の発現が早く3～4行目には作業曲線の一時的な上昇を示す．休憩前に比べ疲労の効果が大きく作業量は徐々に低下する，ということがあげられる．

② **非定型曲線の特徴**

非定型曲線の特徴としては，誤答が多い，2行目以降の作業の一部が突出している，作業量の変動が大きい，逆に変動量が小さく平坦である，休憩前に比べ休憩後の作業量が減少している，休憩後の初頭作業量が休憩前の終了時の作業量より少ない，全般的な作業量の少なさ，ということがあげられる．

f．定型曲線を示す人の特徴

定型曲線を示す人の特徴として，内田は次のように述べている．
① 仕事に対して，ただちに力いっぱいとまた欣然ととりかかり，没頭する．
② 長時間に渡って仕事に従事しても，少しもむらがなく，楽な気持ちで適度な緊張が保てる．
③ 仕事にすぐ慣れて上達が早く，物事に興味をもち，疲れにくい．
④ 外からの妨害に影響されにくい．
⑤ 外界の変化に対してただちに適切妥当な反応を示す．
⑥ 事故や失敗を引き起こすことが少ない．
⑦ 人格が円満で素直であり，しかも確固としたところがある．

(2) ベンダー・ゲシュタルト検査

a．基本的な考え方

この検査法は，ベンダー（Bender,L., 1897～1987）によって考案された検査法である．ベンダーは，ゲシュタルト心理学に基づいた視覚・運動の統合過程に注目した．ゲシュタルト心理学によれば，図形の知覚的体制化の法則として，近接の要因・類同の要因・閉合の要因・よい連続の要因・よい形態

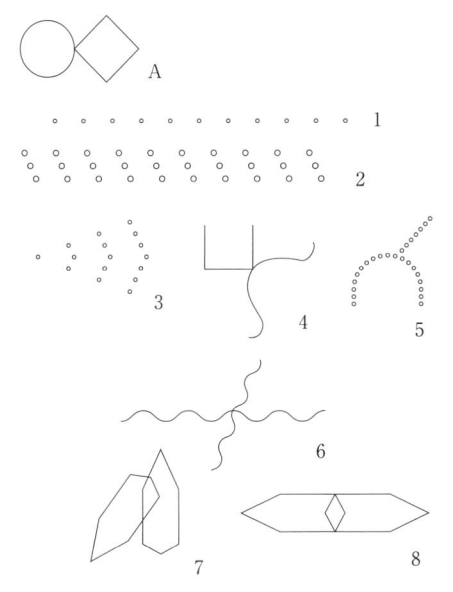

図4-8 被験者に呈示される視覚的ゲシュタルト（ベンダー，1938）

の要因・共通運命の要因・客観的態度の要因・経験の要因といったゲシュタルト要因があげられる．われわれは，図形を知覚するときこのような法則にしたがっているのであるが，ベンダーはわれわれの知覚するだけでなく，ゲシュタルトを自ら完成していく傾向に注目した．そして，ゲシュタルトの形成を妨害する原因を明らかにしようとしたのである．

　b．検査法

　この検査法は，ウェルトハイマー（Wertheimer, 1880～1943）の論文より選ばれた9個の図形を1個ずつ示して，それを模写するように教示を行うものである．制限時間はないので，所要時間を各図形ごとに記録する．また，描画行動の時間的な流れのよどみ，点図形と線図形の時間差，表情，ひとりごと，検査者への質問も記録する．

　c．採点法

　① パスカル・スコアー

　各図形の各部分について採点項目を決め，合計点を算出するものである．パスカル・スコアーとIQとの相関も求められているようで，スタン

フォード・ビネー式IQとの相関は有意ではないが，WAISのIQとは高い相関があるとの報告もある．

② コピッツ・スコアー

25個の独立な下位指標の合計によって求められる．この指標は視知覚－運動年齢の臨床的発達診断や情緒障害診断に用いられている．

③ XYZ法

9個の図形の粗点を，全体指標X・図形構造指標Y・細部指標Zの3群

表4-7 Pascal法の採点（失点）項目

失 点 項 目	図 形 番 号	各 得 点
図形の回転	1 ～ 8	8
図形の部分欠如	1 ～ 8	8
加筆付加	4, 6, 7, 8	3, 8
図形構造の崩れ	1 ～ 8	8, 16, 24
部分の接触不良	2, 4, 6	2×，2，1
位置不良（部分）	5	5, 8
構成要素の多少（点，小円，角）	1, 2, 3, 6, 7, 8	2×，3×，8
かきなおし	1 ～ 8	3×
補助線，デッサン猫き	2, 3 ～ 8	2
かきこみすぎ	1, 2, 3, 5, 6, 8	2
非水平，非対称	1, 2, 3, 4, 5, 6	2, 3
点，小円，ダッシュ混在	1, 2, 3, 5	3
ダッシュ化	1, 3, 5	2
全体が小円	1, 3, 5	8
断線	4	4
辺の不閉	7, 8	8
無角度	3	8
線のまきこみ	4	4
線のふるえ	4, 6, 7, 8	4
小円の形不良	2	3
線のとがり	6	2
図形Aの位置	全体指標	2
図形の重複	〃	2×
図形の偏在	〃	3
境界線のかきこみ	〃	8
配置順序の異常	〃	2×，8
図形の大きさの不釣合	〃	8

（出典：安香ほか『人格の理解2』（臨床心理学体系第6巻）金子書房，1992，p.220）

に分け，各群の合計点が算出される．さらに，各群の合計点は4段階評定値に変換される．このようにして変換された指標と各臨床群との対応づけが行われる．

d．模写図形の分析
① 筆順
各図形で見られる最多筆順は次のとおりである．

図形A　円が逆時計回りでまず描かれる．次にダイヤが時計回りで描かれる．

図形1　左から右に点が描かれる．

図形2　左端にななめに3個の小円を描き，順に右へ3個ずつ描く．

図形3　左端の点を描いた後，順に右に羽根型を描く．各羽根型は上から下へ描く．

図形4　箱型部分が逆時計回りで描かれる．次に右側の鐘形図形が上から下へ描かれる．

図形5　半円の左下から点を描き始める．右上の図形は下から上へ描かれる．

図形6　水平の波線は左から右へ描かれ，縦の波線は上から下へ描かれる．

図形7　最多筆順は認められない．大部分の人が左の六角形から描き始めた．

図形8　最多筆順は認められない．ただし，全体の六角形を描く前に中央のダイヤを描くことはない．

② 固有漂動性
この検査を反復実施することによって，病状の変化と対応させることができる．その際に用いられる指標が固有漂動性である．

引用・参考文献
1．
（1）サリヴァン，H.S.『精神医学的面接』みすず書房，1986．
（2）安香宏・田中富士夫・福島章『人格の理解1（臨床心理学体系第5巻）』

金子書房，1991．
（3）橘玲子・齋藤高雅『臨床心理学特論（放送大学大学院教材）』放送大学教育振興会，2005．
（4）伊藤良子『臨床心理学（いちばんはじめに読む心理学の本1）』ミネルヴァ書房，2009．

2．
（5）杉原一昭・杉原隆（監修）　財団法人田中研究所（編）『田中ビネー式知能検査Ⅴ理論マニュアル』　田研出版，2003．
（6）杉原一昭・杉原隆（監修）　財団法人田中研究所（編）『田中ビネー式知能検査Ⅴ実施マニュアル』　田研出版，2003．
（7）杉原一昭・杉原隆（監修）　財団法人田中研究所（編）『田中ビネー式知能検査Ⅴ採点マニュアル』　田研出版，2003．
（8）David Wachsler（著）　日本版 WAIS-Ⅲ 刊行委員会（訳編）『日本版 WAIS-Ⅲ理論マニュアル』　日本文化科学社，2006．
（9）David Wachsler（著）　日本版 WAIS-Ⅲ 刊行委員会（訳編）『日本版 WAIS-Ⅲ実施・採点マニュアル』　日本文化科学社，2006．
（10）品川不二郎・小林重雄・藤田和弘・前川久男（共訳編著）『日本語版 WAIS-R 成人知能検査法』　日本文化科学社，1990．
（11）David Wachsler（著）　日本版 WISC-Ⅲ刊行委員会（訳編著）『日本語版 WISC-Ⅲ知能検査法　1理論編』　日本文化科学社，1998．
（12）David Wachsler（著）　日本版 WISC-Ⅲ刊行委員会（訳編著）『日本語版 WISC-Ⅲ知能検査法　実施・採点編』　日本文化科学社，1998．

3．
（13）八木俊夫『新版　YGテストの実務手引　人事管理における性格検査の活用』　日本心理技術研究所，1989．
（14）上里一郎（監修）高山巌『心理アセスメントハンドブック　第12章矢田部ギルフォード性格検査法』　西村書店，1993．
（15）MMPI新日本版研究会（編）『MMPIマニュアル'93』　三京房，1993．
（16）John R.Graham（著）田中富士夫（訳）『MMPI臨床解釈の実際』　三京房　1985年
（17）Paul T.Costa, Jr., Ph.D.and Robert R.McCrae, Ph.D（原版著者）『日本版 NEO-PI-R　NEO-FFI　使用マニュアル』Psychological Assessment Resourses, Inc.（原版発行），下仲順子・中里克治・権藤恭之・高山緑（日本語標準化版作成），東京心理株式会社（日本語標準化版発行），1992．
（18）日本健康心理学研究所『ストレスコーピングインベントリー　自我態度スケール　マニュアル―実施法と評価法』　実務教育出版，1996．
（19）横山和仁・下村輝一・野村忍（編）『診断・指導に活かすPOMS事例集』　金子書房，2002．

(20) 横山和仁（編著）『POMS 短縮版　手引きと事例解説』金子書房，2005．
(21) 金久卓也・深町建（著）『コーネル・メディカル・インデックス』三京房，1972．

4．
(22) 片口安史『新・心理診断法』金子書房，1987．
(23) 山本和郎『TAT かかわり分析』東京大学学術出版，1992．
(24) 佐藤勝男・槙田　仁『精研式文章完成法テストの手引き』金子書房，1961．
(25) C. コッホ（著），林　勝造・国吉政一・一谷　彊（訳）『バウム・テスト－樹木画による人格診断法－』日本文化科学社，1970．
(26) S. ローゼンツァイク（著）秦　一士（訳）『攻撃行動と P-F スタディ』北大路書房，2006．
(27) E. E. ワグナー（著）山上栄子・芳川眞理・佐々木裕子（訳）『ハンドテスト・マニュアル』，2000．

5．
(28) 高橋省己『ベンダー・ゲシュタルト・テスト・ハンドブック』三京房，1972．
(29) 中塚善次郎『内田クレペリン検査の新評価法』風間書房，1991．
(30) 安香宏・大塚義孝・村瀬孝雄『人格の理解 2（臨床心理学体系第 6 巻）』金子書房，1992．

第5章
臨床心理面接

1．カウンセリングと心理療法

(1) 心理療法とは

　心理療法とは，依拠する理論や技法によって実に多様であるが，「心理学の客観的手法により導き出された理論と技法を拠り所とし，対人的な相互作用を通して，思考や感情も含めた行動の変容を援助することで，相談に来た人本人の主体的問題対処能力を向上させようという試み」とまとめられるであろう．

(2) カウンセリングと心理療法

　では，カウンセリングと心理療法はどうちがうのか．依って立つ理論や技法によって沢山の心理療法があるが，それとほぼ対応して「○○療法的カウンセリング」というものがあり，その違いは本質的には瞭然としたものとして提示されにくい．
　そこで，本節では，カウンセリングをロヂャーズを創始者とする一つの心理療法であり，パーソンセンタード・アプローチのことを指すものとしてあつかう．つまり，「○○療法的カウンセリング」というのは，ロヂャーズ流の心理療法を土台にして○○療法の技法や理論を取り入れたものと考えられる．これは最早ロヂャーズの心理療法でも○○療法でもないと批判される事があるが，折衷的な方法としていろいろな分野で広がっている．
　カウンセリングと心理療法は違うものであるという見方も，存在する．この立場では心理療法のほうがより専門的なものであるととらえる．たしかに心理療法の方が，依って立つ理論や技法による差異をより前面に出して特化

させている傾向があり，その結果あつかう相談事例もどちらかというとそれぞれの流派によって異なった傾向を持ちやすい．例えば，あがりとか言語発達の問題ですぐに具体的な行動変容のための方策を求める相談者は，精神分析よりも行動療法へ向かうだろうし，青年期の実存的な悩みからノイローゼ気味になって大学に行けないでいる学生は行動療法で登校訓練など受けるよりもロジャーズ流の面接のほうが相性がよいことが多いのではないかと思われる．幼少期のころから繰り返し見る悪夢について気になり自分の性格との関係について紐解きたいという相談者は，精神分析的な流派の門を叩くのではないだろうか．

　これに対してこの立場では，カウンセリングはより専門的ではなく一般的で，依拠する理論の差異による「○○療法的カウンセリング」などとある程度の個性はあっても，大体共通して対面式の和やかな会話を基調とするもので，扱う事例もあまり重症ではない領域を扱うものとして，いわば初心者向けといったニュアンスで分類することが多いようである．

　実際，今日の色々な相談施設の状況を見るとやはり，より気軽に利用してもらえる入り口的なイメージで置かれていることが多い．これには，善意に解釈すれば，とにかく相談を必要としている人がいるならできる範囲の対応をするような気軽に相談に訪れやすい機関を作ろうという発想と，役割分担としてより専門的な相談が必要ならばそれが可能ないろいろな機関へ紹介するまでの部分を受け持とうという発想があるようである．また，一つの流派にとらわれず，いくつかの理論や技法を応用してより柔軟に広範囲の相談事例に対応しようという動向も背景としてあるだろう．

　しかし，このような状況があるということと，「だから，カウンセリングをする人よりも心理療法をする人のほうが，格が上である．」とか「心理療法のほうが，高級である．」ということを意味するものではないことを，誤解しないよう注意が必要である．

　なぜなら，カウンセリング・ルームに相談にやって来た人が面接を進めていくうちにどんなレヴェルの問題を露呈させてくるかは，始めから分別する事は不可能であるから，カウンセリングを行う人は深いレヴェルの問題に展開しても対処できる力量や，自分の相談環境では対処できないことを見切っ

て他の治療者に引き継げる力量をそなえている必要があるのは明らかである．このことは，何も心理学の専門家であったり臨床経験を何十年も積んだ人でなくてもわかることである．

　さらに付け加えれば，いわゆる専門家と呼ばれる人以外は誰かの相談に乗る資格がないなどということは，絶対にないということである．むしろ，いわゆる専門家ではない人が普通の町の一人の人間として対等な立場で相談に乗るということによって，専門家が専門家として身につけてしまった色眼鏡で人を見てしまう危険性を排して，より一般の社会の生活感に則した対応ができやすいこともある．とはいっても，いこじに専門的勉強は意地でもしないし専門家と呼ばれる人とは絶対一緒にやらない，ということを奨励するものではない．必要があれば法律や医療や福祉や心理の専門家とも協力しながら，市民同士がおなじ社会状況を生きる仲間として，お互いに助け合いながら人間的に暮らしていける社会を作っていこうという発想は大切なものである．そういった，協力体制を築いていく上で，心理学の勉強も役立てていただきたい．

2．代表的理論と技法

1）精神分析

　創始者のズィーグムント・フロイトは，1856年チェコ領モラビアのユダヤ人商家に生まれ，父親が商売に失敗しウィーンに転居し，経済的困難と人種差別的圧力のなかでも幼いときから聡明であり，長生してウィーン大学医学部に学び，始めは神経生理学を研究した．これが具体的事物を克明に観察し多くの事例に基づき仮説を導き実証を試みるという，基本的研究姿勢の土台となったのではないかと思われる．その後，諸般の事情により開業医に転じて，ヒステリーの治療と研究から独自の精神分析理論を構築していった．

　今日では彼の打ち立てた精神分析学の影響は治療的分野だけではなく教育的分野，社会学的分野，文学の分野，芸術の分野など多岐にわたり，新聞の文章記述や日常娯楽の場面でまで精神分析の用語や考え方が断片的に引用される等，一般常識の一部とさえいえるほど我々の社会に浸透している．

その理論の特徴をキーワードで三つ挙げるとしたならば，生物主義，無意識，精神力動が挙げられる．

生物主義とは，人間は神様が7日目に粘土で自分に似せて作ったとかイデアの国からやって来たとかではなく，ミジンコやミミズやネコなどといった生物のなかの1種であって，本能に従い快楽原則に基づき突き動かされる存在であるととらえる立場である．ここから，注意深い事実の観察記録に基づいてその性質や法則性を見出そうというフロイトの研究手法にもつながるであろう．

無意識の発見もフロイトの大きな業績の一つである．人間は，いろいろ考えて行動したりしているのでその意識の部分が自分だと思いがちであるが，実はその意識が感受できない無意識の部分が広大に広がっており，現実の生活に影響しているということである．

精神力動の考え方とは，人間の活動には実はいくつかの精神的なエネルギーが働いており，その時々のそれらの力の兼ね合いのなかで思考・感情・振る舞いが導き出されるという考え方である．

以下に，精神分析理論において（1）人格をどうとらえるか，（2）人格形成のプロセスとメカニズム，（3）状況への適応と個性，（4）不適応の発生と対応についての四つの柱から説明する．上記三つのキーワードを頭に置いて，読み進めて頂きたい．

（1）人格をどうとらえるか―心的装置，三つの心理的機能

精神分析の立場では，人間というものは自分はどういう性格で今どんな心理状態か今何をしているかということを意識できる範囲はごくわずかであり，自覚できていない無意識的な力に動かされる部分のほうが遥かに大きいと考える．初期のフロイトは，人格を意識，前意識，無意識の部分に分けて（局在論）考えていたが，さらに検討が進められるなかで「人格とは，エス（イドともいう）と自我（エゴ）と超自我（スーパーエゴ）という三つの心理的機能から構成され，この三つの働きの兼ね合い（ダイナミズム：力動）によってさまざまな反応や行動や思考が生じそれが積もってその人の性格にもつながる」と考えるに至った．

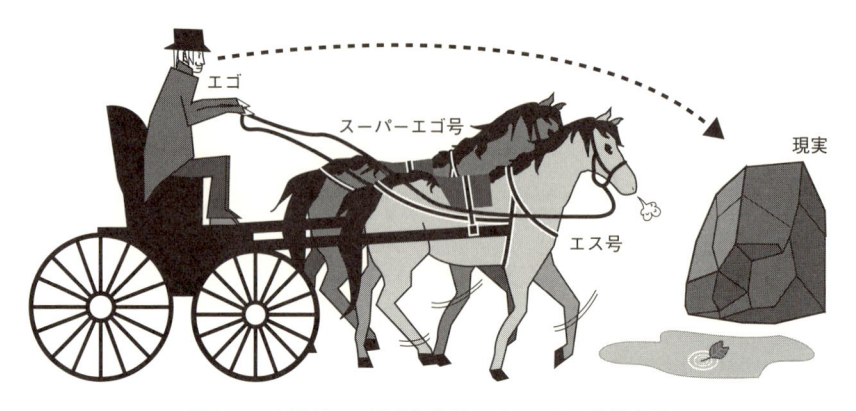

図 5-1　2頭だての馬車と御者—三つの力の精神力動

　まず，エスは，先天的本能欲求やあるいはその多少の変形を加えられた欲求を，ほぼ直接的に快楽原則に沿って満たそうとするものである．それに対し，超自我とは，後天的なしつけや教育や経験によって獲得された価値観や行動規範であり，「こうあるべき」「こうあってはならぬ」という信念やそれを貫こうとする働きの部分である．この二つが往々にして非現実的な欲求を導き出すのとは違い，自我は，周囲の状況などの環境による現実原則に基づきつつも，この二つの機能から生じる欲求を満たせない欲求不満のストレスをなんとか小さくするように，変形させたり遅延させたり等の加工を行い適応的な形で満足する道を見出そうとする機能である．そのためのメカニズムが後述する防衛機制である．この三つの要求に挟まれ奮闘する自我，エス，超自我の三つの機能の力動関係をイメージ化した図が，図 5-1 である．

（2）人格の形成と個性—リビドー発達論

　先に述べたようにフロイトは人間は生物のなかの 1 種であり本能によって突き動かされる存在であることにおいては他の種の生物と同じであると考えるわけであるが，その本能衝動はリビドーと名付けられた．これは，性衝動のエネルギーとも呼ばれるが，日常会話に用いられる成人の性器的快感の欲求とはかなり異なる意味を持つものであり，広範な身体生理的欲求とその充足に伴う快感までも含めうるものとして用いられるので，誤解せぬように注

意が必要である。これは，いわば生と生産的方向へ向かう衝動であり，多少不正確になる危険性を承知でかみ砕いた説明をするなら，空腹になれば食べることへ向かわせ居心地が悪かったらもう少し居心地の良くなるように向かわせ，小さかったからだが大きくなっていったり，できなかったことができるようになっていったり，少し手に入れたらもっと沢山手に入れようとしたり，ちょっと認められたらもっと偉くなろうとしたりするエネルギー源になる。（後の精神分析の展開のなかで基本的本能衝動にもうひとつタナトスが加えられたが，これは死と破壊の衝動である。）

つまり，赤ん坊がだんだん変化しながら大人になっていく発達の諸現象も，リビドーによって進められると考える。それは，リビドーをエネルギー資源としているという意味だけではなく，この目に見えない本能衝動が子どもの発達の時期に応じて独特な偏りを持って具体的なからだの部位に個性的な兆候を発現させながら，精神的な発達を展開させていくということがポイントである。具体的には，口唇期，肛門期，男根期，潜伏期，生殖期の五つの発達段階を提示している。p.46に記載されているので，よく読んでみて頂きたい。

多少ショッキングな概念が書かれていて戸惑う読者もいるかもしれないが，本能衝動とか身体感覚で人格の発達を説明するのは，「からだに生じる感覚と心理的なものとは密接な関係にあり」，「各発達段階でその時期に優勢な感受性を持つ部位の快感が適度に与えられないと後々人格形成上の影響が生じる」ということを指摘している点が，この理論の真骨頂なのである。また，フロイトの後継者たちが明らかにしていったように，この「快感が適度に与えられるか」ということは，養育者との対人的相互作用を通して，適切な自己像や対人認知や世界観を形成していく基となっていくということを示唆するものでもある。

つまり，性格の差や個性というものは，上述のような人格形成の過程でのからだの感覚を通した欲求の充足状況により発生してくるものであり，欲求不満の度合いの大きさによっては各種のコンプレックスと性格類型（口唇愛的性格，肛門愛的性格，等）を生じさせると説明する。

(3) 適応へのメカニズムと個性——防衛機制

（1）の心的装置の自我の機能の説明で触れたように，防衛機制とは自我の働きである．自我は，超自我やエスの法外な要求を突きつけられつつ外界の現実原則にも規定されるなかにありながらも，何とかして欲求不満のストレスを最小限にするため両者の要求を変形させたり一時的に延期したりしながら環境への適応を図ろうとする機能である．そのためには，いわば色々な技（テクニック）のレパートリーのようなものが存在する．これが防衛（あるいは適応）機制と呼ばれるものである．

人によっては，ごくわずかな技しか使いこなせない人や，いくつか使える人同士でもよく使う技が違うなどによって，現実への適応度や柔軟性あるいは人柄として与える印象に個人差を生じさせたりする．これも個性を生じさせる一つの要因である．

以下に，フロイトの娘のアンナ・フロイドがまとめあげた防衛機制について，例をいくつか挙げるので，興味のある読者はさらに調べてみてもらいたい．

表 5-1　防衛機制の具体例

否認	これは，超自我が好ましくないと見なしているある感情や欲求を，まるで存在しないかのように認めず感じないようにする事である．
抑圧	これは，超自我が好ましくないと見なしているある感情や欲求が存在していることは感じているが，我慢して押し殺してしまうことである．
投影	不快感や好ましくないと思っている感情が生じたとき，これを自分が感じていることとしてではなく相手が感じているものだと思うことである．例えば，友人との行き違いで自分が友人に対して気分を害しているのにそのような感情を持つことを超自我から禁止されていたりすると，友人の方が自分に腹を立てたり嫌っていると思ってしまう場合がこれである．
反動形勢	これは，ある感情や欲求が生じているときに，それとは正反対の感情表現をことさらに行ってしまうことである．例えば，ある友人に対し嫌悪感を持っているときにそれを押し殺し過剰に親切にしてしまうことでいつの間にか優越感のようなものを感じている（あるいはそれは自覚していない）場合がこれである．また，本当は知らない人ばかりで馬鹿だと思われてしまわないか恐れているのに，そんな恰好の悪い自分は認めたくないので，ついつい必要以上に社交的なように振る舞ってみせることでいくばくかの安心感を得ようとする場合もこれである．

取り入れ，同一視	二つは厳密には違うものとして説明されることがあるが，具体的には大体同じで，誰かの口調や行動や人柄の一部を自分のなかに摂取してしまうことである．母親の口調がいつの間にか幼児に移ってしまうのもこれである．例えば，容姿も能力も人望も自分にないものを持っていると思える先輩が身近にいると，無意識あるいは意識的にその先輩の言動や使っている小物を自分も使うことで心理的安定を得る場合がこれにあたる．
知性化	これは，ある感情や欲求が生じたとき，あるいはどんな内容でも情緒的になること自体を超自我が禁止する時，そのような感覚を直接生々しく感じる代わりに客観的に観念的に整理して知的理解にすり変えてしまうことで情緒的動揺を回避しようとする事である．例えば，へんぴなところを旅していて最終バスに乗り損ね泊まる宿もなく夜になって道もわからず雨まで降ってくるが雨具がないという大変危機的な状況になっていても，まるで他人事のように「今，こういう状況で，大変困った．さあ，どうしたもんでしょうね．場合によっては，凍死もありえますなぁ．やれやれ…」等と言っている場合や，大事な人に亡くなられて悲しいのに淡々とした口調で「人はいつか死ぬものですよ」等と言っている場合はこれにあたる．
退行	欲求不満のストレスが生じたとき，幼いときに欲求を充足させることができたやり方で欲求を充足させようとする事である．例えば，幼い兄弟に親の注意が行ってしまい自分はかまってもらえずに寂しいと感じている年上の兄弟が，もう何年もまえに消失した指しゃぶりの癖や夜尿をぶり返すことで，一時の両親の関心を引きつける場合がこれである．大人になっても，無自覚にこれに似たことをして周囲の迷惑を省みないのでは適応的ではないが，スポーツやハイキングや酒盛りを仲間と楽しむときに，意図的に気分を切り換えて，子どものようにすなおにはしゃぐことで日頃のストレスを解消し気分を新しくしてまた働くコンディションを整えるように活用することもできる．
合理化	これは，あることを欲しているのに実現しないとき欲求不満のストレスを回避するために，そんなものは大して欲していなかった事にしてしまうことである．例えば，欲しいお菓子があったが何らかの状況からそれを食べられなかった時に，「あんなものを食べていたら肥満のもとだし，胃をわるくしたに違いない」等と思う場合がこれである．また，この裏返しとして，欲しくて手に入れたものが予想していたほどには良いものではなかった場合に，「この少し足りない部分があるからこそ，いちだんと素晴らしいんだよなぁ，これが，また．」などと負けおしみを言ってみせたりするのもこれである．
昇華	これは，ある欲求が充足されないときに，その欲求不満のストレスをほかのより社会的に評価されやすい行動を取るエネルギーに転化させてしまうことである．例えば，失恋したので勉強に打ち込んだり神様の愛にすがる信心に打ち込んだりする場合がこれである．

（4）病理論と治療論

　フロイトは，神経症症状は過去の強烈な欲求不満や恐怖体験を心の無意識の領域に追いやってしまっていたものが意識の検閲の眼をかいくぐり変形した形で代償行為的に表出したものと考える．そして，これは精神分析療法をとおして，意識の下に生々しいからだの実感を伴うような理解が生じることによって，もはや無意識に振り回されること無く快癒の方向に向かうと考えた．

　その古典的治療様式は，邪魔の入らぬ密室でカウチに患者を横たわらせ治療者が患者の頭のほうの死角になる位置に座り，患者に自分の症状（夢や錯誤行為の場合もある）に関連して連想すること（自由連想）を包み隠さず素直に話すよう指示し，聞いていきながら専門的知識をもとに患者の話について理解したこと（解釈）を伝えていく．そういうやりとりを続けていくうちに，患者の中でその幼少期の体験とそのとき形成したイメージをもとに作り上げてきた独特の世界観が発動しだし，不安や罪悪感やそれらに対する幼いころからのパターン化された対処形式が感情を伴って浮上してくる転移と呼ばれる現象が生じる．そこで，治療者は専門的知識を用いてそれについて紐解いていくように説明・解釈を与えるよう努力する．しかし，そもそもそういう出来事やそれに伴う強烈な感情は認めがたい程つらいから無意識の領域に追いやっていたのであるから，この治療者の努力に対して患者は始めは色々のことを言っては受け入れないような抵抗を示す．治療者はひるまずに，その抵抗をもまた分析・解釈の材料としながら丁寧に時間をかけて，患者に生々しい身体感覚を伴うような深い気づき（洞察）に導く．

　フロイトは精神分析学会を立ち上げ多くの優秀な人材が研究を深め，アドラーやユングが決別し独自の発展を遂げ，ヨーロッパに広がりアメリカにも広がり第2次大戦をはさんで全世界で発展し新流派も派生させた．

　そのなかで治療形態も変化し，対面しての面接や時にはワークシートを交えたものなどや，箱庭や描画やオブジェなどの制作活動や心理劇や即興ムーヴメントなどの非言語的な活動を用いるものも発展した．個人が治療者と1対1で行うものだけではなく，集団で行うものもある．（章末にあげた文献を読んでみていただきたい．）

2）行動療法
(1) 行動療法とは

まず，行動主義心理学とは1912年のワトソンの行動主義宣言によって明言されたように，「心理学は，直接（あるいは具体的な指標を用いて間接的に）量的な把握ができるような反応や行動を研究対象とする実証科学である」とする立場である．一人の創始者によってうち建てられたものではない．なお，ここでいう行動とは，日常会話で用いられるときの目に見える振る舞い（外顕的行動）だけではなく，感情・情緒・思考などの直接は目に見えない活動（内潜的行動）をも含むものである点を明確にしておいて頂きたい．

行動主義心理学では，極端な場合は，「人格とはたくさんの刺激—反応の結びつきの束であり，それらに一定の方向性を持たせる反応傾向が性格である」ととらえる．

行動療法は行動主義心理学の知見に基づく心理療法であるので，客観的に掌握された問題行動とそれを誘発させる刺激やその行動に伴う報酬的事象について，実証的に効果が検証されている技法を用いて問題行動の消去と適応行動の学習を生じさせるものである．学習とは，行動主義心理学の立場では，ある刺激に対してある反応が結びつけられることを意味する．

治療の手順としては，①患者の訴える問題状況について，具体的な反応や行動がその生じる状況のなかのどの刺激と結びついており，それが維持されるような刺激にはどのようなものがあるのかや，その反応や行動が類似の状況であっても生じないのはどのような条件が違うのかを，客観的な基準をもうけて複数の人の目で観察・記録する．（行動アセスメント）②動物や人間に対する実験や調査や観察などの客観的手法により効果が明らかにされてきた学習理論に基づく行動変容技法を用いて，不都合な刺激と反応の結びつきを消去しより適応的な反応を生じさせるような訓練をする．③治療後にも行動アセスメントを行い（場合によってはしばらくの期間を置いて追加のアセスメントを行う）治療前の行動アセスメントの結果と客観的な手法で比較・検討し，治療の有効性や転移症状などのいわば副作用の有無を確認し，必要があれば治療目標や治療技法を再検討し追加的治療を行う．

（2）学習理論と行動変容

　行動主義心理学の立場では，学習とはある刺激にある反応が結びつくことである．行動療法のよって立つ理論は学習理論と呼ばれ，大枠は条件付け理論とモデリング理論である．条件付けには，オペラント条件付けとレスポンデント条件付けがある．

a．条件付け

① オペラント条件付け

　オペラント条件付けとは，実験装置に入れた鳩がレバーを押して餌を手に入れるようにしたスキナーの実験のように，ある刺激 Sd が存在する状況である反応 R が生じた際に別の刺激を伴わせることで先の刺激 Sd とある反応 R を結び付けることをいう．結びつきには，後から与えられる方の刺激によって 2 通りある．その個体にとって快適な刺激 Sr（強化）を伴わせると，刺激 Sd が与えられると反応 R がさらに頻繁に生じるように結び付く．不快な刺激 Sp（罰）を伴わせることで，刺激 Sd が与えられると反応 R が生じないように結び付く．

```
       ⊕
Sd・・・・R              Sr 又は Sp
弁別刺激　自発反応           随伴刺激
       ⊖
```

図 5-2　オペラント条件付け

　例えば，たまたま食事のあとに食器を母親が台所の流しで片付けをしているところに持ってきた幼児に対して母親がおおいに喜びを表現して示すことでそのような行動をその子にもっと頻繁に行わせるように教育する場合や，レストランなどで他人に迷惑な行動を取った幼児に叱ることでそのような場所でそのような行動を取らないように躾を行う場合がこれである．

② レスポンデント条件付け

　レスポンデント条件付けとは，餌無しでもベルの音だけで犬によだれを流させるようにしたパヴロフの実験のように，ある反応を生得的にか既に学習されているために生じさせることのできる刺激 UCS とその反応を生じさせることの無かった別の刺激 CS を同時に与え（対提示）つづけると，もはや

それまでその反応を生じさせていた刺激 UCS が与えられなくても刺激 CS だけでその反応を生じさせるようにすることである．

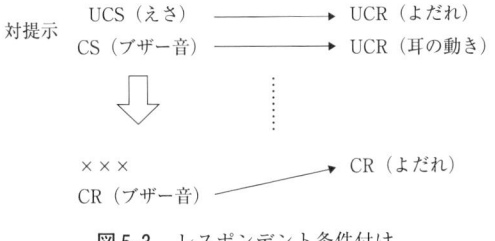

```
         UCS（えさ）    ────→ UCR（よだれ）
  対提示
         CS（ブザー音） ────→ UCR（耳の動き）
              ⇩              ⋮
         ×××
                       ────→ CR（よだれ）
         CR（ブザー音）
```

図 5-3　レスポンデント条件付け

例えば，緊張症で相談に来た人に，ある音楽を聞かせながら呼吸法や筋弛緩法などのリラックス訓練を行いその音楽とリラックスした呼吸や筋肉の状態を結び付け，症状が出そうになったらイヤホンでその音楽を聞いたり思い浮かべるだけでリラックス状態をつくり出せるよう訓練する場合がこれである．

b．モデリング

モデリングとは，子どもにビデオでモデルがビニールの等身大の人形を殴るところを見せただけでその行動をそのこどもが行うようにしたバンデューラーの実験のように，ある刺激条件下である行動をある個体が行っているのを別の個体に見せるだけで，教示したり練習させたりしなくても，別の個体がその行動をその刺激条件下で行うようにすることである．

例えば，心身の障害が無いのに引っ込み思案なためクラスメイトの遊びに参加するのが苦手な小学 1 年生に，仲良しのクラスメイトがそれを上手にできているところを観察させることでその行動を真似して行えるよう指導する場合がこれである．

具体的な治療技法は，これらを組み合わせたり応用したものがあり実に多種多様であるが，興味のある読者はさらに調べてみてもらいたい．

(3) 行動療法と治療目標の選定，般化，自己調節能力の向上

行動療法は，ある種の振る舞いや思考を変容させる上では，極めて有効で

ある．ときには，本人が希望しない方向にでも行動を変容させることがあることが明らかになっている．これが悪用される危険性があることから，行動療法や行動主義心理学の研究が危険視されたり非難されたりすることがある．しかし，ほかの学問領域の知見や技術と同様に，行動科学の理論や技術そのものは純粋な法則性を明らかにしたりそれが具体的にどのように作用しているかを明らかにしたものでしかない．これをどのような意図を持って利用するかは，使う人の性根の問題である．他の学問領域の理論や技術と同様に，悪用される危険性を防止するのは，私たちがどのような社会を作っていきたいかという問題なのである．ここでは，患者の希望と実情に沿って患者の利益のために心理療法を進めようとするときに注意しなくてはならない事項にいくつか触れる．

　まずは，治療すべきことは何なのかを適切に選定することである．その際に，「問題行動とされる行動が誰にとって問題なのか」という点が重要である．高校生が校則で定められている服装についての規定から外れた服装をする行動は，集団を管理し運営するうえで不都合であるので先生や学校の管理職にとっては問題である．しかし，15〜18歳の年齢の青年が自分の身につける服装や髪型についてまで細かく規定されることに反発するのは健全な精神的発達をとげてきている現れと見る立場では，従順にいわれたとおりの服装をしている他の生徒のほうが精神的にいびつであり問題であるといえよう．「本人が奇抜な髪形と服装をしたいと思っていてその髪形や服装が好きであるなら，良い」という単純なことではない．大人が見たら「たかが髪形で自己主張しなくたって，もっと主張するところがあるのではないか」と思うようなことにあえてこだわる意味を注意深く吟味しなくてはならない場合があるだろうということである．

　また，保護者が小学生のチック症状（瞼などを細かく動かす症状）を治してほしいと連れてきたときなどは，保護者が希望するのだからチック症状を無くすことを治療目標とすれば良いとは限らない．学校でのその子の状況を良く観察し，家庭での状況も観察記録させ報告を聞き，どのような状況でチック症状が頻繁に生じるのか把握すると，ある条件に結びついた緊張反応としてチック症状が起きていることがわかることが少なくない．その場合

は，日常でのそのような緊張状況に対処する方策を身につけさせることが治療の本質的な課題として取り上げられなくてはならない．

次に注意しなくてはならないことは，ある行動について向上したが類似の別の行動については変化しなかったり，ある場面ではその行動が向上したが類似の別の場面では変化しないということが起きないようにするにはどうしたら良いかという点である．

さらには，治療や訓練で行ったような褒めたり褒美を貰ったりだれかが監視していて叱ったりという対応がなされなくなったとたんに向上したはずの行動が逆戻りしてしまう，ということが起きないためには治療や訓練を進める上でのどのような注意や工夫が必要であろうか．

ここでは特に，行動療法を行う上で実践上もっとも重要といえる行動観察と強化と罰の種類と選択について，簡単に触れる．

a．行動アセスメント

行動主義心理学では，客観的に計測可能な反応や行動を研究対象とするので，その反応や行動をどう客観的に把握するかが重要になってくる．すなわち，「あの子は，乱暴だ」とか「乱暴をした」といった抽象的表現で現象を記述するのではなく，「砂場で自分が持ってきたスコップを脇に置いておいたら他の子が使ってしまったという状況で，ボクガモッテキタンダゾと怒鳴って突き倒して奪い返した．」とか「先生のお手伝いをしてあげようとして引き戸を一生懸命ひっぱって閉めたところ，勢い余っていったん閉まるところまで行った引き戸が跳ね返って少し開いてしまった．」と記述すれば，結果的に前者よりもはるかに具体的で客観的になる．ちなみに「あの子は乱暴だから気をつけて見ていてね．」などと言われるとどんな暴力を振るう子かと思ってしまうが，後者のような場合は，少々大雑把だがお手伝いして褒められるのが楽しみな気のいい子どもかもしれない．

「現実にどういう条件下で何をどの程度行うのかを具体的に書き留めるなどができたならば，結果的に客観的に子どもの実態を把握することができる」という考え方は，極めてプラグマティックである．これによって，より現実に則して子どもの状況が他の人と確認しあえるに止まらず，「そういう刺激条件下でそういう行動を取らないようにすれば良いのだ」という指導目

標が同時に明瞭になることも多い．また同じ刺激条件下に置かれているように見受けられるのにその行動を取らないときもあるならば，さらに刺激環境を詳しく観察し条件の差を明らかにすることで，それがそのまま有効な指導方法を示してくれるものとなることも少なくない．

前述したチック症状で治療を申し込まれた例の場合のように，はじめに目についた問題と思われることを引き起こしている本質的な問題は，はじめの問題と思われた行動よりも単純であったり，単純ではなくても他の問題を引き起こしている事でもあったりする．その場合，その事を治療の目的として取り組むことで，よりその子ども本人の居心地を改善し，治療や訓練に必要とするエネルギーが効果的に活用される可能性がある．

b．強化・罰の種類とその選択

次に，オペラント条件付けに用いる強化刺激や罰刺激の種類について述べる．

こどもの躾などで，ある刺激条件下で生じないほうがよい行動を減らすために不快な刺激を与える場合でも，ゾウリムシやネズではない人間の子に悪いことをするたびに電気ショックを与えたり怒鳴ったり叩いたりしていたら，いじけたり指導者に敵意を持ったりして指導効果があがらなくなってしまう．

また逆に，ある刺激に対して望ましい行動を結び付けるために快適な刺激を与えようとするとき，喜ぶからといって何かの行動を練習している間じゅういくつものチョコレートやクッキーを与えつづけるのは現実的ではない．体に悪かったり，飽きが生じたり吐き気を催す等快適な刺激でなくなってしまうからである．そこで，後で好きなものと引き換えられる約束を明確にした代理貨幣（トークン）を用いたりするが，やはりそればかりを頻繁に用いていると効果が低くなったり飽きはじめることもある．褒めたり，抱っこしたり，アイスを買ってあげるなどと誘惑しても，そう長くは続かない．

かりに訓練でうまくいったとしても，何も褒美がもらえなくなった途端に，その行動の生起頻度が低下していってしまう場合もある．

そこで，いくつかの種類の強化刺激や幾つかの種類の罰刺激を組み合わせることが必要となる．

表 5-2　強化と罰の与え方に着目した分類

	与える　　　　陽性	取り除く　　　　陰性
強化	なでる，抱く等の本人が喜ぶスキンシップや遊び　ほめる 微笑む　見つめる 好きな菓子や玩具を与える 遊園地に連れていってやる やりたいことに許可を与える	行うことを嫌がっている事を免除する 怖い，疲れる，寂しい等の状況から救い出してあげる
罰	たたく，つきとばす どなる，けなす，ばかにする 嫌がることを行わせる　にらむ タバコの火を押し付ける	目線を合わせない，返事をしない等の無視，締め出す 楽しみにしていたおやつやおもちゃや遊びを禁ずる，予定をキャンセルする

　表5-2に示した通り，強化手続きにしても罰手続きにしても，何かの刺激を「与えるやり方」と「取り除く」やり方がある．強化手続きならば，何かの快的な刺激を積極的に与えることで快感を生じさせる陽性強化と，何か不快な刺激を取り除いてやることで快感を生じさせる陰性強化がある．同様に，罰手続きにも，何かの不快な刺激を積極的に与えることで不快感を生じさせる陽性罰と，何か楽しみにしているような快適なことを取り上げることで不快感を生じさせようとする陰性罰がある．

　先に述べた躾における罰手続きでいじけたり指導者への敵意が形成され指導効果が上がらない等や強化に対する飽き等の副作用を最小限にくい止める方策としては，①罰手続きにおいては陰性罰を多く導入する，②強化手続きには日常場面での親や教師が行いやすいよう陰性，陽性ともにバリエーションをもたせる，③望ましい行動を強化することで結果的に望ましくない行動が起きないようにして罰を与える場面を減らすか，特定の望ましくない行動と同時には行うことが不可能な別の行動をとるよう強化を与える，などの工夫が考えられよう．

　具体例を一つ挙げる．下の兄弟にばかり両親の関心がいってしまい寂しいと感じている幼児が幼い兄弟を押し退けたりつねったりする場合，この行動が生じたら叱ったり叩いたりせずに，この行動を引き起こす刺激である幼い子どもの方を上の子から引き離し，上の子には構わないでおく．それだけで

はなく，あとでたとえ1分でも良いので上の子の眼を見てその子のしたいお話を集中して聞いてあげ褒めて楽しくさせてあげる等を行うことで，幼い子をいじめる行動を取らなくても親からの関心が得られる方法を学習させる.

また，上述①～③以外にも訓練が終了に近づいた段階で，強化手続きを望ましい行動が生じたら必ず強化刺激を与える連続強化スケジュールから，より日常環境に近い間欠強化スケジュールに代えていくことも大事である.

さらに，訓練の初期には他者の褒め言葉や金品などの外的事象から生じる外発的強化を用いたとしても，そのとき必ずその行動を取ること自体から生じる楽しさやスリルなどの面白さや「ぼくも，できるぞ」などの満足感といった内発的強化が伴うように工夫することが，褒美や監視がなくなっても望ましい行動が維持される上で重要である.

3）カウンセリング

カール・ランサム・ロヂャーズ（1902～1987）を創始者とする，パーソンセンタード・アプローチといわれる立場の心理療法である.

ロヂャーズは，敬虔なプロテスタントで高学歴の両親の下に6人兄弟の第4子として生まれ，世間の堕落した風潮から隔離するかのように厳格な環境で育てられ，優秀ながらもあまり友人や他の人々と親密なコミュニケーションを持つことに慣れ親しまない少年時代であったと自ら回想している. しかし，農業経営に関心を持ちウィスコンシン大学に進学し親元を離れたことを転機に，彼はもっぱら課外活動に没頭するなかで同世代との交流を楽しむようになり，幼なじみと恋愛関係も育みはじめ，精神的なあらたな一歩を踏み出した. その後，結婚してニューヨークの神学校へ進学したが，一流派の教義に縛られる牧師になることを止めて，コロンビア大学で臨床心理学と教育心理学を学ぶことになり，科学的な心理学の研究手法にも実際に子どもたちと臨床的なかかわりを持つこととも触れるようになった. 2年後には，児童愛護施設に心理学者として就職し，当時彼が思ったことができる環境を得た. こうした彼の経験が，彼の独自の理論の下地となったと思われる.

以下に，パーソンセンタード・アプローチを創設したロヂャーズの理論について，（1）人間観，（2）自己理論と発達，（3）病理論と治療論の点か

ら概説する．

(1) 人間観―有機体と実現傾向，現象学的理解

ロヂャーズは，フロイトと似た点として，人間を一つの生物として客観的手法で事実に則した把握をしようとする．しかし，フロイトと異なるのは，その本質を善なるものとしてとらえている点である．

a．有機体と実現傾向

彼は，「有機体（生き物）は，一つの基本的な傾向と動因を持っている．すなわち，体験している有機体を実現し，維持し，強化することである」(1967) と述べている．つまり，平易に述べれば，そもそも生き物は，種や卵が成体になっていく過程にみられるように，何とか生き延びて本来備わっている遺伝形質を実際に具現化して苦痛を避けてより快適に生きていこうとする実現傾向を先天的にもっているものとしてとらえる．

より進化した人間については，その実現傾向は，自分自身は何を感じていて問題はどこにありどこに目標を定めてどうやって進んでいくかを探り出し，自分で自分をより納得のいくものにしていく方略を見つけ出せる能力（自己実現傾向）を先天的に備えた存在としてとらえる．「…何が傷つき，どの方向に行くべきか，どんな問題が決定的か，どんな経験が深く隠されているかなどを知っているのはクライエントだけである．」（ロヂャーズ，1967）

b．現象学的理解と体験

人間は，直接に客観的状況によって規定されて生きているのではなく，客観的状況を主観的にとらえた感覚世界の中を生きていると考える．「どの個人もみな，絶え間なく変化している体験（experience）の世界，そして，自分自身がその中心である体験の世界，に存在している」．（ロヂャーズ，1951a）

これは，読者も実感できることであろう．例えば，ある授業で客観的には全員同じ話を聞いているのに，「あの話は，面白い」と思う学生もいれば，「無意味だ」と受け取る学生も「あの先生は，私への当てつけを言ってる」と受け取る学生もいる．同じ授業なのに，前者の受け取り方ならば「面白い授業の時間」として経験することになるし，後者の受け取り方ならば「苦痛

な授業時間」として経験していることになるだろう．

この主観的にとらえた感覚的世界としての「体験」について，ロヂャーズは，「有機体の中で起きている，いつでも意識される可能性のある潜在的なものの全て」(1967) としている．そして経験とは，身体で感じていること，身体全体で感じていることとしている．もちろん，環境や他者についてだけではなく，自分自身についても，ある感覚や感情が生じていることを意識し得る．

(2) 自 己 理 論
a．自己概念と二つの価値

自己概念とは，自分で自分とはどのような存在だと思っているかとか，あるいは，通常自分はこういった状況ではこのように感じるようになっているという形で認識されたりもする．価値観もふくんだ自分に対する認識のパターンである．

実際にからだに生じている感覚や感情のうちこの自己概念と矛盾しないものはそのまま認識され言語化されたりもする．しかし，自分が持っている自分に対するイメージと矛盾する体験はこれを脅かして不安の源となるので，実際に体験しているのにも係わらず否認したりねじ曲げようとする．例えば，緊張しやすい人が班学習で説明を上手にできたときに，その人が自分は人前では満足に口の聞けない人間だと思い込んでいると，今回はうまく話せたということは意識されないかあるいは「まぐれだ」「相手が賢かったせいだ」とねじ曲げるのがこの例である．

このような自己概念は，どのようにして形成されてくるのだろうか．ロヂャーズはこれを，有機体的価値と取り入れられた価値という二つの価値体系を用いて説明する．

有機体的価値とは，子どもが有機体的実現傾向にしたがって生きていく過程で，有機体を維持し強化すると感じられる体験を良いものとして価値付け，その反対のものを悪いものとして価値付けることである．具体的に言えば，おなかがすいたときは食物は快感を与える良いものであるが，おなかがいっぱいになったときにはこれ以上食べろと言われたら苦痛なものとなる．

つまり，有機体の状況に応じて変化する，固定されていない価値である．

それに対して取り入れられた価値は，子どもが成長する過程で躾その他で養育者とのかかわりのなかで，自分の欲求やそれを充足させる行動によって生じた快感を好ましくないものとして扱われる際に身に付けられていく．養育者に拒絶されることは幼いこどもにとっては耐えられない恐怖であるので，養育者に不満を感じさせるような欲求や快感は，体験していても子ども本人によって無視されるか，「養育者ではなく，自分がこの体験に不満足である」とねじ曲げられる．そこで，このような欲求や快感を体験する事に自分が不満足であり，自分は受け入れられる良い存在なのだからそのような欲求や快感を体験するような存在ではないという自己概念を形成していくと説明する．

この事は，現実の体験と自己概念との間には必然的にずれが存在する事を意味する．

（3）不適応と治療論

ロヂャーズは，不適応の状態とその克服について，自己概念と自己実現傾向によって説明する．

a．適応と不適応

先に述べたように，自分に対して思っている自己概念と現実に体験している感覚との間には，大なり小なりのずれが必然的に存在する．このずれが小さいと（自己一致）より適応的であり，大きい（自己不一致）ほど不適応の度合いが大きいと考える．

幼いころから成長してくる過程で正当な自己イメージを形成しそこねると，現実に自分が体験している感情や欲求をねじ曲げてしまう度合いが大きくなり，気持ちや考えの面でも振る舞いの面でも動揺をきたしてしまう（図5-4-1）．

しかし時間の経過のなかで試行錯誤しつつやがて自己概念の方を修正したり自分の行動や環境が変化することで，なんとか自己概念と体験とのずれを縮めて図5-4-2の状態となる．

またしばらくすると，今度はまた別のことについて体験と自己概念のずれ

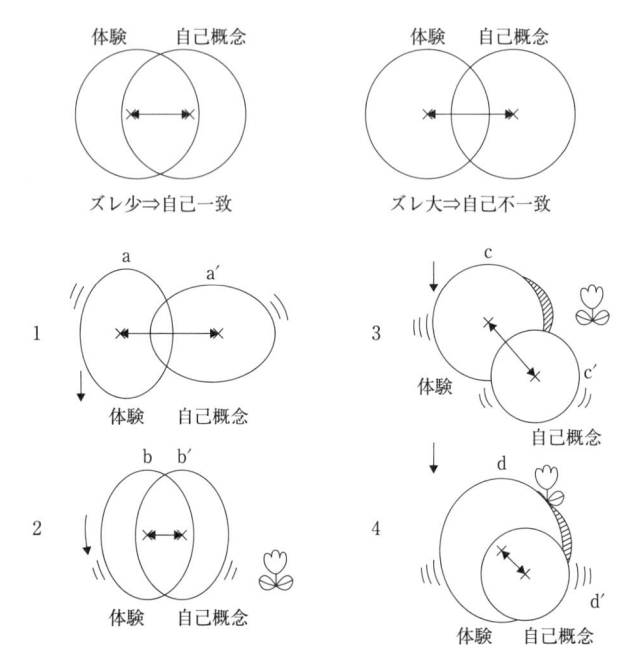

図5-4　自己概念と体験のズレと克服

が大きくなり，図5-4-3のあらたな不適応状態になる．また，動揺したり悩みつつも試行錯誤をつみ，なんとか体験と自己概念の差をちぢめて図5-4-4の状態になる．これを繰り返すうちに，おそらく，もはや自己概念も実際の振る舞い方や感じ方も図5-4-1の状態とはちがったものに変化させながら成長を続けていくのであろう．

この不適応状態が本人だけでは乗り切ることができないとき，相談を受ける人がどのようにして有効な援助となりえるだろうか．

b．成長を可能にする条件

ロヂャーズは，事例の詳細な検討に基づき，相談に来た人が問題状況を克服し人格的成長を遂げる上での六つの条件を見出し，そこからさらに三つのカウンセラーの態度要件を抽出した．

カウンセラーの態度要件の一つは，純粋さ（genuineness）である．これは，相談に乗っている最中に相手との関係において自分が経験している感情

や欲求と自分の自分に対する認識の間に矛盾やギャップがあまりないこと（自己一致）を意味する．これは例えば，相談に来た人の話を聞いているうちに自分に生じた眠気や引き込まれる恐さなどの好ましくないとされそうな感覚が起きたとしても，それを自分が経験していることをちゃんと意識していながらそれにふりまわされずに表面だけ取り繕ったりもせずにそういう自分を受け入れており，そしてそのことを必要な時は話し手にタイミングを見て伝えることもできるように在りながら，相手の話を聞くことができることともいえよう．

　態度要件の二つめは，無条件の肯定的配慮である．これは，望ましいとされていることを相手が話そうが望ましくないとされていることを話そうが，そう感じているという事実や今そういう話をしている相手の存在をありのままに尊重して付き合っていくことである．これによって相手は，幼いときから日頃経験している「○○してくれるから，好きよ」という条件付きの肯定ではない肯定のされ方を経験することになる．

　態度要件の三つめは，共感的理解である．これは，相手なりのものの見方や感じ方を尊重しつつその人が感じるように自分も感じ取ろうとしながらも，相手と自分の経験は分離できており，巻き込まれたりごちゃまぜにならずに聞いていることである．そして，受け取った内容を相手に伝え返すことで，相手にこのような態度で理解していることがわかるようにすることである．

　一つ目の「純粋さ」を土台としながらこの三つの要件がそなわった相談関係が得られたとき，相手は安心して自分が本当に体験している感覚や欲求を認識しそのような体験をしている自分自身と向き合い，試行錯誤しながら本来持っている自己実現傾向を発動させて自己概念を変容させつつ人格的成長が可能となると考える．

c．純粋さと積極的傾聴

　ロヂャーズのカウンセリングは，ただじっと相手が話すのを黙って聞いているだけの受け身で消極的なものではないかと，誤解している人をいまだに多く見かける．

　筆者は，ロヂャーズが1983年に来日して行ったワークショップに参加した

折り，実際に彼がある参加者を相手に面接をしてみせたのを目の当たりにしたときの衝撃を今も覚えている．自分が教わってきた日本のロヂャーズ派の重鎮と目された先生方と全く違ったのである．すでに高齢だった彼はお婆さんのように背中を丸めてはいたが，体の前に重心が掛かっており，相手に向かってふところや顔の真ん中からエネルギーが相手の顔や胸にむかって流れ込むような存在の仕方をしていた．その結果として，相手のなかにわずかに涙がこみあがってくるのを見て取って言語化したり，語られたことばと自分が見ていることとのずれについて「○○と言ったが，それは□□という意味か？ ◎◎という意味か？」と質問して確かめたり，聴いているうちに自分に生じてきたイメージを相手に伝えてどう思うか質問したりしたのである．こういった彼の姿は，ショストロームがまとめた『グロリアと3人のセラピスト達』というヴィデオの中でも確認できるので，読者も機会があったら見てみて頂きたい．

　これが，彼の言うアクティヴ・リスニングであって，書物に解説されているような「自分に生じてきたことを意識化していてタイミングを見て相手に伝える自己開示の重要性」とされることはここから出てくることである．相手の言葉を聞くのではなく，話している相手のからだ（あるいは黙っている相手のからだ）を，自分のからだで感じ取るような向かい方をしているということである．

　こういう聞き方をしていると，当然，今相手を目の当たりにしていて自分に色々な感触が動いてくることに気づくが，それと相手が話してくることとがずれることも起きてくる．これを積極的にすり合わせていく共同作業のなかでこそ，両者の間に共感的理解と呼ばれるようなことがはじめて可能になる．これが，純粋さとか自己開示の重要性といった用語で解説されることの実態ではないだろうか．これは，最早，受け身でも消極的でもありえない．

　人と向き合うということは同時に，相手との関係のなかに自分自身をさらすことであろう．自分をさらすことは，相手とのあいだに生々しくじかに感じることが動いてくるということにつながる．恐ろしかったり，そういう生々しい事にはできればかかわり合いになりなくないと思うこともあるであろう．

動いてきたことに飲み込まれるのでもなく押し殺すのでもなく，真っ直ぐに自分に息を通していきながらよけいな力を抜き真っ直ぐに相手に向かって自分をさらしつづけるとき，消化された専門的知識や技能を栄養源としながらもそれにとらわれずに，からだに正直に動ける可能性がひらける．関心のある読者は，竹内敏晴の著書を紐解きつつ自分の実体験を吟味してみて頂きたい．

4）家族療法
（1）家族療法とは

　家族療法とは，家族集団を治療の単位として扱い，個人の問題を家族という脈絡のなかでとらえようとする精神療法である（中村，1999）．クライエント個人に対する治療やカウンセリングには限界があることから，家族集団のなかでその個人を捉えなおし，そこにある「対人関係のあり方」に着目し，家族そのものをアプローチの対象にするという発想が，家族療法の考え方である．

（2）家族へのアプローチが必要とされる背景

　「個人に対する治療やカウンセリングの限界」及び「家族を治療の対象とすること」については，いくつかの背景があげられる．例えば，統合失調症の治療のために入院していた患者が，症状が軽快して退院し，家族のなかに戻ると，再び症状が悪化するといったケースもある．ある症状を出していたクライエントが，治療を受けることによって症状が治まり，回復してくると，しばしばある時点から治療が進まなくなる，あるいはその家族成員の誰かに別の症状が出てくることもある．

　それらの背景に存在する要因として家族のあり方を無視することはできない．家族療法では，個人の症状は，家族が安定するために，家族のなかに誰か不適応者を「必要としている」ことによって生じると考える．仮にそれまで不適応であった家族成員の社会適応が始まると，それまで安定していた家族のあり方が，均衡を保とうとして彼（彼女）の適応を妨げるように働くのである．ある母親が不登校である息子のことを心配したり，いろいろ世話を

焼いたりすることで,母親自身が抱える問題から目をそむけていることができる,といったケースがその一例である.不登校児であった息子が個別カウンセリングのなかで「登校しないといけない」という洞察を得ることは,母親自身が,それまで直面せずにすんでいた自分自身の問題に目を向けなければならなくなる状況を意味する.母親にとってそういった状況は不都合なので,何らかの形で息子の登校を引き止めるように動くこととなる.その結果,治療やカウンセリングの効果が望めにくくなってしまうことが考えられる.クライエントの過去・現在を通して,最も長い時間一緒に過ごしているのは家族であるため,クライエントは良くも悪くも家族の価値観や考え方・感じ方の影響を受けやすいのである.

(3) 家族療法の考え方

上記の例のような,ある問題を抱えた家族は,症状を出している家族メンバーのみを「患者」とみなし,そのメンバーのみを問題とする傾向がある.しかし家族療法ではその家族メンバーを,家族を代表して症状や問題を表出している人といった意味で「IP (identified patient),患者の役割を担う人」と呼ぶ(以下クライエントのことをIPと記述する).つまり,「この家族のなかで,今はたまたまこの人が症状を出しているのだ」と見るわけである.そうすることで,治療者はIPの症状を個人の問題として捉えるのではなく,家族全体の問題として捉えていく.IPを含めた個人にのみ問題があるというわけではないので,アセスメントや介入も,個人に対してではなくあくまで家族全体に対して行っていく,という捉え方である(石川,2002).

家族療法のあり方について安村(2002)は,「ある個人の症状に,家族システムも影響を与えている,という考え方に基づいているのであれば,家族メンバーの1人と面接をする形であっても家族療法と捉える.また,たとえ家族全員と面接をしたとしても,その家族の力動に関する視点を盛り込んで面接をするのでなければ,家族療法とはいえない」と述べている.また中釜(2009)は,「セラピストは,IPも含めて特定の誰かの立場や一部の価値観に偏らないことを推奨する」と述べている.いずれにしても,家族療法を行う際には個人ではなく,家族の成員一人ひとりやその関係性のあり方に目を

配ることのできる広い視点が必要であるといえるだろう.

(4) さまざまな家族療法

　家族療法はその出発点においては,主に精神分析的な家族力動理論を根拠にしていたが,1960〜1970年代になると一般システム理論の影響を受けるようになる(中村,1999).システムとは「個々の要素を全体へと統合すること」であり(石川,2002),家族も,成員一人ひとりが互いに影響を及ぼしあって成立している一つのシステムであると捉えられるようになったのである.その後家族療法は,対人関係論,学習理論,行動理論などさまざまな理論を取り込み,現在では多種多様な理論的枠組みがあみ出されている.例えば,アッカーマンによる精神力動的家族療法,ウィタカーらによる体験的家族療法,ミニューチンによる構造的家族療法,パターソンによる行動論的家族療法,ヘイリーらによる戦略的家族療法,ワツラウィックらによるコミュニケーション派家族療法,パラツォーリによるシステミック家族療法などである.

　これらのさまざまなアプローチは,その方法論が全く異なるわけではなく,共通する部分も多いため,統合された形で用いられることも多い(中村,1999).

(5) 家族療法の治療

　心理療法を進めるにあたって基本的なことであるが,まず問題の把握が必要である.すなわち,その家族がどのように作用しあって,IPに問題を顕在化させているのか,そして家族がどのような形で治療に参加できるかの把握である.その後,IPを含めた治療参加者全員に目標や期待を聴き,合議の上で全体の目標を定め,治療を行っていく(中村,1999).その際に,基本的に治療者は治療参加メンバーに巻き込まれずに「中立性」を保つことによって,参加メンバーの誰にも心情的に偏らない関係づくりを目指す.逆にさまざまな立場の言い分を平等に聴くといった方法論もあり,これを「多方向への肩入れ」という(中釜,2009).これらの考え方は逆であるが,「全ての参加メンバーに対して平等」といった意味において共通している.これ

が，前述した「アセスメントや介入の対象はあくまでも個人ではなく家族全体に対して」といった考え方につながってくる．いずれにしても，家族療法では一部の価値観や特定の誰かに偏らず，平等の姿勢を保つことがセラピストの基本姿勢であるといえよう．

5）箱庭療法
(1) 箱庭療法の発生と日本への導入

箱庭療法のもとになったのは，1929年にローウェンフェルト（Lowenfeld, M.）によって子どものための心理療法として創始された，世界技法（the world technique）である．その後ローウェンフェルトに世界技法を学んだカルフ（Kalff, D.M.）が，ユング（Jung, C.G.）の分析心理学の教えを導入して，スイスにおいて成人にも効果のある治療法として発展させた．日本へは，1965年にカルフに教えを受けた河合隼雄によって，「箱庭療法」という名前で紹介された．以後，多くの心理療法場面で実践されている．

(2) 箱庭療法の用具

箱庭療法の材料は砂箱とミニチュアである．砂箱は，内側が青く塗られた内法が57cm×72cm×7cmの箱に砂を6，7分目入れる．箱の大きさは，製作者が箱を腰の高さあたりにおいて，箱全体が見渡せる大きさを考慮されている．箱の内側が青く塗られてあることは，砂を掘ることによって川や海など水の感じを出すためである．

ミニチュアについては，とくに指定はなく，いろいろな種類のものを大小取り混ぜて用意し使用する．基本的には，人物，動物，植物，建物，乗り物，橋，柵，石など日常的な風景のなかにあるもののほか，擬人化された人形，怪獣，宗教的なものや，ビー玉，タイルなどの応用のきくものも用意する．ミニチュアは，多く集めることが望ましいとする心理療法家もいる一方で，多すぎてもかえって混乱することもあるので必要最低限のみがよいとする心理療法家もいる．水を砂箱に入れることについても，同じように認める場合と認めない場合がある．いずれにしても，状況に応じてその都度検討するのがよいであろう．

(3) 制作過程

　箱庭療法は，箱庭を作ることだけで治療的な過程が進むのではない．また，制作は強制されるものではない．箱庭を遊戯療法室や面談室の隅にさりげなく置いておき，遊戯療法やカウンセリングの過程のなかで，クライエントが作りたいと感じた時に使用するのが一般的である．教示はできるだけ簡単に「この砂と玩具を使って好きなものを作るものです．やってみますか？」「遊んでみる？」などと導入する．クライエントが制作している間，治療者は二人の中で一番自然に感じられる場所でクライエントの表現に干渉しないように，受容的に制作を見守る．

　箱庭ができ上がったら，「これはどんなところですか？」と尋ねる程度に質問をとどめ，作品をともに味わい，上手下手の評価をくだすのではなく，作品を観賞するような姿勢で関わることが治療的に望ましい．

(4) 理論的背景

　カルフは，治療が進んでいくなかで治療者とクライエントの間に母と子のつながりのような基本的な信頼感を伴った関係（「母子一体性」）が成り立つことを重視した．母親に守られているような安定した関係のなかで，枠によって守られた砂箱の中に自由に自己の内界のイメージを表現できる．カルフはこれを「自由にして守られた空間」と呼ぶ．そういった空間の中で人は自ら変化成長すると考えられる．

3．治療形態

　治療形態は実に多種多様に存在するが，それをわかりやすく整理するために分類をするならば，分類する際の着眼点によって幾とおりもの分類がありうる．例えば，相談に来た人を一度に何人相手にするかによって，個人形態と集団形態に分類できる．1対1に対して，十数人から二十人くらいという規模，さらには数十人という集団形態がある．個人形態と集団形態の中間的な形態としては，後述する遊戯療法などで2～3人の子といっしょに単純に遊んだり行動療法的要素をおり込んだ行動訓練を行う場合もある．いずれに

しろ，単純に相談に来た人の人数分だけ個人形態で生じることが倍加されるということではなく，集団を形成することによって生じる集団の心理力動や「場の力」を活用していく点が，集団形態で行う場合の大きな特徴となる．

また，治療の進行における主導権が治療者の側か相談者の側かによっても分類できるし，さらに，直接会って治療するのか，手紙や電話やメールなどによるのかによっても，分類できよう．

本項では，言語を専らのコミュニケーション手段とするのか非言語的に行うのか（あるいは，その中間か）という観点で分類を試みる．

（1）言語的面接形態

これは，日常に友人同士で打ち明け話をするときのように，言語を専らのコミュニケーション手段として進めていく治療形態である．ロヂャーズ流のカウンセリングを土台としたものや，精神分析的なものや，あるいは認知行動療法的なものまで，多くの治療が言語を通じて直接的に治療を進めようとするものである．

1対1ならば，読者もドラマ番組のカウンセリングや保健室での教育相談を描いたつもりのシーン等でイメージできるだろう．

集団ならば，小グループで治療者（進行のための世話役といった意味の別の呼び方をすることも多い）を交えながらじっくりゆっくりお互いに語り合うもので，後述されるエンカウンター・グループも構成的にも非構成的にもできる言語性の強い形態である．

また，ある種の演劇的表現方法を用いたものもあるが，言語性の色彩の強いものでありながら具体的なアクションの要素が加わるところが重大な特徴である．

（2）非言語的形態—芸術表現・創作活動や作業によるもの

これは，言葉を主としたコミュニケーション手段とはしない形態である．全く言葉を話さないわけではない場合が多いが，時にはまったく喋らない場合もある．

例えば，フォーカシングという自分のからだで感じている感じをじっくり

探っていく技法があるが，この過程を「今，こんな感じがしてきました．」「それは，からだの何処にどんな感じで感じられるのですか」といった通常行われる対話形式ではなく，絵を描いていく事や即興ダンスや声にしていくことで置き換えるならば，最終段階か途中のわずかな部分しか言葉を交わさないで進めることもある．

　箱庭療法，絵画療法，コラージュや粘土その他を用いた創作活動や芸術的表現を用いるものも，このような形態に成りうる．ある種のダンス・セラピーでは，集中力を高める導入のあとはひたすら動きつづけて集中力が途切れたら終わりで，それを見ていたセラピストやあるいは他のメンバーが即興で無言のダンスを返す，などといった全くの無言で進められることも稀にはある．多くの場合は，そこで身体的に体験したことを意識で自覚し統合するために，最終的には言葉で話したり文章にしたりする．

　また，内観療法という禅の身調べに発想を得た療法では，屏風を建てて畳半畳の広さに囲われたなかで一人黙して座り，何時間か後に聞き手が聞きにくるまではひたすら「○○さんにして頂いたこと，して返したこと，迷惑をお掛けしたこと」を思い出しつづける．

　ある種の神経症の治療に用いられる森田療法では，その初期段階ではじっと布団を被って安静にしている時期や一人で黙々と履物を揃えたり拭き掃除をしたりという時期があり，特定の誰かではない不特定多数に対する見返りを期待しない奉仕活動を行う．

　また，調理や手芸や農作業その他を通じて治療的な効果を持たせるために行う場合も，その作業に関する指示や質問のための会話が必要に応じて行われるだけのことがある．

(3) 中間的なもの—遊戯療法等

　遊戯療法とは，遊びを通じて治療的効果を生じさせようというものである．遊びといっても，色々なことが含まれうる．ということは，色々な心理療法の要素を取り入れうる応用的形態である．会話をしていてもその話の内容にはあまり意味がなく，むしろ「その場その場で素直な会話を交すという行為」や「何かやりながら自然な会話をしているという状態」に意味を見出

そうとする場合が多い．

　とはいっても，お絵かきや将棋等をしながら雑談を交わしているうちに段々に本心を語ってもらう場合もあれば，ひたすら一緒にまっくろに塗りつぶされるまで黙って描きつづけた後黙って余韻を確かめあい「また来週，待ってるよ」ということもある．

　遊びを通して，学級集団に溶け込みにくい小学生などに，行動療法的に対人行動の訓練を行う場合もある．

　どの様な技法を導入するにしても，「遊び」というからには，その子のからだが活気づいて弾んでくることが必須である．そのためには，治療者の側が弾んでいなくてはならないし，それを支えながらも相手に係わるための状況を見切る呼吸の深さが肝要であろう．言語的形態と遊戯療法とは，一方が高級で一方が劣っているという関係にない．

4．集団心理療法

　情報化が進み，世の中が便利になるに伴い，社会生活は反対にますますストレスの多い状況となってきている．このような状況では，人間同士の相互理解，相互支持がきわめて大切であるにもかかわらず，家庭のなかでも，職場のなかでも，またコミュニティのなかでも，温かい人間的なコミュニケーションが乏しくなってきている．

　「集団」は「個」によって形成され，「個」は「集団」の中で成長，発達し，（傷つきもするが）癒されることを考えると，信頼感のもてるサポート的なグループ体験をするということは，家庭や学校，職場での人間関係をより健康的なものにするためにきわめて大切である．そういう意味で今日では，グループ・アプローチ（グループの機能・過程・ダイナミックス・特性を用いたさまざまな技法の総称）は，人々のメンタルヘルスに貢献するものとして広がりをみせている．

　ここでは，治療を目的としたアプローチとして集団心理療法について論じるが，集団心理療法とは，集団の力を使ってそこに参加している個々の人の精神病理を癒し，精神的健康の増進や対人関係の改善などを図ることを目的

として行われる心理療法である．したがって，治療者は，① 全体としての集団（group-as-a-whole）と，② 集団成員間の相互作用（inter-relationship of group members），③ 個々のメンバーの心的力動（intra-psychic dynamics of each member）という三つの側面に着目して関わっていくことになる．技法の種類としては，言語を媒介とするアプローチやアクション，絵画，音楽といった非言語的な表現手段を用いたアプローチなどがあるが，ここではエンカウンター・グループを含め，心理劇，SST（生活技能訓練），集団芸術療法を取り上げる．

1）心理劇（サイコドラマ）
（1）は じ め に
　幼い頃の「神様と天使たちの遊び」という神様ごっこがルーツといえる心理劇（サイコドラマ）は，ジェイコブ・レビィ・モレノ（Jacob Levy Moreno, 1889-1974）が「人間関係の探求に必要な道具」として，また「自発性の訓練」として創始した即興劇形式の集団心理療法であるが，即興劇という演劇的な表現形式を媒介とするところから，芸術療法の一つとみなすこともできる．

　モレノは，ウィーン大学で精神医学を学び，一度だけジグムント・フロイトの授業を受けたこともあるが，精神分析学の冷たさ，人工性に反発し，精神分析学に対抗するものとして心理劇を形作った．モレノ自身は，「集団」「社会」「アクション」を重視し，実践が大きい意味をもつものと考え，ウィーンの公園で子どもたちと時を過ごしたり売春婦と話し合ったりした．その一方で，演劇活動にも関心を示した．そのなかで，モレノは，一つのシナリオで繰り返し同じ世界を表現する演劇に疑問を感じ，即興劇という形で演劇を試み，ドラマによる治療的効果を発見した．その試みが心理劇へと発展していったが，ウィーンで受入れられず，モレノは1925年にアメリへ移住し，1936年にニューヨーク近くのビーコンで心理劇に本格的に取り組み，この技法を集団心理療法の中心と考えた．

　ところで，日本に心理劇が紹介されたのは，1950年代，外林大作（1916〜），松村康平（1917〜2003）によるが，以後，心理劇は精神科臨床，

非行臨床，学校教育現場，自己開発の研修等，さまざまな分野で適用されている．しかしその方法は，日本人の特性や対象者の相違によって少しずつ改変されている．また心理劇の種類は，ザーカ・T・モレノ（Zerka T. Moreno, 1917〜）によって我が国に紹介された古典的心理劇（一人の主役を中心に問題の整理や葛藤解決を目的とする）や，全員参加の心理劇（特に主役を立てずに対人関係の改善や対人交流を楽しむことを目的とする），ソシオドラマ（いじめや高齢者問題など，社会的問題を扱う），ロールプレイング（カウンセラーの訓練や生活技能訓練，学校教育などに用いられる）など，多様である．

(2) 心理劇の理論——中心的概念——

心理劇の理論の中心的概念として，「自発性」「役割」「余剰現実」「カタルシス」「テレ」が挙げられる．

a．自発性（spontaneity）

モレノによる自発性とは，「今，ここ」という状況で働く人間のもっている一つの能力であり，個人が新しい状況に適切に反応し，古い状況に対しては新しい反応をするように駆り立てる能力，あるいはまたドラマ的状況（葛藤や危機など）に遭遇したときに，その人の内面に突然生じる葛藤や危機を克服させる力のことである．モレノは，多くの人間の精神病理，社会病理は，自発性が十分に発達していないところにあるとし，治療者の仕事は，どうしたらクライエントが自発的になれるかを教えることであるとして「自発性の訓練」を提唱した．

b．役割（role）

我々は，社会のなかで父親，妻，娘，教師といったさまざまな役割を取っている．しかし役割の取り方は，社会や周囲からの期待によって常に決まりきったステレオタイプなものになりがちである．

モレノは，自我と役割との関係で，自我は役割のなかで働くとして，自我やパーソナリティよりも役割に言及することの有益性を考えていた．そして人々が社会から強いられる決まりきった役割を演じることに抵抗があることを観察し，固定した役割に生気を与え，それを変えること，すなわちすでに

形成され確立された役割に対して，役割の自発性，または自発的に役割を演じることの必要性を感じた．役割の自由度によって，役割遂行は「役割取得」（決まりきった役割を取る），「役割演技」（少し自由にその役割を演じる），「役割創造」（自由に役割を創造して演じる）へと発展するが，そのなかでモレノは，「役割演技」（ロールプレイング）という学習法，訓練法を見出した．実際に心理劇の舞台では，現実に囚われることなくさまざまな役割を自由に演じ，自分のなかに新しい自分を発見し，育てていく．

c．余剰現実（surplus reality）

心理劇の舞台は，自分自身はもちろんのこと，自分以外の人物や動物，物，自然になって相手とやりとりすることができれば，その場が天国になって亡くなった大切な人に会うことも可能な世界である．目に見えず，触れることのできないその人の心のなかに持っていた世界を表現可能にする現実，それが余剰現実である．

d．カタルシス（catharsis）

アリストテレスは『詩学』において，ギリシャ悲劇で聴衆に劇的感動をもたらす効果をカタルシスと表現したが，これは舞台の上の俳優が行う象徴的な表現に聴衆が反応して，現実的にはできないような情緒の解放を象徴的なレベルで行うことを意味している．心理劇でもこのようなカタルシスが起こる．我々の役割行動は，先に述べたように常に決まりきっており，定型化されているが，劇の場では普段言えなかったことを言い，できなかったことをすることが許される．これは，主役やそれを見ている観客にとって大きな喜びとなる．ただしここで重要なのは，カタルシスを起こすことが心理劇の第一の目的ではなく，解放された情緒をどう内面に統合していくかである．

e．テレ（tele）

モレノは，感情は人との間に距離があってはじめて伝わるとし，この距離，すなわち人と人との間にある領域をテレとよんで心理劇の重要な概念とした．モレノの概念で最もわかりにくいが，彼によると，共感や転移という概念は，自分の感情を相手に一方的に移入させるものであるのに対し，テレは，距離をもった二人の間に一瞬にして行われる真実の感情の交流であるとし，例えば，お互いに「ピッタリ合った」気持ちが生じたとき，テレが働い

ているといえる.

(3) 心理劇の構造
a. スタッフ

スタッフは,監督,補助自我,記録係の役割を務めるため,最低3名は必要であるが,理想的には補助自我が男女各1名いて,計4名のスタッフがいることが望ましい.

監督は,グループ全体の責任をもち,主役やメンバーと話し合いながらドラマを作っていくが,その協力者が補助自我である.補助自我は,主役の分身として主役の自我を補助し,主役の心の世界の明確化とその表出を助ける他,主役のドラマにとって必要な役割を取る.記録係は,参加者の承諾を得た上で心理劇の流れを記録する.記録は,セッション終了後の振り返りと評価に活用される.

b. メンバー(対象者)

心理劇はどの人にも可能というわけではなく,ドラマという状況が理解できない人はむずかしい.また統合失調症患者で,急性の症状のあるときは避けた方が良い.人数は10人から15人ぐらいが適当で,演者(主役,相手役),観客の役割を取る.

c. 時間と場所

時間は,対象者やその時のドラマの内容によって異なるが,精神障害者を対象にするときは,心理的負担を考え,1時間から1時間半が適当である.週1回,月に1~2回の間隔で行われる.場所は,モレノのいう舞台(照明設備の整った3段階の舞台)ということになるが,実際はごく普通の集団心理療法室で,適度な広さと移動しやすい椅子が用意されれば十分である.照明は,調光装置があると便利である.

(4) 心理劇のすすめ方

「(心理劇の世界へようこそ.これからみなさんを心理劇の世界へ案内します)心理劇は,シナリオのない劇,つまり即興劇をとおして自分自身をみつめ,心の葛藤の整理や解決を図る,あるいは相互理解を深め,よりよい人間関係を築

くために行う集団心理療法です．（言葉による説明ではわかりにくいと思いますので）早速始めたいと思いますが，その前に約束として，ここでのやりとりを口外しないことと，相手を傷つける言動を慎むことをお願いいたします.」

以上は，監督が心理劇を始める時に参加者に「心理劇とは何か」「何のために行うのか」を説明するときの一例である.

心理劇には三つの手続き――ウォーミング・アップ～（主役選択）～ドラマ～シェアリングのプロセスがある.

a．ウォーミング・アップ（warming-up）

心と身体の緊張をほぐし，ドラマへ向けての準備をする段階である．はじめてのグループに実施するときや，対人交流が乏しく，些細な刺激にも自らの存在が脅かされ不安に陥りやすい統合失調症患者を対象にするときなどは，遊びの要素の強いウォーミング・アップが極めて重要であり，時間をかける必要がある．ウォーミング・アップのやり方は多種多様だが，身体を主に使うもの（体操，スポーツなど），言葉を主に使うもの（自己紹介，他己紹介など），ドラマにつながるもの（どこでもドア，タイム・マシーンなど）などがある．ウォーミング・アップからドラマへ移行する際に主役選択がある.

主役選択は，原則として本人の希望が尊重される．しかし希望者がいない時は，他メンバーの推薦により，本人の承諾とグループの支持が得られれば，その人が主役になる.

b．ドラマ（drama）

監督は，主役にとって必要なドラマを展開させ，現在可能な目的を達成させる．ドラマには，一人の主役を中心に行う古典的心理劇や対人関係の改善または交流を楽しむドラマなどがあり，監督のスタンスや対象者によって，また「今，ここ」という状況やグループの凝集性などによってどのようなドラマになるか，その展開の仕方は異なってくる．ドラマを終了し，役割解除（自分以外の役割を演じたメンバーに対し，演じた役割を解除し，本来の自分に戻す）の後，円陣に腰掛けてシェアリングを行う.

c．シェアリング（sharing）

意見を述べたり批評するのではなく，主役のドラマに相手役や観客として

参加して共感したことを主役に伝える場である．主役の気持ちを分かち合うことで，主役個人のドラマでありながらも，それが集団全体のものになる．

以上が心理劇のプロセスであるが，心理劇終了後，スタッフは，心理劇全体の流れやグループ・プロセスなどを振り返る他，個々のメンバーの評価を行い，治療方針などについて話し合う．

(5) 基本技法

心理劇には，鏡（mirror），二重自我（double），役割交換（role-reversal）の三つの基本技法がある．

鏡は，補助自我や他の参加者が鏡となって主役の姿を映し出すことにより，主役が鏡を見るように自分の姿を客観視することをねらいとしている．二重自我は，「分身」として主役のそばに寄り添い，主役を補助する．すなわち，気がかりなことがあったとき，誰も相談相手がいないとき，人は自分（もう一人の私）とやりとりするが，この「もう一人の私」が二重自我である．役割交換は，主役が相手の役割を取ることによって，その相手の立場や気持ちを理解すると共に，相手役から自分自身を見られるようにする技法である．日常では，相手の立場になって物事を考えることはなかなか難しいが，心理劇では，この技法を用いることによってそれが可能になる．

(6) なぜ心理劇か

アーヴィン・D・ヤーロム（Irvin D. Yalom, 1931～）は，集団心理療法の治療的因子として「普遍性」（自分一人が悩んでいるのではない），「模倣」（人のまねをしながら自分の行動を考える），「対人学習」（対人関係から学ぶ）など，11の因子を挙げている．しかし，心理劇ではこれらの因子の他に，心理劇独自の「ウォーミング・アップ」「余剰現実」「基本技法」が治療的に働く．

a．ウォーミング・アップがグループの凝集性を高め，安心感をもたらす

ドナルド・ウッズ・ウィニコット（Donald Woods Winnicott, 1896～1971）が，精神療法においてまず患者を遊ばせる何かが必要であると

述べているように，遊びは治療的に重要である．心理劇のウォーミング・アップでは，身体と言葉を使って他者と触れ合う楽しさや表現する楽しさを味わうことができるが，このような楽しい触れ合いなどを「遊び」と捉えるならば，ウォーミング・アップは，遊びを重視したプロセスといえる．このウォーミング・アップ体験は，短い時間でグループの凝集性（メンバーと身近になれた）を高め，安心感（この場に安心していられた）をもたらす．それゆえ，この体験をするだけでも治療的に意味がある．

　b．余剰現実での主役体験やさまざまな体験が互いの理解を深める

　心理劇の舞台では，余剰現実によって他者が主役にとって大切な「人物」や「物」になり，主役の心の世界をより拡大して見せる．すなわち主役のドラマ作りに協力する．したがって，主役は自己理解が，また相手役や観客は，主役のドラマに関わることで主役に対する理解が深まる．

　c．基本技法が気づきや洞察を促す

　心理劇には，鏡，二重自我，役割交換という三つの基本技法があることを先に述べたが，これらの技法を用いることにより，主役は自らを客観視することが可能になる．このような心理劇特有の技法が気づきや洞察を促す．

2）SST

(1) SSTとは何か

　SSTとは，Social Skills Trainingの頭文字をとった省略名である．ソーシャル・スキルとは，生活のなかで必要とされる効果的な対人的行動を指す．この獲得を構造的・体系的に指導し体験学習を図る方法である．日本語としては，生活技能訓練・社会的スキル訓練などと訳される．SSTは，社会生活上，統合失調症などの障害をもつ人々の援助に広く適用できる．

(2) SSTの目的

　SSTの目的としては，次の3点があげられる（三和中央病院，http://www.sanwa.or.jp/sst/menu3_6.html（2009年11月25日現在））．

　・今まで身につけていない技能を訓練する．
　・今まで身につけていたが，病気のためできなくなった技能の拡大をめざ

す．
・自分のもっている技能を日常生活でうまく生かす方法を教える．

(3) SST の流れ

次に，SST の実際の流れについて述べる．スタッフ数は，できれば2人以上で，対象者は1人で行うよりも他の人の訓練を見て学ぶこともできるので，5から8人程度が適当である．

a．ウォーミングアップ

SST を始める前には，簡単な挨拶やゲームなどを行いウォーミングアップする．SST のウォーミングアップは，あくまでも効果的な SST のための導入として行われる活動である．効果的なウォーミングアップ活動がうまく展開されると，メンバーの身体も心もリラックスされる．また，やる気をひきだし，メンバー間の相互援助を増すことにつながる．しかしウォーミングアップが上手く展開されないと，その後の SST の練習が円滑に進んでいかない．例えば，SST の初回では，ひとこと添えて自己紹介しあってみると話を膨らませ，メンバー間の相互理解につなげることができる．ひとこと添えるテーマの例として，「私の一番好きな色は」「私の干支は」「私の好きな食べ物は」など誰にでもなじみがあり簡単に答えることができるものがよい．

b．SST の約束の確認

① 視線を合わせる，② 手を使って表現する，③ 身をのりだして話をする，④ 明るい表情，⑤ はっきりと大きい声で話す．これらの五つは，対人的行動における非言語的要素の代表格である（前田，1998）．さらに「SST の約束」としてポスターなどにして SST を行う部屋の壁に貼っておく．SST を始めるときに，メンバーで読み上げると効果的である．これらは人に話しかけるときの非言語的な要素として重要なものであり，「生活技能を高める手がかり」と呼ばれる．

c．目標の設定

まず目標を作ることが第1の課題となる．対象者自身に「やってみたいこと」「どうにかしたいこと」などを発表してもらう．そこから何の訓練を何

のために練習していくのか意識を持たせる．この場面では対象者からは「特にやりたいことはない」，黙ったままなどの場合もあるが，同室者に「おやすみなさい」と挨拶しているかなどと具体的な話をしながら質問することも有効である．

d．場面設定

問題点をもとに場面設定する．例えば，同室者との挨拶ができていないという問題があれば「挨拶できるようになるにはどうすればいいだろうと」といった話から入り，「今夜，同室者のみんなにおやすみなさい」と言ってみようという場面設定する．そして「だれに対しても挨拶できる」を最終的な目標として，最初の目標を「となりのベッドのAさんにおやすみなさいと挨拶する」ということにする．

e．ロールプレイ

場面設定ができたら，相手役を選びロールプレイを行う．次に，メンバーに「どういうところが良かったか」と質問をする．ここでは，「SSTの約束は守れていたか？」など声かけを行い，人の良いところを見つけ注目するような関わり方が大切である．対象者はスタッフから褒められるよりも，一緒に行っているメンバーから褒められると大変満足する．（フィードバックという）拍手をすることでより効果が上がる．

f．モデリング

ロールプレイを行い，フィードバックがなされた後，同じ場面設定においてより適切な行動のモデルをメンバーのみんなで学習する．モデルはスタッフが行うことが多いが，問題となっている場面で，どのように振る舞い，自分の気持ちや言葉を表現したらよいのかを具体的に演じ，対象者はそれを観察する．

g．新しい行動のロールプレイ

再度，ロールプレイを行う．モデリングに近いロールプレイができるよう，スタッフが小声で助言したり，身振りやアイコンタクトで合図すると円滑に進むこともある（プロンプティングまたはコーチング）．

h．宿題

宿題の設定は訓練したことが日常生活の中で生かされていくためにはとて

も重要である．例えば，となりのベッドのAさんに「おやすみなさい」と今夜から実際に挨拶することを行ってもらうことを宿題とする．このように繰り返し練習することで技能や知識を身につけていく．

3）エンカウンター・グループ
（1）エンカウンター・グループ（Encounter Group）とは
　エンカウンター（encounter）とは「出会い」という意味である．エンカウンター・グループは，参加者と出会うことだけにとどまらず，集団のなかで親密な人間関係が経験される過程で自分自身とも出会うということに由来している．したがって，エンカウンター・グループは単に心理的な悩みを持つ者のためのものだけではなく，心理的成長と対人関係の改善を目指すアプローチである．

　広い意味でエンカウンター・グループとは，人間回復運動，集中的グループ体験，ベーシック・エンカウンター・グループの三つの意味で用いられる．しかし，狭い意味ではエンカウンター・グループなどの，もっぱらロジャーズの理論によるベーシック・エンカウンター・グループ（以下，ベーシック・エンカウンター）を示すことが多い．

　エンカウンター・グループには，自由度の高い非構成的エンカウンター・グループ（非構成的グループ）と，ある程度プログラムが決まっている構成的なエンカウンター・グループ（構成的グループ）の二つの方法論がある．先述のロジャーズのベーッシック・エンカウンターは前者にあたる．後者はグループ・エンカウンターとも呼ばれ，日本においては國分康孝が第一人者の一人である．

（2）ベーシック・エンカウンター・グループ（Basic Encounter Group）
a．定義
　ベーシック・エンカウンターは，ロジャーズが創始したパーソン・センタード・アプローチの流れのなかで1960年代から実践が行われ，我が国では70年代より実践が行われてきた．創始者であるロジャーズはその特徴について述べているものの，定義は明確にしていない．我が国では野島（2000）に

よって「エンカウンター・グループとは，自己理解，他者理解，自己と他者との深くて親密な関係の体験を目的として，1～2名のファシリテーターと10名前後のメンバーが集まり，集中的な時間のなかで，全員でファシリテーションシップを共有して，〈今，ここ〉でやりたいこと・できることを自発的・創造的にしながら相互作用を行ないつつ，安全・信頼の雰囲気を形成し，お互いに心を開いて卒直に語り合う場である.」と定義されている.

対象は一般の子どもから大人までと広く，医療・福祉・教育分野，社会的緊張や対立への対応，異文化間交流と多くの分野で適応されている.

b．特徴

ロジャーズによれば，グループの目的は個人の成長，個人間のコミュニケーションおよび対人関係の発展と改善の促進である．目的が抽象的で具体性に欠けるため，グループの参加者はそれぞれ異なった期待を胸に参加し，当初は個人間のズレのようなものを体験するのである．そのギクシャクとした思いを「すり合わせて」いくなかで，グループとしての目的が浮かび上がってくる．初めから目的やテーマを設定するグループ・アプローチが多いなか，ファシリテーターとメンバーたちによってテーマが形作られていくのが，ベーシック・エンカウンターの特徴といえる.

ファシリテーター（facilitator；促進者）はリーダーとは呼ばれず，リーダーシップをとることは最小限にし，グループにおける促進的・援助的働き（ファシリテーションシップ）は各メンバーと共有される．そして自ら，自己一致，受容，共感的理解という態度を追求し，グループへの信頼を表明することで促進的な風土を育てていく．ファシリテーターのねらいは①グループの安全・信頼の雰囲気形成，②相互作用の活性化，③ファシリテーションシップの共有化，④個人の自己理解の援助，⑤グループからの脱落・心理的損傷の防止の五つである（野島，2000）.

c．グループ・プロセスの発展段階

野島によるとベーシック・エンカウンターのグループ・プロセスは，大きく「導入段階」「展開段階」「終結段階」の三つの発展段階に分けられる（表5-1参照）．グループ・プロセスは，ファシリテーターの力量だけではなく，メンバーの参加動機やモチベーションによっても展開が変わってくる．

表5-1　グループ・プロセスの発展段階

時期	村山・野島の発展段階仮説	普通の相当セッション
導入段階	段階Ⅰ：当惑・模索 段階Ⅱ：グループの目的・同一性の模索 段階Ⅲ：否定的感情の表明	第1セッションから 第5セッション頃まで
展開段階	段階Ⅳ：相互信頼の発展 段階Ⅴ：親密度の確立 段階Ⅵ：深い相互関係と自己直面 段階Ⅶ以降	最終セッションの前の セッションまで
終結段階	終結段階 　ⓐ段階Ⅳ以上に展開したグループ 　ⓑ段階Ⅳまで展開しなかったグループ	最終セッション

(出典：野島一彦『エンカウンター・グループのファミリテーション』ナカニシヤ出版，2000，P11)

① 　導入段階の特徴

「段階Ⅰ：当惑・模索」，「段階Ⅱ：グループの目的・同一性の模索」，「段階Ⅲ：否定的感情の表明」の時期．混沌とした状態で，ファシリテーター及びメンバーにとって居心地が悪く，試行錯誤がなされる時期である．そうするなかで徐々に安全感が増してくる．導入段階をどのように経験するかで，グループの展開が左右されるため一番難しい段階である．

② 　展開段階の特徴

「段階Ⅳ：相互信頼の発展」，「段階Ⅴ：親密感の確立」「段階Ⅵ：深い相互関係と自己直面」の次期．グループとしてのまとまりが生まれ，安全感や信頼感，親密感が高まり，一人ひとりに焦点があてられ，率直な自己表明や関わり合いが生じ，盛り上がりを見せる．

③ 　終結段階の特徴

段階Ⅳ以上に展開したグループではそれなりの満足感があり，心地よい雰囲気のなかで終わりを迎える．そこまで展開しなかったグループでは不満足感が強く，なんとかそれなりのおさまりをつける努力が行われる．この終結段階をどのように過ごすかということは，導入段階に次いで難しい．

このようなプロセスを経て，Ⅳ段階まで発展したグループでは，参加者の自発性・創造性・感受性は高まり，個人として生き生きしているとともに，

参加者同士が強い連帯感や親密感で結ばれる．ここでの成長体験は日常にも反映され，現実認知が適切になり，人間関係も積極的になるなど，従来とは違った新しい生き方が始まる．

(3) 構成的グループ・エンカウンター (Structured Group Encounter)

a．定義

創始者の國分康孝（1981）によると，「構成的グループ・エンカウンターは，ありたいようなあり方を模索する能率的な方法として，エクササイズという誘発剤とグループの教育機能を活用したサイコエデュケーションである」．また，「こころとこころのふれあい」「ホンネとホンネの交流」であるとされ，人工的・契約的なグループの中で，リーダー（ファシリテーターではなくリーダーと呼ばれる）の提示するエクササイズを手がかりに，対人関係や技能を学び，ホンネの自分を発見し，それに従って生きる練習をする場である．

b．特徴

以下六つの体験ができるようなエクササイズをアレンジしたグループが，グループ・エンカウンターである．①ホンネを知る（自己覚知），②ホンネを表現する（自己開示），③ホンネを主張する（自己主張），④他者のホンネを受け入れる（他者受容＝傾聴訓練），⑤他者の行動の一貫性を信ずる（信頼感），⑥他者とのかかわりをもつ（役割遂行）．

構成的グループ・エンカウンターの特徴として，國分（1981）は，（1）短時間にリレーション（感情交流と信頼感のある，かまえのない人間関係）が高められる，（2）メンバーのレディネスを考慮した体験を用意できるので，メンバーの心理的損傷を予防できる，（3）プログラムの定型化によって専門家でなくてもリーダーとなれるということがあげている．エクササイズという作業的，演習的，ゲーム的要素をもつ活動が中心なので，この内容の工夫によって対象，人数，場所，期間などの融通がきくことになる．対象は小学生から成人まで実践報告がある．グループのメンバー数も10人以上でも可能である．

c．エクササイズの例

グループ・エンカウンターでは，「エクササイズ」「シュアリング（振り返り，共有すること）」によって，ふれあいと自他理解を促進する．その基礎的なエクササイズの例を紹介する．

・トラストウォーク（ブラインドウォーク）

あまり親しくない者同士2人1組になりジャンケンをし，負けた方は目を閉じ，勝った方が負けたほうの介添人になって室内を歩き回る．

・「私は人とちがいます」

8人1組で時計回りの順に1人ずつ「私は人とちがいます．なぜならば〜だからです」という文章を完成させていく．例「私は人とちがいます．なぜならば6回転校したからです」

・新聞紙の使い方

8人1組で，時間は7分ほどで行う．メンバーは新聞紙の使い道を考えて，ジェスチャーで班長に伝える．例えば，「ハリセン」や「紙吹雪」などといった具合．そしてグループごとにアイデアの数を競いあう．ただし，リレーションづくりと自他発見が目的なので「勝ち負け」は重視しない．

このように構成的にグループを用い，ふれあい体験と自他理解を促進するのがグループ・エンカウンターである．

4）芸術療法
（1）絵画療法
a．絵画療法とは

絵を描くこと，すなわち描画は，アセスメントと治療の両面から捉えることができる．アセスメントとしての側面を重視すれば，描画を投影法の一種としてとらえることも可能であるし，治療的側面を重視すれば心理療法として利用することができる．したがって，絵画療法とはクライエントに絵を描いてもらうことで，非言語的表現を通じ治療的関わりを行うものである．カウンセリングでは主に言語表現を用いるが，絵画療法では絵画に描き出されるイメージを「表現」として受け取り，クライエントとセラピストが共に味わうことが重要である．

b．理論的背景

　絵を描く過程では，日常生活のなかでは抑圧されていて気づかれない感情が解放されクライエントが直接表現できない感情や，容認されない感情の表出が起こる．このような無意識に抑圧されている感情を，描画という自由な表現によって放出し，浄化する．このようなカタルシス効果が絵画療法の治療理論としてあげることができる．

　絵画療法は，イメージの表現を通じてクライエントの情緒的葛藤を絵画という目に見える形で表すことができる．クライエント自身もこのように外在化したイメージを客観化することによって意識化できるものと考えられる．このような観点においては，フロイトによる精神分析の理論が大きい支えとなる．これに対してユングは，葛藤の表現ということのみならず，むしろ，クライエントの内界に存在する自己実現の傾向の表現として描画を捉え，描画活動における創造的な側面を重視した．

c．絵画療法の特徴

　絵画療法は，非言語的な表現をもってクライエントの自由な動きを容易にするという特徴を持っている．絵画療法の形態は，個人で行うもの，セラピストとクライエントが相互で行うもの，集団で行うもの，課題を与えるもの，与えないもとさまざまである．使用する素材（鉛筆，クレヨン，絵具，フィンガー・ペインティング）によって，表現の自由度や感覚も異なってくるので，クライエントに合わせて考慮することが必要である．

　重要なのは，絵画療法は画力に左右されないということである．山中は中井久夫の言葉を以下のように紹介している．「芸術家が描いた一枚のタブロォも，統合失調症の患者がおずおずと引いた一本の線も，哲学的には等価である」（山中，2003）．ただし，難しいのは「上手に描かなくてもよい」「何でもよいから描きなさい」と言われると困る人が多いことである．そこで課題を与えることにより，導入がスムーズになる場合がある．

　以下に課題画の例をいくつか挙げる．

① DAP（Draw-A-Person）

　　マコーヴァー（Mchover, K.）．人を一人描き，次に反対の性の人を描く．

② HTP（House-Tree-Person）
　バック（Buck, J.）．それぞれ別の紙に人・家・木を描く．
③ HTPP
　高橋雅春．それぞれ別の紙に家・木・人・反対の性の人を描く．
④ S-HTP（統合的HTP）
　三上直子．一枚の紙に家・木・人を描く．
⑤ バウムテスト（Baumtest）
　コッホ（Koch, C.）．「実のなる木」を描く．
⑥ KFD（動的家族画　Kinetic Family Drawing）
　バーンズ（Burns, R.C.）家族それぞれが何かしているところを描く．
⑦ 風景構成法（Landscape Montage Technique）
　中井久夫．はじめに治療者が枠を描き「川，山，田，道，家，木，人，花，動物，石，ほかに描き加えたいもの」を順に1枚の紙に描き，彩色する．
⑧ MSSM（相互ぐるぐる描き物語統合法　Scribble Story Making）
　山中康裕．1枚の用紙を6～8コマに区切る．1コマずつ，なぐり描きをして相手に渡し，相手はその線を利用しイメージした描画を仕上げ，次は立場を変えて同じことを繰り返す．交互にスクイグルを行い，最後に見つけたもの全てを使いクライエントが一つの物語を作り上げ，セラピストが残ったコマに物語を文字で書く．

（2）音 楽 療 法
a．音楽療法とは何か

　音楽のない生活はもはや考えられないほど，私たちの住む社会において音楽は普及している．音楽を聴いて，私たちは心が和んだり，癒されたと感じることもあれば，反対に聴こえてくる音楽が好みに合わず，不快に思うこともあるだろう．このように，音楽には私たちの心理状態を左右する作用がある．人はこのことに遥か昔から気づいていて，私たち人間の社会では，音楽は古くから心のケアのために用いられてきた．
　音楽が心理的なケアのために用いられるときには，大きく分けて2種類の

4. 集団心理療法　137

方法がある．一つは，癒し，慰め，心を落ち着ける，その他の目的で，自分が自身のために音楽を用いる方法である．もう一つの方法は，音楽療法士が障害や病気のある人を対象に，その人の治療の媒体として音楽を用いる方法である．音楽療法と呼ばれるものは，一般的には後者を指す．

では，音楽療法とは，どのようなものなのだろうか．ここでは，アメリカ音楽療法協会（AMTA）と日本音楽療法学会（JMTA）が音楽療法についてどのような表現を使って説明しているか紹介する．まず，AMTA のホームページでは，音楽療法が次のように表現されている．

「音楽療法は，認可を受けた音楽療法プログラムを終了した資格のある専門家によって，療法的な関係の中で個人の目標達成のためになされる臨床的な，証拠に基づいた音楽活用方法である．

音楽療法は，個人の身体的，感情的，認知的，社会的なニーズに取り組むために，療法的な関係の中で音楽を用いる確立された保健専門職（ヘルス・プロフェッション）である．クライエント各自の長所とニーズを査定した後，認定された音楽療法士は，創作，歌唱，音楽に合わせた動き，または音楽鑑賞を含む治療を提供する．療法的な脈絡での音楽への参加を通して，クライエントの能力は強化され，彼らの生活の他の領域へも般化される．音楽療法はまた，言葉によって自分を表現することが困難な人に援助となるコミュニケーションの道を提供する．音楽療法の研究は，さまざまな領域での音楽の有効性を証拠付けるものである．それらの領域とは，身体リハビリテーション全般と動きの促進，治療に参加する動機付けの向上，クライエントとその家族に感情面でのサポートを提供，感情表現のはけ口の提供，などである[1]．」

次に，JMTA の音楽療法の定義を示す．

「音楽療法とは，音楽のもつ生理的，心理的，社会的働きを用いて，心身の障害の回復，機能の維持改善，生活の質の向上，行動の変容などに向けて，音楽を意図的，計画的に使用すること[2]．」

これらの定義を読むとわかるように，音楽療法にはさまざまな目的がある．そのなかで，クライエントやその家族を心理的にサポートする，感情表現を促す，または心理的な問題を解決する，治療することは，音楽療法のな

かの重要な要素なのである．このような心理的なケアは，医療，福祉，教育の分野において，さまざまな対象のクライエントに対して行われるのである．

b．音楽療法の形態と内容

次に，音楽療法の実践形態について説明する．音楽療法は，集団で行われることもあれば，個別に行われることもある．基本的にはクライエントの状態とニーズによってその形態，持続時間，頻度などは決定されるが，施設の都合などの理由によって決定されることもある．どちらの形態のほうが良いとか悪いとかいうものでもない．集団には集団で行うメリットもあるが，大集団による音楽療法セッションはどうしても大音量になりがちなこと，クライエントとセラピストが関わりにくくなること，個人のニーズに沿いにくくなることなど，さまざまな理由であまり推奨できない．いろいろな考え方があると思うが，人間は社会的な存在なのであるから，一時的に個人セッションをすることはあっても，クライエントの準備が整い次第，できるだけ早く集団セッションに戻すべきである，という考え方もある[3]．

クライエントの参加形態から分類すると，音楽療法には受動的音楽療法と能動的音楽療法がある．受動的な参加とは，主に音楽聴取をすることである．能動的な参加は，クライエントが実際に歌唱する，楽器を演奏する，創作活動をする，音楽に合わせて身体を動かす，などである．どのような内容の音楽療法を行うのかは，クライエントのニーズによって決定される．

c．音楽療法の実際

ここでは，音楽療法の実際の例を多くは紹介できないが，筆者の日本と米国での経験と文献を参考にしながら，いくつか紹介していく．

① 音楽鑑賞

音楽を小グループで鑑賞し，その音楽について話し合う活動を行うことがある．この活動をするときには，話を始めるきっかけとして，いくつかの話し合う項目を作成しておくこともできる．この曲のどんなところが好きか，どんなところが好きでないか，歌手の声は好きか，歌詞についてどう思うか，歌詞のこの部分についてはどう思うか，などである．この活動は，自分の意見を述べる，他者の好みを知る，そしてそれを受け入れる，いろいろな

音楽を知って嗜好を拡大する，自分の感じ方，考え方に気づく，などの訓練をすることができる．

　筆者が米国の精神病院でインターンシップを行っていたとき，6，7人の小グループでリクエスト曲を聴く活動を行う日があった．このとき，ある曲を聴いている途中で一人のクライエントが涙を浮かべて泣き始めたことがあった．その曲が終わって，音楽療法士がそのクライエントに大丈夫かどうかたずね，何か心に浮かんだこと，響いたことがあったのかたずねると，その男性は，その歌の歌詞で今までの自分の人生が思い浮かんだということだった．この男性は多くは語らなかったが，この曲を聴くことで感情体験をして泣くというカタルシス効果があったと思われる．また，自分の人生の一面を表現していると感じられるような曲を聴くことで，自分の本来の感情に気づくことは，症状の改善に向けた治療の一助となる．また，もう一人の男性クライエントは，そのクライエントの肩に腕をまわし，彼をサポートしていることを無言で示していた．この男性クライエントは，グループのメンバーからの理解，サポートを得ることもできたのである．この例に見られるように，音楽は思いがけず人の心を大きく揺さぶる力を持っているのである．

② **音楽を用いたリラクセーション**

　音楽は，それのみを用いて，または自立訓練法や筋弛緩法などの他の技法と組み合わせて，リラクセーションに活用することができる．過度の緊張を解き，心身ともにリラックスすることで不安を軽減する．また普段からの憂慮から心をそらし，ゆったりと音楽に心を預けるようにして音楽を鑑賞することで，リラクセーション反応を促し，偏頭痛や高血圧などの心身症の治療に用いることもできる．この方法では，ある特定のイメージを用いるわけではないが，それでもクライエントから思わぬ反応が引き出されてしまうこともある．見当識に問題があるクライエントや，比較的安定しているクライエントの場合でも，あまり状態の思わしくない日に行うと望ましくない反応が引き出されてしまうことも時々あるので，注意が必要である．

　癒しやリラクセーションが目的であっても，常にBGMを流し続けているような用い方は好ましくない．音楽はマンネリ化してしまい，癒しやリラク

セーションの目的を果たさなくなってしまうからである．また，自分で自ら身体を動かして音楽を止めることのできないクライエントにとっては，好みに合わない，音量が大きすぎて不快な場合などに調整したり止めることができないので，ストレスを負荷することになりかねない．注意が必要である．

③ **GIM（Guided Imagery and Music）**

GIMにおいては，音楽とイメージを用いることで，無意識の世界に隠れている葛藤を意識の世界に運び込み，再体験することで自分の抱えている問題についての理解を深め，解決に向けて治療を続けていく．この治療法は，気軽に用いることは絶対に避けなければならない．この治療法は，そのクライエントがこの治療を受ける準備ができていて，このような治療を受ける意志があるときにのみ，訓練を受けた音楽療法士が行うべきである．

④ **音楽を用いた身体運動**

この活動は，健康維持，身体運動を促す，気分転換，うつ状態の改善や防止などの目的で行われる．また，自己表現を目的として行われることもある．クライエントの好みと身体運動の度合いに合った音楽を選ぶことが必要である．表現を目的として行う場合には，クライエントの羞恥心を助長するような幼稚で稚拙な活動にならないように注意しなければならない．

⑤ **即興楽器演奏**

音楽療法の活動においては，即興音楽を用いることもある．このような活動で，クライエントは自分を表現する，またはその練習をする．このプロセスのなかで，人との関わり方を再現して経験したり，関わる経験を積んでいく．そして，他者との関わりあいを言語を用いずに音楽で行う．

このときに，音楽療法士は，クライエントを困惑させるような状況におかないように注意しなければならない．誰でも，いきなりピアノやマリンバを提示され，「どうぞ自由に弾いてください」といわれても困惑するのではないだろうか．音楽療法では，そのクライエントが自分を表現しやすい枠組みを提供することが必要である．そのためには，音楽療法士に音楽的な技量がなければならない．音楽療法士が，注意深く音楽的な要素を選択して枠組みのある環境を提供し，または音楽療法士自らが音楽を奏で，クライエントがその上に乗って自分を表現しやすいような環境を提供してあげなければなら

ないだろう．また，音楽によって相手に共感を示したり，相手の反応を誘い出す，相手の反応に変化を喚起する，クライエントが感情探求ができやすいように相手を包み込むような場を音楽によって表現して作り出す技術も要求される[4]．

終わりに

　この他にも，多くの活動例があるが，紙面の都合でここでは紹介することはできない．最後に一つ触れておきたいことは，音楽療法は，「自己表現」と称してクライエントやその家族をうんざりさせるような稚拙でくだらないことをさせることにもなりかねない危険性を含んでいる．音楽技術をあまりもっていない音楽療法士や，初心者，自分自身が大人として音楽を楽しんだ経験の乏しい人にそのような傾向が見られるような気がしてならない．このような活動は治療として有効でないばかりか，クライエントの治療に参加する意欲を減退させることになる．音楽は，ただ使えばよいという媒体ではないのである．

　注
（1）http://www.musictherapy.org/　2009年11月30日検索．廣川恵理訳
（2）http://www.jmta.jp/　2009年11月30日検索．
（3）K. E. ブルシア著，林庸二監訳，第6章オルフ・シュールヴェルク，『即興音楽療法の諸理論　上』人間と歴史社，1999.
（4）K. E. ブルシア編，よしだじゅんこ，酒井智華訳，『音楽療法ケーススタディ　下』音楽之友社，2004.

5．心理リハビリテイション

1）心理リハビリテイションとは

はじめに

　心理リハビリテイションは，広義には集団療法，生活指導，臨床動作法による支援，保護者への指導など多岐に渡るプログラムを包括した対人援助活動を意味するものである．本節では，上記の中から，臨床動作法に焦点をあて，心のケアとの関連性について述べていくことにする．

(1) 臨床動作法の始まりと現在

　臨床動作法は，催眠法を応用した脳性まひ児の訓練から始まった我が国発祥の心理療法である．従来，大脳生理学や整形外科学の立場では，肢体不自由は脳や脊髄といった中枢神経系の障害によって「からだが動かない」状態として考えられていた．ところが，催眠状態にある肢体不自由児に"手が動く"という暗示を与えると，麻痺している腕が動くという現象が確認され，これにより，肢体不自由児のからだは「動かないのではなく，適切な動かし方がわからない」という本人の学習上の問題として捉えることが可能となった．この事実に基づき，1960年代後半から1970年代にかけて肢体不自由児の動作訓練法として，臨床動作法が体系化され（成瀬，1973），その後，適用対象の拡大（自閉症，統合失調症，認知症など）に伴い心理療法として注目を集めるに至っている．近年では，スポーツ選手へのトレーニングや高齢者の健康管理，さらには学校におけるストレスマネジメント教育といった領域にも展開しており，「からだを通した心のケア」という観点で広く受け入れられている．

　ところで，「こころ」を扱う上で「からだ」にアプローチするのは何故なのか，もっと言えば，肢体不自由の訓練法が，からだの動きに何ら問題がないように見える人たちの心理療法として有効なのは何故か，という疑問も生じてくるであろう．そこで，次に臨床動作法における「こころ」と「からだ」の関係，その位置づけについて述べるとしよう．

(2) 臨床動作法の中心にあるもの〜「こころ」と「からだ」の関係〜

　臨床動作法は，心理的過程を含めた「動作」という独自の概念を用いていることに特徴がある．それは，人間の身体の動きを"物理的な身体運動"（神経や筋肉の働きに基づく動き）として理解する立場とは異なる．成瀬（1973）は，「動作」を"意図－努力－身体運動という動作図式によって成立するもの"として定義している．すでに述べた脳性まひ児を例にとれば，彼らの不適切な身体運動は，意図や努力といった「こころ」の働きに基づくということになる．よって，神経や筋肉の問題ではなく，「どの身体部位にどのくらいの力を入れる or 抜く」ということを本人が学ぶことが重要視され

ている訳である．臨床動作法においては，クライエントの特徴に合わせた動作課題と呼ばれるプログラムが設定される．独りで座ることが困難な肢体不自由児がいれば，その子どもなりの緊張の仕方・力の入れ方を理解した上で，力の抜き方を体験する為の課題や重力に応じて身体を支える課題などに取り組むことになる．

　さて，「からだ」の問題を支援する上で「こころ」を含めた理解が必要であるとした臨床動作法は，後に「こころ」の問題を支援する上で「からだ」に対してアプローチするという逆転の方法論を産み出すことになった．その経緯については後述するとして，ここで日常例を用いて，我々の「こころ」と「からだ」の関係について考えていくとしよう．

　我々の日常は，「身体を動かす」ことによって成り立っているといっても過言ではない．目覚めてから眠りに就くまでの間に我々は，絶え間なく身体を動かしている．しかし改めて振り返ってみると，それらの一連の動きは，強く意識して生じている訳ではないことに気がつく．例えば，歯を磨く時に「さぁ，肩に力を入れて，肘を伸ばして，左手で歯ブラシを握って，次に右手を伸ばして手に力を入れて，蛇口をひねって……」と考える必要はない．ほとんどの人が，その日の予定を考えながらでも歯磨きをすることは十分に可能なはずである．つまり我々は，自分の身体を動かす（身体運動）ことはできても，どのように動かしいるのか（身体の感じに注目すること）については意外なまでに無知な場合がある．自転車の乗り方を一度覚えてしまえば，その後，乗る機会が無くとも容易に運転ができるように，これらのことはむしろ好都合に働くことがほとんどである．

　次に同じく日常例を用いて，「こころ」と「からだ」の緊張という現象を考えてみよう．あなたの目前に100人の聴衆がいる，皆，話が始まるのを待ちわびながらじっとあなたのことを注目している．このような状況において冷静でいることは容易ではないはずである．俗にいう「（こころが）緊張している」状態に陥ったこの時，「からだ」はどのような状態であろうか．"体が固まってしまう""手足が震える""心臓がドキドキする"誰もが経験したことのある現象が浮かんでくる．もはや，自分の「こころ」と「からだ」が不可分なまでに一体化し，緊張に支配されたこの状況において，我々がどの

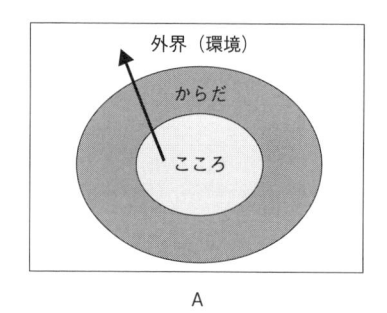

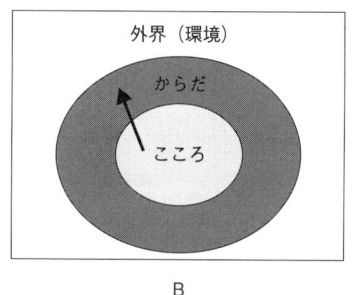

図5-5 「こころ」・「からだ」・「外界」の関係図（出典：千川，1998を一部改変）

ようなことをするであろうか．ただ時が過ぎるのを待つ，ひたすら耐えるという人もいるであろう，一方で，深呼吸をする，手のひらに人という字を書いて飲み込む，目を瞑って成功をイメージするなど方法はさまざまであろうが，総じて，「自分を落ち着かせること」に取り組む人が多いのではないだろうか．後者の取り組みは，いい換えれば，「自分のこころやからだに働きかけをして，緊張状態から距離を取る」ということであり，ストレスの負荷が高い状況や困難な状況において「今，ここにいる自分を確認する」ことでよりよく対処できる可能性が高い．

図5-5には，「こころ」と「からだ」そして「外界（環境）」との関連を示した．図の左側Aは，我々の日常生活における様子，すなわち「こころ」と「外界環境」のやりとりを示したものである．一方，右側のBは，「こころ」と「からだ」の間で生じるやりとりである．

この二つは，どちらかが優れているという訳ではない．大切なことは，我々自身が，環境状況に応じて二つの"方略"を使い分けていくことが求められているということである．

「こころ」と「からだ」は，合わせ鏡のようにお互いを映し出す存在でありながら，時にお互いを全く別の存在へと解離させる．そして，臨床動作法は，「こころ」と「からだ」が持つ上述の特性を考慮した支援技法なのである．

臨床動作法の中核となる理論は，体験治療論と呼ばれるものである．成瀬(1995)は，自分の「からだ」や「こころ」について，あるいは物理的環境

との関係について，新たな認識を持ち，自分自身の存在を確認する"体験"を臨床動作法の最も重要な点として位置づけた．ここでいう"体験"とは，クライエントが直面する内的・主観的な感じや気づき・思いなどを含めた"今，この時に私が感じているもの・こと"を意味するものである．実際の支援に際しては，支援者が設定する動作課題によって，クライエントに生じる"体験"に寄り添い，支え，気づきを促すことが援助者には求められる訳である．この観点に立てば，クライエントが肢体不自由者であるか否かということは，動作者の直接的なニーズが異なる（例："独りで座れるようになりたい"と"職場の人間関係が上手くいかない"）ということはあっても，支援者の態度は同じということになる．この点は臨床動作法を理解する上で，極めて重要な点であるため，以下では筆者が扱った事例をあげながら詳述していくこととしたい

(3) 臨床動作法の実践事例から

ここでは，臨床動作法を活用した二つの実践事例を通して，援助者の支援のありかたやクライエントの変化について紹介していく．なお，本書の目的に照らして，事例の詳細（動作課題の手順等については文末の推薦文献を参照）については割愛し，概略のみを記載することを予めお断りしておく．

以下，本文中の＜　　＞は援助者の発言内容，「　　　」はクライエントの発言内容である．

事例1：「あぐら姿勢で座ることが怖い」と話す脳性まひ者への支援事例
　①クライエント：Aさん，34歳男性，来談当初は仕事には就いていなかった．医学的には乳児期に脳性麻痺の診断を受けている．姿勢面の特徴としては，他者の補助があれば座位姿勢（両股を開いた姿勢で座る"とんび座り"と呼ばれる姿勢）を取ることができるが，自力で姿勢を変えることはできない．知的能力に大きな障害は見られず，言葉によるやりとりは全く問題がなかった．
　②相談のニーズ：「あぐら座りを取り戻したい（できるようになりたい）」という要望がAさんより出された．10年前までは，あぐら座りができていたが，ある日の転倒経験をきっかけにあぐら座りをすることが怖くなってきた．座りたい気持ちはあるが，身体の緊張も強くなっており，「体がついていかない・恐怖感が拭えない」とのことであった．援助者がAさんを支えて，あぐら座りの姿勢をとっ

てもらうと，援助者にもたれかかるように背中を丸めて座る様子が見られた．10秒程で「からだが痛くなってきた」と言い，援助者は，Ａさんの座ることに対する恐怖心に加えて，身体の痛みの問題を扱っていく必要性を感じた．

　③支援方針：脳性まひによる慢性的な姿勢緊張が強いことに加えて，あぐら座りの姿勢を取ることに対する恐怖心と身体の痛みが余計にＡさんの"心身の緊張"を強めているように思われた．そこで，臥位姿勢（寝た姿勢）の中で身体の慢性緊張を緩め，緩んでいる"感じ"を体験すること，その上で，本人が安心して取り組めるとんび座りと目標とするあぐら座りを交互に行いながら，座れている"感じ"を体験することを提案し，Ａさんの同意を得た為，支援を開始した．

　④支援の経過：支援においては，最初に臥位姿勢で緊張の強い身体部位（肩・背中・股関節）に対して"体幹捻り課題"などのリラクセーション課題を実施し，Ａさんが「からだが緩んだ」という感じを得られることから開始した．Ａさんは"力を抜く"という動作課題に対して，一生懸命取り組むあまりに"力が入ってしまう"という特徴が顕著に見られた．そこで，援助者より＜何かしようと考えずに，ゆっくりと呼吸することに集中してみましょう＞と言葉をかけ，Ａさんの体から緊張が抜けてきたところで＜今，上手に力が抜けましたよ＞と言葉かけを行った．このやりとりを通して，徐々にＡさん自身が"力を抜く"コツがつかめてきた様子が見られ，Ａさんも「肩まわりが軽くなった」「腰が伸びる感じが出てきた」と語るなど，慢性的な姿勢緊張を自分で緩めることが習得されていった．次に，援助者が補助しながらＡさんにあぐら座りをしてもらうと，背中を丸めて倒れないように頑張っている様子が見られた．援助者が＜しっかり支えていますから，背中を伸ばしてみましょう＞と言葉をかけてみるが，力を抜くことができず，Ａさんより「股関節が痛いです」「力を抜きたくても抜く感じがわかりません」との発言があった．そこで，援助者にもたれかかるような姿勢をとり，痛みのある股関節に配慮し，＜この辺りなら痛みはありませんか？＞等を尋ねながら，少しずつ上体を起こすように支援を行った．上体を起こしていく過程でＡさんが「まだ大丈夫です」や「あっ，少し痛みが出てきた」等，自分のからだの感じに注目できる場面が増え，その後，「今，痛みが出そうになったけど，力を抜いたら痛みが出なかった」と表現することが見られるようになっていった．股関節の痛みを自分でコントロールできるようになった頃から，背中に入っている慢性的な緊張に対しても，「ちょっと待って下さい，背中を伸ばしてみます」と言い，直後に"スーッと"背中が伸ばすことができるようになってきた．このＡさんの様子を見て，援助者が＜ゆったりと座れていますよ，私が（Ａさんを支えている）手を離しても大丈夫なくらい安定していますから，ゆっくり離しますよ＞と言葉をかけると，Ａさんは"ギュギュ"という感じで背中に力を入れてしまい，援助を外されることへの不安が強いことが理解できた．この様子を踏まえ，以降の支援においては，援助者が言葉かけを少なくして，Ａさんが自分の身体部位をコントロールできることに併せて，少しずつ補助の力を緩め，＜今，とても上手にできてい

5．心理リハビリテイション　147

ますよ＞といったようにAさん自身の取り組みを評価することを中心に支援を進めた．また，併せて，自宅においてもAさんが"自主トレ"と名づけたトレーニングを開始した．主に自分のからだを緩める動作課題を中心として，取り組む際の留意点については，援助者が相談の際に随時，助言を行うことにした．支援開始から3ヵ月後，あぐら座りでゆったりと座ることができるようになってきた．Aさん自身からも「あぐら座りが怖くなくなりました」という発言が出るようになった．この頃より，援助者が補助をすべて外しても，Aさん独りであぐら座りを保持できるようになっていた．その後，Aさんからは「あぐら座り恐怖症を克服できました」と報告があり，相談ニーズの充足に伴い，支援終結とした．現在，Aさんは就労を果たし，親元を離れ自立生活を送っている．

事例2：職場の人間関係に悩むアスペルガー症候群の男性への支援事例
　①クライエント：Bさん，26歳男性，医学的にはアスペルガー症候群の診断を受けている．姿勢・動作の面での不自由は見られないが，初回の面接において表情が固く，話をする時は肩に力を入れて話をする様子（緊張が抜けない感じ）が見られていた．知能検査によるIQスコアは135（成人用知能検査WAIS）と高いが，会話はBさんから一方的に話すことが多く，途中で援助者が話をしても，体を前後に揺すり，落ち着きがない様子で聞いていた．その為，援助者との会話が噛み合わず，「職場でも会話しているうちにイライラとしてきて，それが原因で嫌われて，結局は職場を変えてしまう」とのことであった．
　②相談のニーズ：職場での人間関係を良くする方法を知りたい．色々な本を読んで，人づきあいを良くするように努力したが，何も変わらなかった．自分がダメなのはよくわかっているので，何とかしたいがどうすればよいのかわからない．助けて欲しい．
　③支援方針：援助者が「職場の人と話をしている時，Bさんの気持ちを表現するとどんな感じですか？」と尋ねると，Bさんは「何とかしなければいけないと急き立てられる感じ」と答え，Bさんにとって人間関係のなかで「ゆったりする感じ」がつかめないことが人間関係を築くことの困難さに繋がっているものと考えた．言語面接（カウンセリング）を用いた自分自身への気づきと併せて，臨床動作法を通して「リラックスした身体の感覚」に気づくことを提案したところ，Bさんの同意が得られた為，支援を開始した．
　④支援の経過：支援開始当初は，言語面接を25分行った後，臨床動作法による面接を25分という面接形態を設定した．しかし，前半の言語面接でBさんが一方的に話を進め，次第に興奮する様子が見られたため，Bさんと相談の上，前半に臨床動作法を実施することとした．臨床動作法では，イスに座った状態で，"肩をゆっくりと上下に動かすこと"（肩の上げ下ろし課題）と"目を閉じて，ゆっくりと深呼吸すること"の二つを中心課題とした．Bさんと対面した状態で援助者が＜こうやって，ゆっくり肩を動かして下さい＞と指示を与えると，Bさんは「そ

んなことできます」と少し苛立った様子で課題に取り組む．しかし，Bさんの肩は"ギュ"っと一度に力が入り，力を抜くときにも一気に"ストン"という感じであった．援助者がそのことを指摘するとBさんは「じゃあ，どうやれって言うんですか」と興奮した様子であったため，援助者がBさんの肩に手を当て，動きを手伝いながら，＜こういう風に動かしてみましょうか＞と提案を行った．これに対して「自分が考えている動きと随分と違う」と違和感を口にしていたBさんであったが，援助者と一緒に繰り返して動きの練習をしていると，「あぁ，わかった．ちょっと独りでやってみます」と言い，援助者に向かって「こういう感じですかね」と肩をゆっくり動かして見せてくれた．最初の動きとは随分と異なり，落ち着いた様子で動作に取り組めていたため，援助者が＜今，とてもゆったりと動かせていますよ，そういう風に動かしてみると，どんな感じがしますか＞とBさんの感じを確かめることを行った．Bさんは「自分がしているのかよくわからない変な感じ」と自らの動作を表現したが，その後の面接においても繰り返していくなかで「"ゆっくり"ってこういうことなんだ」とからだの感じを正確に把握している様子がうかがえた．

　同様のことは，深呼吸の動作課題においても見られた．当初は，援助者が"スーーー（止める）ハーーー"というモデルを見せてもBさんは"スーハー"という感じで深呼吸に取り組んでいた．この様子を受けて，ゆっくりと吸う・止めて間を取る・ゆっくり吐き出すという三つのプロセスを一つずつ練習する方針を立て，正しくできている時に＜Bさん，今のは上手にできましたよ＞と一つの動作を確実に習得してもらう手続きを組んだ．その後，二つを続ける（吸う＋止める），三つを繋げて深呼吸をするというステップで練習を行った．ゆっくりと深呼吸ができるようなったBさんは「深呼吸すると体がフワッとします」とからだで生じている変化に気づき，言葉で表現する場面が多くなっていった．

　上述したような動作体験を踏まえて，面接の後半に言語面接を行うと以前に見られていたような"切迫した感じ"が弱まり，Bさんの発話中に"間をとる"ことや援助者の発言に対して"うなづく"様子が見られるようになってきた．これらの変化をBさんに伝えると「あまり意識していないけどね，でも最近，会話が少し苦痛じゃなくなってきたかなぁ」とのことであった．

　4ヶ月後，Bさんより「今の職場で何とかしなければならないと思っていたが，自分の趣味を活かせる職場（本屋）に再就職することにしました．職場の人たちとも上手くやっていける自信がついた」と報告があり，相談面接を終結した．Bさんは現在も本屋に勤務し，同僚との付き合いも順調である．

　改めて述べるまでもないが，ここで取り上げた二つの事例は，肢体不自由があり，それを改善したいと願っている方（Aさん）と肢体不自由はないが人間関係に困難さを感じ，それを改善したいと願っている方（Bさん）と

いう表面上は全くニーズの異なるものである．それにも関わらず，クライエントに動作課題を提示し，彼らが直面する"体験"に援助者が寄り添い，支え，気づきを促したという点においては共通しており，結果的にクライエントのニーズが充足されるに至ったという点に着目する必要がある．

加えて，二つの事例に共通する点は，自分の「からだ」に適応できない感じが持ち越される形で恐怖心や人間関係といった「こころ」の問題に波及していると思われることである．彼らは，「こころ」が発する漠然としたメッセージを敏感に受け止めている一方で「からだ」に生じる具体的な"感じ"に向き合うことが困難であり，それによって，今の自分に向き合うことに苦しんでいたように思われた．「からだ」を通して"今ここで起きていること"に目を向けることで，現実的に対処できる主体性・能動性が育まれていったという点でも二つの事例を繋ぐことはできると思われる．

さて，ここで取り上げた二つの事例に描かれているクライエントの困り方・生きづらい感じは特殊な事柄であろうか．筆者にはそのように思えない．むしろ二つの事例は，さまざまな事柄が目まぐるしく移り変わる現代社会に生きる我々にとって大きな示唆を与えるものであると考える．近年，その存在がよく知られるようになってきた適応障害は，ストレス要因によって，不安や抑うつ，慢性的焦燥感といった自覚症状を抱えるものであり，誰にでも訪れる可能性のある障害のひとつである．これらは物理的環境に適応することに「こころ」がとらわれ過ぎた結果，「こころ」や「からだ」が不適応状態に陥ってしまうというケースも少なくない．よって，今一度，「からだ」を通して「こころ」を知る・整えるといった営みが見直される必要があるだろう．臨床動作法は，現代を生きるすべての人々にとって重要な命題を含む対人援助技法なのである．

先人に曰く「己を知り，相手を知れば百戦して尚，危うからず」，自己理解と（他者理解も含めた）環境を知ることは我々にとって容易ならざる課題ではある．しかし，こころのケアに携わる援助者を目指す者にとっても自らの資質を高める上で避けて通ることのできない課題であろう．まずは，文末にあげた書籍等を参考にしながら，自らの「からだ」に存在する緊張（固さ）に気づき，それを緩めるための「こころ」の活動に注目してみることか

ら始めてみることをお勧めする.

おわりに
　本節では，心理リハビリテイションのなかでも主に，臨床動作法について中心的に論じた．臨床動作法に関する研修会等は全国各地で開催されているため，興味のある方は，日本臨床動作学会のホームページ（アドレスは本節末参照）を参照されるとよいだろう．
　また，冒頭でも述べたように，心理リハビリテイションは，集団療法や生活指導等も含めた包括的な対人援助プログラムである．臨床動作法を含めて幅広く研鑽を積みたいという方は，心理リハビリテイションキャンプという短期集中の療育キャンプに参加されることをお勧めする．こちらについては，日本リハビリテイション心理学会のホームページ（アドレスは本節末参照）などをご参照頂きたい．

　　臨床動作法・心理リハビリテイション関連ホームページ（URLは2009年11月現在のものである）
　　日本臨床動作学会　http://www.dohsahou.jp/
　　日本リハビリテイション心理学会　http://wwwsoc.nii.ac.jp/jarp/link.html

2）心理リハビリテイションの地域援助実践事例
　心理リハビリテイションとは，動作法を中心とした臨床的活動である．本節では，現在，筆者が関わっている愛知教育大学での心理リハビリテイションを中心としながら，その活動の概要について紹介していくこととする．

（1）愛知教育大学での心理リハビリテイションの成り立ち
　現在，愛知教育大学では，月例で動作法による訓練会を実施している．これは，元々は，この本の編者でもある池田勝昭氏が1973年（昭和48年）に愛知教育大学に赴任されたことを契機に，当初，肢体不自由のある子どもやその保護者が集まり，本学にて動作法による訓練会が始められたものであり，その後，しだいに形を変えながらも現在まで36年にもわたって続いている大

変歴史のある訓練会である．当初はまだ，動作法の創成期でもあり，愛知県内はもとより，東海地方ではまだ動作法の実践は行われていない時期であった．池田氏を中心とした本学での実践が母体となり，その後，三重県や岐阜県などにも心理リハビリテイションが広がっていった経緯がある．

現在では，愛知教育大学教員である筆者（森﨑）と船橋氏，加えて，動作法のスーパーバイザー資格を持つ県内の肢体不自由養護学校教員（4名），社会福祉法人職員（1名）が指導者（スーパーバイザー）として動作法による訓練を中心に活動全体の指導にあたっている．また，訓練会の運営は子どもたちの親の会である「愛知心理療育親の会」が母体となっており，当初より愛知教育大学（障害児教育棟）を会場として月例での訓練会を実施してきている．

(2) 月例訓練会の構成

では，現在行っている愛知教育大学での動作法の月例訓練会について実際の活動の概要を紹介していくこととする．訓練会全体の構成についてであるが，対象となる子どもたち（トレーニー）は，本学のある愛知県西三河地区を中心に県内各地から集まってきている．現在子どもの会員数は40名弱であり，毎月の参加人数は，行事などの関係で時期によって多少変動するが，毎月30名程度となることが多い．

子どもの障害のタイプは，大よそ，肢体不自由が半数，そして，知的障害・自閉症（自閉性障害）が半数というところであり，障害の程度についても重度から軽度までさまざまなタイプの子どもたちが集まっている．また，年齢も学齢を中心に幼児から成人まで幅が広い．

動作法では，これらの子どもたち（トレーニー）を，トレーナー（援助者）が基本的にマンツーマンで訓練を担当する．愛知教育大学での月例会においては，筆者や船橋氏が日頃指導している本学特別支援学校教員養成課程の学生や県内（一部県外からも）の養護学校の現職教員がトレーナーとして子どもの訓練を担当している．そして，1人のトレーニーと1人のトレーナーが1組となり，それら4〜5組を1班（グループ）としている．その1つの班に1人のスーパーバイザーがつき，その班の指導にあたっている．愛

知教育大学の月例会の場合，現在は全体で6〜7班での指導体制となっている．

また，各班には，直接子どもの訓練を担当するのではなく，必要に応じて補助的に訓練に関わるサブトレーナーが2名ほど配置されている．例えば，身体の大きい成人のトレーニーなどの場合，トレーナー1人では身体を安定して援助することが難しい場面などもあるため，そのような際に訓練の補助に加わるのである．また，このサブトレーナーは訓練を間近で見ながら訓練を学んでいく側面もあり，初心者が配置されることが多い．我々の月例会では，学部の1年生の学生がつくことが多い．

以上のように，本学での月例会全体の構成は，大よそ，トレーニーが30名，トレーナーが30名，保護者が30名，スーパーバイザー6〜7名，サブトレーナー10数名となり，毎回100名を超えるほどの規模となっている．内容的にも，スーパーバイザーが充実しており，トレーナー，サブトレーナーも豊富で，指導体制全体としてかなり充実した体制といえる．

なお，これは全国的に見ても最も大規模で体制の充実したな訓練会の一つといえるものであるが，動作法の訓練会が全国どこでもこのような形式で行われているわけではない．本学での月例会の場合，大学を会場にして活動全体にも大学が大きく関与していることが，このような体制をとれる大きな要因となっているのである．他の地域の場合でも，このように大学が関与している場合（それ自体は多くはないが）は比較的規模が大きく充実した体制で行われているケースが多い．

（3）訓練会のスケジュールと活動の概容

愛知教育大学での訓練会は，本学の障害児教育棟1階の最も広い教室を会場として，毎月の第3日曜日に行っている．始まりの時間は朝の10：00であり，その時間に近づくとたくさんの子どもたちやお母さん方，現場の教員の方々が会場に集まってくる．本課程の学生はそれより早い時間に集合し，会場の準備を済ませている．動作法は特に器具を必要としない発達援助法であり，会場は訓練用のマットのみが一面に敷かれているだけである．

訓練会の始まりは朝の会（始まりの会）である．初めに私が挨拶をし，そ

れから親の会からも一言挨拶を頂く．そして，その日のトレーニーとトレーナーの組み合わせが発表される．組み合わせは，都合でお休みなどがなければ1学期間はできるだけ同じ組み合わせになるように配慮してある．その間は，班についてもできるだけ同じ班で，同じスーパーバイザーに指導してもらうようになっている．毎回，担当者が変わってしまうのでは訓練の内容を積み上げていくことが難しい面もあり，できるだけ継続性を重視しようとするためである．そのため，以前は，年間を通してできるだけ同じペアになるようにしていた時期もあるが，上手くいくペアの場合はよいが，なかには難しいペアも見られることもあり，その辺りを勘案し，現在では1学期間の担当継続という方針に落ち着いている．ただし，実際には行事や体調の都合などでお休みになることもしばしばあるため，その月ごとに担当が変わってしまうケースも見られる．

　朝の会の後，10：20から1回目（午前）の訓練に入る．訓練時間は50分間である．訓練開始の際は班ごとに円になって集まり，保護者から最近の家庭や学校での様子や体調のこと，特に肢体不自由児の場合は身体の状況などについてしばらく話をうかがい，それから班ごとに挨拶をして訓練を始める．訓練の時間はトレーニーとトレーナーが訓練室に残り，保護者は子どもから離れて別室で親の会のミーティングを行う．会には程度の差はあれ，さまざまな年齢で同じ障害のある子どもが多くおり，お母さん同士で共通した苦労や成長に伴う将来的な見通しなどを分かち合い理解していくことができる．このように，月例会は親同士の集いの場としての意味も大きいのである．

　訓練の時間は，大きな会場の中で班ごとに訓練を行う．各班に肢体不自由の子どもや知的障害，自閉的な子どもなどが配置されるようにしてあり，ペアごとに動作法での取り組みを行う．広い会場のあちこちで，子どもの実態に合わせて，それぞれいくつかの動作課題にペアで一緒に取り組んでいく様子が見られる．そして，その間を各班のスーパーバイザーが巡回しながら支援の必要なペアの所に行き，トレーナーに訓練の進め方を説明したり，スーパーバイザー自身も子どもと訓練を行いながら具体的な訓練の手続きをトレーナーに伝えたりして班全体の訓練の指導を行っていくのである．

　引き続き訓練の後は，トレーナー，サブトレーナー，スーパーバイザーに

より，班ごとにミーティングを行い，スーパーバイザーの指導の下，午前の訓練についての振り返りと午後に向けた動作法による実践についての確認等を行う．

　続いて昼食となる．昼食は，親の会の方であらかじめ人数分のお弁当を取り寄せていただいており，各自それを受け取って席に着く．トレーニーとトレーナー，保護者がペアとなって，班ごとに近くに座り，初めに全員で「いただきますの歌」を歌ってから食べ始める．食事の後は，トレーニーとトレーナーは集団療法の時間であり，一緒にゲームなどの活動を行い，それを通して関わりを深めていく．また，保護者は研修の時間となり，スーパーバイザーにより動作法に関する話や実技指導などが行われる．

　その後，2回目（午後）の訓練（50分間）となる．午後の訓練では，午前中に既に訓練を行っていることや，ミーティングを行っていることもあり，各ペアとも取り組みが深まることが多い．そして，少しの休憩を挟んで，最後の3回目の訓練（30分間）となる．3回目の訓練は親子訓練であり，保護者も一緒に訓練を行うことになる．初めにトレーナーから，その日，主に取り組んだ動作課題を実際に行ってもらい，その日の取り組みの様子などが説明される．そして，保護者も可能な範囲で家庭でも取り組んでいけそうな動作課題を一緒に行うのである．

　これは，保護者自身も子どもの状態や動作法による援助の方向性，訓練手続きなどを理解しておくことが大切なためである．また，月例会は月に1回であり，その間，家庭においてもある程度の取り組みを続けてもらうことが必要であるからである．特に肢体不自由児の場合は，日頃から身体を動かしていかないと身体が硬くなりやすいため，日常的な身体の手入れのような感覚で，短時間でも良いので家庭でも継続されることが望ましいのである．

　3回目の訓練が終わると帰りの会となり，子どもたちと保護者の方のスケジュールは終了となる．トレーナーとスーパーバイザーは，引き続き班別でのミーティングを行い，その日の取り組みについての振り返りと，今後に向けた訓練の方針や手続きの確認などがなされる．

　そして，ミーティングに引き続き，最後に研修を行う．なお，研修では，実技研修を行うことが多く，その日の関わりのなかで，取り組みが難しかっ

た動作課題などについて，具体的な手続きをボディーワークを通して確認していく．各トレーナー同士がペアとなり，スーパーバイザーの指導を受けながら，お互いに身体を通してその働きかけのあり方を検討していくのである．研修が終わると全てのスケジュールが終了となる．

(4) 月例会での各活動プログラムの意義について

　このように，動作法の月例会は動作法による訓練を中心としながら，親の会や集団療法，研修の時間もあり，また，食事など生活場面も共にしながら活動を行っているのであり，このような活動全体を心理リハビリテイションというのである．ここでは，心理リハビリテイションにおける，それぞれの活動について今少し説明をしたい．

　まず，訓練会での訓練の様子についてであるが，肢体不自由のある子どもの場合，身体が全体に硬くなりやすいため，体幹や肩周りを大きく動かしながら身体全体の硬さ（筋緊張）を弛めていったり，できるだけ一人で座位姿勢や立位姿勢を保持することなどを中心に取り組んでいくことが多い．例えば，より重度な子どもの場合では，まだ座位姿勢を一人で保持することが難しいため，あぐら座の姿勢でできるだけ一人でお座りをしていくような課題がより重要となり，軽度な子どもの場合はできるだけ一人で立位姿勢を保持できることや，歩行などを安定させるために左右それぞれの脚でしっかりとバランスをとっていくようなことを中心に取り組むことなどが必要になることが多い．

　また，自閉的なタイプの子どもの場合，人（他者）と上手く関わることが難しかったり，自分のケースで行動しがちで相手に合わせて行動することが難しいケースが多い．そのため，動作法の訓練では，援助者と子どもが直接向き合いながら，身体（動き）を通してじっくりとやりとりをしていくことが大切な課題となっている．また，自分だけのペースではなく，相手（援助者）に合わせながら，じっくりと自分の身体を動かしていくなかで行動の自己調整力を育んでいくことも重要な課題である．

　このように，子どもによって取り組む課題は少しずつ異なるが，いずれにしても訓練に取り組んでいくことで少しずつ良い方向に進んでいく様子が見

られてくるものである．半年，1年と継続していく中では，一人では上手く座ることのできなかった重度の肢体不自由の子どもが座位姿勢をとれるようになったり，一人で立てなかった子どもが立位姿勢をとれるようになったりするケースも見られてくる．また，なかなか上手くやりとりのできなかった自閉の子どもが，相手に合わせて身体を動かしながら，しっかり目を合わせてじっくりとやりとりできるようになっていくケースも見られてくる．また，まだ幼なかったり，多動でなかなか落ち着いてトレーナーと一緒に動作課題に取り組むことが難しかった子どもでも，長く経験していくうちに，しだいに落ち着いて動作課題に取り組むことができるようになっていく様子が見られてくるものである．

　次に，先にも少し触れたが，親の会についてであるが，さまざまな障害児を持つ親同士が集うことになり，自分の子どもの場合と共通する困難や異なる部分など，同じ立場で体験を通して想いを分かち合うことが可能となるところがある．また，同じタイプの障害でも年齢的に広がりがあるため，先輩の親からさまざまな体験談を聞くことができ，子どもの将来的な見通しなどについても持ちやすくなる．障害児臨床においては親のカウンセリングなども行われているが，障害のある子を抱える親同士でなければ語り合うことのできない面もあり，そのような意味で親の会は心理臨床的にも非常に大きな意味合いを持つものといえる．実際，親御さんたちは，親の会の時間だけでなく，合間合間にお母さん同士で和気あいあいと楽しそうに話をされていることが多い．動作法の月例会は，訓練だけではなく，このような障害のある子を持つ親同士の集いの場としての意味合いも大変大きいのである．

　また，心理リハビリテイションでは，集団療法や食事場面など，動作法による訓練以外にも子どもと一緒にさまざまな活動を行っている．動作法での取り組みそのものは身体を通し子どもとマンツーマンでじっくりと関わっていくことになるが，集団療法ではトレーニーとトレーナーがペアになりながらも他のメンバーとさまざまに関わりながら集団としての活動を行い，より幅広く他者と関わっていく体験をすることになる．また，絵や工作などの制作活動，あるいは遊びなどを通して，子どもたちのさまざまな自己表現を促していくことにもなるのである．

食事場面など，日常的な活動を子どもと共にすることも心理リハビリテイションの特徴である．このような日常的な子どもの実態をよりよく踏まえた上で発達援助のあり方を検討していくことがまず重要であるし，その上で，今行っている訓練の内容がこういった日常的な活動にどのように繋がるか検討していくことが必要であるからである．このような点は，集団療法での活動についても同様のことがいえる．訓練そのものだけでなく，日常的な活動や集団での活動などさまざまな場面での子どもの実態をよく捉え，訓練との繋がりについてさらに深く検討していくことが大切なのである．

　また，トレーナーの活動として研修の時間も設けられている．これはいうまでもなく動作法の援助者としての技能を高めていくためのものであり，動作法の考え方や具体的な技法（援助技術）を習得していくためのものである．研修を重ねていくことが援助者として重要であるのはどのような援助技法も同様であろうが，動作法は子どもに対して身体を通した働きかけを基盤とする援助技法であり，特に実際に身体を使った実技研修（ボディーワーク）を重視している．動作法には，さまざまな子どもにある程度共通して設定される基本的な動作課題があり，その一定の援助の基本的な「型」を習得することがまず求められる面があるのである．特に肢体不自由のある子どもに対する動作援助は，身体のどの部位をどれくらいの力でどのように保持し，また姿勢を獲得していくために必要な動きを身体を通していかに伝えていくかなど，正確な援助を習得していく必要があるからである．

　なお，このように研修専用の時間も設けられてはいるが，むしろ，動作法による訓練の時間や，それだけでなく心理リハビリテイションの活動全体のなかに，実践を通した貴重な学びの機会がある．実際に，養護学校などの現職教員も研修を目的に多く参加しており，肢体不自由の養護学校においても動作法が自立活動の時間における指導に活用されているのである．

　また，本学の学生にとっては，動作法という一つの発達援助法を習得していくことも重要であるが，それだけではなく，まずはこういった子どもたちと実際に触れ合いながら，実践経験を積むことそのものに大きな意味があるし，さらには，その保護者や現職教員の方などとも活動を通してさまざまに交流の機会を持ち，社会的に意義ある対人的な経験を積む貴重な機会とも

なっている．このように，心理リハビリテイションは，障害児教育に携わる者，また，これから現場に出て携わろうとする者にとって，その活動全体を通して大きな研修の場となっているのである．

(5) 愛知教育大学での週例訓練会

これまでのところは，本学での動作法の月例訓練会についてその概要を紹介させていただいた．実は，本学では，月例会だけではなく，筆者の方で週例での動作法の訓練会も行っている．先ほど紹介した本学での月例会は規模の大きなものであるが，実践上の観点からすると，やはり月に1度だけではなく，より頻回に実践できる方が望ましいことはいうまでもない．この週例会は，当初，月例会だけではなくさらに動作法での訓練を特に希望される保護者の要望があり，筆者と筆者の研究室の学生で実践を開始したものである．

なお，週例会も本学の障害児教育棟で実施している．ただし，週例会の方は，平日の夕方（15：30～17：00）の短い時間ということもあり（下校後に大学に来るため），子どもの数も10名弱と小規模であり，比較的小さめの訓練室で実施している．やはり，マンツーマンでトレーナーが子どもにつき，筆者がスーパーバイザーとして指導に当たっている．トレーナーは筆者の研究室の学生が中心であり，日頃から本学での動作法の月例会にも継続的に参加している学生である．

また，この他にも，愛知教育大学の学外になるが，本学の所在する刈谷市内にある幼児通園施設と連携し，その通園施設でも短時間ではあるが毎週動作法の訓練会を実施している．この通園施設は肢体不自由児を中心に知的障害児や自閉症児なども在籍しており，そのなかで保護者が希望する子どもについて，毎週平日の午後（13：30～14：30）に動作法での訓練を行っているのである．訓練会に参加する園児は，体調等の都合により週によって多少変わるが，毎週15名前後である．やはり，日頃筆者が指導している本学の学生とその通園施設の職員がトレーナーとしてマンツーマンで動作法による実践を行っている．

これらの週例訓練会は時間的には短時間であるが，毎週実施することがで

きるため，訓練の効果も表れやすい．特に通園施設での訓練会は，今後の発達的な余地の大きい就学前の幼児を対象とするものであり，半年，1年と訓練を継続していくなかで，一人でお座りのできなかった重度の肢体不自由児がお座りできるようになったり，まだ一人で立てなかった子どもが立位姿勢を保持できるようになったりと，大きな発達的変化が見られるケースが多い．

このように，活動を通して明確に子どもが発達していく姿が見られることは，保護者にとっても極めて大きな心理的影響を及ぼすものである．特に通園施設の場合，子どももまだ幼く，保護者としても子どもをどのように抱えて行くべきか思い悩むケースも少なくない．訓練を通してその子の障害そのものがなくなる訳ではないが，子どもの発達や頑張る姿を目の当たりにすることで，それまでよりも，保護者がより積極的に子どもに向き合うようになっていくケースも見受けられるのである．

(6) 全国的な心理リハビリテイションの展開について

これまでは，筆者が日頃関わっている愛知教育大学での動作法の訓練会を中心にその活動について紹介させていただいた．冒頭でもふれたように，本学での月例訓練会は歴史があり，大学で実施していることもあり，訓練会としては規模の大きなものである．しかし，全国各地で行われている活動全体を見てみると，大学とは別に地域の養護学校教員などが中心となって指導を行っていく，比較的小規模な形での実施形態が多い．

一般的な形としては，地域の障害のある子どもたち（保護者も）が10名前後，多い地域では20名ほど集まり，地域の養護学校教員や施設職員がトレーナーとして訓練を担当し，そのなかで，スーパーバイザーやそれに準ずる指導力のある教員などが全体を指導するような構成である．ただ，地域によっては養護学校教員や施設職員の参加があまり得られないケースも少なくなく，そのような場合，保護者自身がトレーナーとして子どもの訓練に携わり，地域のスーパーバイザー，あるいは一定の指導力のある養護学校教員などが活動全体を指導するケースも少なくない．

また，スケジュール的にも地域によってさまざまに工夫されながら実施さ

れている．愛知教育大学の月例会は，月１回午前午後と終日を使っての活動を行っているが，地域によっては，月に２回土曜日の午前中に実施されていたり，月１回で土曜日の午後のみの実施というケースもある．その際の訓練の時間や回数などもその会にとって活動しやすい形式に工夫されている．これは，地域の学校などとの関係で比較的参加しやすい日程ということが優先されることが多いからであるが，それだけではなく実施する会場などの都合もあり，時間や曜日が制限されることもあるからである．

　このように，その地域によって実施のあり方はさまざまではあるが，心理リハビリテイションの活動は，現在では全国各地で広く行われている．活動の盛んな県ではいくつかの訓練会が行われている所もあり，ほとんどの都道府県で少なくとも１箇所は心理リハビリテイションの訓練会組織がある．また，どの地域の場合も，多くは地域の養護学校教員がトレーナーとして訓練を担当したり，活動全体を指導するケースが多い．それは，養護学校での教育活動，特に肢体不自由養護学校（肢体不自由教育の領域）での自立活動の時間においては，動作法は指導上欠かせない援助技法の一つとなっているからである．

おわりに

　以上，紹介させていただいたように動作法を中心とした活動，心理リハビリテイションは，現在，全国的に広く実施されており，それらの活動を通し，子ども，保護者，教育者や施設職員などが有機的な繋がりを作っており，それぞれの地域において一つの重要な臨床的拠点と成っているのである．子どもを中心としながら，保護者にとっても，また，援助者にとってもそれぞれ意義のある臨床的な場と言える．

　もし読者の中で，動作法という発達援助法に関心を持つ方がおられるならば，本などを通して知識を得ることも大切ではあるが，やはり，このような活動の場に実際に加わってみることをお勧めする．心理リハビリテイションとはこのような活動の全体であり，動作法を中心としながら子どもと共にさまざまに活動をしていくことそのものが心理リハビリテイションだからである．

6. 作業療法

(1) 作業療法 (Occupational Therapy : OT)
作業療法とは心と体のリハビリテーションである．
日本作業療法士協会では次のように定義されている．

> 身体又は精神に障害のある者，またはそれが予測される者に対し，その主体的な生活の獲得を図るため，諸機能の回復，維持及び開発を促す作業活動を用いて，治療，指導及び援助を行うことをいう．

※作業活動：日常活動の諸動作，仕事・遊びなど，人間の生活全般に関わる諸活動を作業療法の「作業活動」と呼び，治療や援助もしくは指導の手段としている．

(2) 作業療法の対象
子どもから高齢者まで生活するうえで障害を持つ全ての人が対象である．
1) 身体障害：脳卒中，脊髄損傷，リウマチ，パーキンソン病　など
2) 精神障害：統合失調症，躁うつ病，アルコール依存症　など
3) 発達障害：脳性麻痺，精神発達遅滞，自閉症　など
4) 老年期障害：認知症，脳卒中，骨折　など

(3) 作業療法の目的
作業療法では次の三つの機能の維持・改善を行う．
1) 基本能力（運動機能・精神機能）
2) 応用能力（食事やトイレなど，生活で行われる活動）
3) 社会生活適応能力（地域活動への参加・就労就学の準備）

またこの他にも
4) 環境（人的環境・物理的環境）の調整
5) 社会資源や諸制度の活用の促進

などが挙げられる．

（4）回復時期ごとの作業療法

① 急性期

病気やけがの初期段階で，全身管理を必要とする時期である．

症状にあわせて心身の基本的な機能の改善を援助すると共に，新たな機能の低下を予防する．具体的には，

1）ベッドから起きる，椅子に座る練習
2）安定した姿勢を保つ練習
3）安心できる環境で心地よく体を動かす体験

などが挙げられる．

② 回復期

病気やけがの状態が安定し，機能や能力の改善が期待できる時期である．

生活していくために，不足している機能を改善し人それぞれに応じた生活の方法を習得する．具体的には，

1）残された機能や能力をうまく使い，車椅子からベッドに移る練習
2）靴の着脱の練習
3）調理や公的機関の利用など社会生活を営む練習

などが挙げられる．

③ 維持期

個人の生き方を中心に援助を行う時期である．

社会の中で，人それぞれが生きがいを見つけ豊かに生きるための生活の実現を図る．具体的には，

1）人と共同で作業をし，対人交流を深める
2）趣味活動を見つけ生きがいにする
3）体操など身体ケアを中心に，健康維持を図る

などが挙げられる．

（5）作業療法の実践事例

〔事例の概要〕

アルツハイマー型認知症の80歳前半の女性（Aさん）で，50歳中頃の時，夫が死去した．目立った趣味はなく，誰にでも世話を焼く性格だった．

状態としては，中等度痴呆．長期記憶は保たれているが，短期記憶の低下は著明である．手工芸活動へ参加を促すも，「出来ない・自信がない」ことを理由に拒否することが多く，自己評価が低下している

〔入院に至る経過〕
80歳前半より物忘れが目立つようになる．グループホームに入居するも，仕事をしなければならない，と出歩くようになり対応困難にて認知症病棟へ入院となる．

〔病棟での様子〕
徘徊がみられ，落ち着きに欠く状態であった．他者には話し掛ける場面もみられ，対人交流がみられる．ADLはほぼ自立しているが，夕方になると帰宅要求の頻度は増える傾向にある．短期記憶障害のため，説得してもその場では納得するがすぐに訴えを繰り返すなど，落ち着きのなさや不安感が目立っている．

〔作業療法の方針〕
"自己評価の低下，落ち着きに欠ける，刺激の少ない環境"を問題点とし，無為に過ごす時間を少なくすることで落ち着きを取り戻すことを基本方針とした．

〔作業療法の経過〕
第1期（個別作業療法を拒否：第1～2週）
作業療法士の声かけには応じるが，個々の能力が際立つ手工芸活動法は「自信がない」と拒否．病棟内を不安そうに徘徊することが目立つ．

第2期（介入の工夫：第3～8週）
作業療法活動以外での声かけの継続を通し，作業療法士との面識が深まった．次第に元々の世話好きな性格が表れ，作業療法士の活動準備を手伝うようになる．また，手工芸活動へ見学からの参加を促し，作業を行わなくても良いことを保障することで徐々に活動への抵抗が軽減し，作業療法活動場面に参加する時間が週2～3回に増加する．

第3期（作業療法へ継続参加：第9～12週）
手工芸活動への抵抗はほとんどみられなくなり，週5回自ら活動場面に来所するようになる．時折不安そうな表情になることがあるが，作業療法士の顔をみると自ら仕事がないかと申し出るようになり，作業療法の準備・片付けが役割として定着する．またこの頃より病棟内で観葉植物を栽培するようになったのを期に，水遣りを依頼．継続するようになる．

第4期（落ち着いた生活を過ごす：第13週～退院）
作業療法へは自ら参加する．活動時間内，落ち着いて過ごすようになり準備・片付けも積極的に行う．判断力の低下から机のセッティング時に他患者とのトラブルがあるが，作業療法士がすぐに介在できる状況であり，目立ったことには発展しない．

夕方の帰宅要求は継続していたので，別のものに気が向くよう，この時間帯に合わせAさんの得意とする，計算ドリルを導入する．実施はスムーズで継続した

取り組みが可能であり，帰宅要求も軽減する．
　状態の安定に伴い，元のグループホームに退院となり作業療法も終了となる．
　〔考察〕
　行動観察により，自己評価の低下や刺激の少ない環境が徘徊や帰宅要求の要因になっていると推測された．そのため作業療法へ参加することで生活の幅を広げ，また役割を持つことで自己評価の向上を図ることができるよう努めた．作業療法への参加時間が増加することで生活のリズムが安定し，徘徊や帰宅要求の軽減につながったと考えられる．また，職員との信頼関係の向上や病棟生活へ慣れたことでAさんの持っていた世話好きな面が発揮され，作業療法活動として役割の提供を行うことができた．役割ができることで自己評価の向上につながり，不安感が軽減でき，落ち着いた病棟生活を過ごすことができようになったと考えられる．

　山根（作業療法士・日本作業療法士協会副会長）は著書「作業療法の詩」の中で作業活動について下記のように表している．作業療法がこころに働きかける意味をわかりやすく詠っているので紹介しておきたい．

　　ひとと作業活動

　　　なにもしたくないとき　　なにもできないとき
　　　ひとはただ歩き　　ひとはただ土をこね　　ひとは音に身をまかせる

　　　なにをしているの　と聞かないで
　　　紙を切る　サクサクと　　アートナイフで　紙を切る
　　　なにもしたくないから　できないから
　　　歩き　土をこね　音に身をまかせ　　ただ紙を切る

　　　ひとは　作業活動を楽しみ
　　　ものを創り　歌い　描き　表す

　　　ひとは自らがおこない　　話し　伝え　いとなみ　日々を暮らす
　　　ひとが　楽しみ　おこなうとき
　　　萎えたこころとからだに　力がよみがえる
　　　　　　　　　　　　　　　　　　　　（山根寛：作業療法の詩　より）

参考文献

1.〜2.3)
（1）国谷誠朗『孤独よさようなら　母親からの脱却』集英社，1978.
（2）佐治守夫，岡村達也，保坂亨『カウンセリングを学ぶ』東京大学出版会，1996.
（3）牛島定信『精神分析学』放送大学教育振興会，1998.
（4）春日作太郎『こころの悩みを糧として』滝沢武久編『はじめての教育心理学』八千代出版，2003.
（5）田上不二夫『実践スクール・カウンセリング』金子書房，1999.
（6）竹内敏晴『ことばが劈かれるとき』筑摩書房，1975.
（7）竹内敏晴『「出会う」ということ』藤原書店，2009.
（8）原野広太郎『教師のための児童生徒理解』金子書房，1989.
（9）ロヂャーズ，Cliennt-cennteredtherapy: It'scurrenntplactice, implications and theory. Houphton Mifflin, 1951.
（10）ロヂャーズ「パーソナリティ理論」『ロヂャーズ全集4巻』岩崎学術出版，1967a.
（11）ロヂャーズ「人間論」『ロヂャーズ全集4巻』岩崎学術出版，1967b.

2.4)
（12）福屋武人編『現代の臨床心理学』学術図書出版社，2002.
（13）中村伸一「家族療法」p.120. 中島義明ら編集『心理学辞典』有斐閣，1999.
（14）中釜洋子「臨床心理学キーワード（52）家族療法・関係療法・システミック療法/中立性，多方向への肩入れ/ジェノグラム」p.828-830『臨床心理学』金剛出版，2009.
（15）石川元「システム論的家族療法」p.343. 安村直己「家族療法」p.338-343. 氏原寛・小川捷之・東山紘久・村瀬孝雄・山中康裕共編『心理臨床大辞典』培風館，2002.

2.5)
（16）河合隼雄『箱庭療法入門』誠信書房，1969.
（17）木村晴子『箱庭療法─基礎的研究と実践』創元社，1985.
（18）岡田康伸『箱庭療法の基礎』誠信書房，1984.

4.1)
（19）増野肇『サイコドラマのすすめ方』金剛出版，1990.
（20）Vinogradov, S., Yalom, I.D. Concise Guide to Group Psychotherapy.

American Psychiatric Press, Inc.1989（川室優訳『グループサイコセラピー』金剛出版，1991．）．
(21) Winnicott, D. W. Playing and Reality. Tavistock Publications Ltd. 1971（橋本雅雄訳『遊ぶことと現実』岩崎学術出版社，1979．）．
(22) 高良聖「特集にあたって――グループ臨床を考える」臨床心理学 第9巻第6号，金剛出版，2009．
(23) 台利夫『ロールプレイング』日本文化科学社，2003．
(24) 近藤喬一，鈴木純一編『集団精神療法ハンドブック』金剛出版，1999．

4．2）
(25) 前田ケイ「第1章 理論と実際」『SSTの進歩』創造出版，1998．
(26) 東京SST経験交流会編『事例から学ぶSST』金剛出版，2003．
(27) 前田ケイ『SSTウォーミングアップ活動集―精神障害者のリハビリテーションのために―』金剛出版，2003．
(28) 福屋武人編『現代の臨床心理学』学術図書出版社，2002．

4．3）
(29) 畠瀬稔『エンカウンター・グループと心理的成長』創元社，1990．
(30) 野島一彦『エンカウンター・グループのファシリテーション』ナカニシヤ出版，2000．
(31) 國分康孝『エンカウンター こころとこころのふれあい』誠信書房，1981．

4．4）
(32) 佐治守男・水島恵一編『臨床心理学の基礎知識』有斐閣，1974．
(33) 山中康裕編『表現療法』（心理療法プリマーズ）ミネルヴァ書房，2003．

5．1）
(34) 成瀬悟策『心理リハビリテイション』誠信書房，1973．
(35) 成瀬悟策『動作療法－まったく新しい心理治療の理論と方法－』誠信書房，2000．
(36) 干川隆「知的障害児のための動作法」九州大学発達臨床心理センター（編）『基礎から学ぶ動作訓練』p.121～128，ナカニシヤ出版，1998．
(37) 成瀬悟策『姿勢の不思議－しなやかな体と心が健康をつくる－』講談社ブルーバックス，1998．
(38) 成瀬悟策『リラクセーション－緊張を自分で緩める法－』講談社ブルーバックス，2001．

6.
(39) (社) 日本作業療法士協会　http://www.jaot.or.jp/index.html（2009年11月24日現在）
(40) 作業療法ガイドライン（社団法人日本作業療法士協会）
(41) 山根寛『作業療法の詩』青海社, 2007.

第6章
臨床心理的地域援助

1. 臨床心理的地域援助の概念

　今日，社会的要請が高まってきている「臨床心理士」の専門的業務のなかに，「臨床心理的地域援助」が位置付けられている．ここでは臨床心理学的地域援助とは何かについて述べ，またその基本的な技法を示し，さらには，今後の社会貢献の可能性についてふれたい．

　臨床心理的地域援助の理論・技法を底支えしているものは，コミュニティ心理学的な視点である．コミュニティ心理学はその根底を地域精神保健活動としているため，これまで取り組んできた活動の中心は精神保健相談や心理相談がそのほとんどであった．したがって，臨床心理学とのかかわりは深かったといえる．また，コミュニティ心理学は個人の問題を中心として，それを取り巻く環境，社会とのネットワークづくりの必要性を論じてきている．さらにコミュニティ心理学の基本的技法の特徴は危機介入，コンサルテーション，社会的支援とその組織づくり，環境研究と幅広くなっている．

　臨床心理的地域援助の分野は，スクールカウンセラーの派遣などに伴って活性化された．こうした時代背景のなかで，山本（2001）はコミュニティ心理学の立場から「臨床心理的地域援助とは地域社会で生活を営んでいる人々の，心の問題の発生予防，心の支援，社会的能力の向上，その人々が生活している心理・社会的環境の整備，心に関する情報の提供を行う臨床心理学的行為を指してる」と定義している．これは画期的なことであり，山本によって初めて「臨床心理的地域援助」についての概念が明確化されたといえる．

　なお，地域援助とはいえ，あくまでもクライエントを中心としたアプローチであるから，臨床心理査定法（心理テストなど），臨床心理面接法（カウ

1. 臨床心理的地域援助の概念　169

ンセリング，心理療法など）といった個人へのアプローチに精通していることが要求される．一方では，地域援助実践活動を展開していくうえで，臨床心理士といった専門家のみではなく，クライエントを取り巻く地域社会の人々（人的資源），すなわちボランティアとして参加してくる人々との協力・連携，またその位置づけや役割も重要となってくる．ボランティアの意義と役割について問うことも有意義なことで，このアプローチの独自性ともいえる．こうした観点に立って考えてみると，筆者は，「臨床心理的地域援助とは臨床心理査定技法，臨床心理面接技法を包含しつつ，地域住民やボランティアの人々との協力，連携を図りながらクライエントの取り巻く家族，集団，組織，地域社会といった環境に働きかけて，クライエントの心の問題解決や成長・発展を促すことを目的としたものである」と考えている．

（1）臨床心理的地域援助における臨床心理士
a．個人心理臨床と臨床心理的地域援助

ブルーム（Bloom, B., 1973）は，コミュニティ心理学的心理臨床の基礎となっている地域精神保健サービスと伝統的臨床サービスを対比し，山本（2001）は臨床心理的地域援助の独自性の視点から伝統的心理臨床サービスと臨床心理的地域援助サービスの相違点について示している．これらを参考にして筆者は図6-1に示したように伝統的心理療法と臨床心理学的地域援助との比較をまとめてみた．

図6-1のように両者の共通性は，臨床心理検査法と臨床心理面接法（心理療法，カウンセリングなど）を実施することが可能であるということだ．伝統的心理療法においては，当然のことで，これができないとクライエントにアプローチすることができない．臨床心理的地域援助の場合においてもこの二つの方法は基本であって，精通していないと地域社会に出かけても人々にアプローチすることが不可能となる．

次に両者の相違性であるが，従来からの伝統的心理臨床は相談室，病院，施設内などの限られた枠において，治療的な意味合いが強いといえる．また，専門家は相談室においてクライエントを待っているとういう構えで，特定のサービスメニュー，いわばマニュアル化されたサービスを提供し，専門

第6章　臨床心理的地域援助

	伝統的心理療法	臨床心理的地域援助
① 専門家	カウンセラー	コミュニティカウンセラー
② 場所	相談室など室内	地域社会
③ 対象者	個人〜家族（来談者）	地域住民（生活者）
④ 接近モデル	治療的（治療モデル）	援助的・予防的（支援モデル）
⑤ 所要時間	特定（約1時間）	不特定
⑥ 人的資源	専門家のみ	地域住民ボランティア
⑦ 専門家のスタンス	待つ姿勢	介入・参入

共通部分：臨床心理検査法、臨床心理面接法

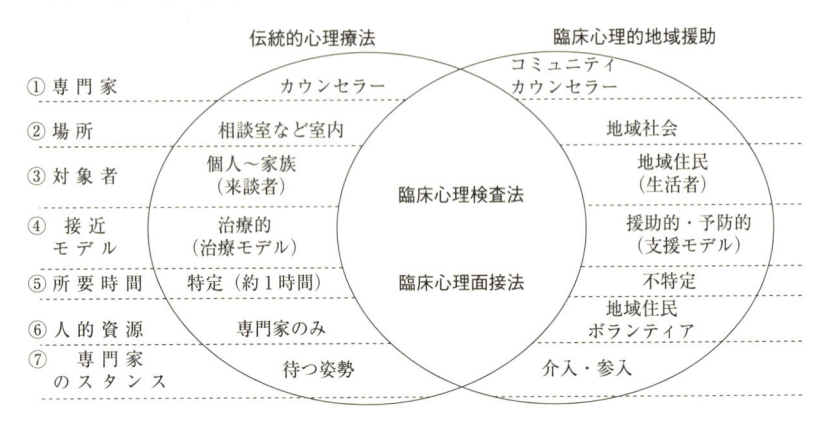

図6-1　伝統的心理療法と臨床心理的地域援助との比較（目黒，2008）
（Bloom, B., 1973　山本，2002を参考に作成した）

家中心のサービスが展開されているといえる．一方，臨床心理的地域援助は，地域社会のなかで対象者を生活者としてとらえユーザーのニーズに合わせた多様なサービスを創造していく必要がある．専門家は地域社会へ出かけていき，生活者と身近に接するなかで援助を推進していくのである．また，専門家は生活者の周囲にいる人々，すなわち地域住民やボランティアの人々の協力が不可欠で，従来の心理臨床にはない大きな特徴といえる．

b．臨床心理地域援助における臨床心理士の役割

山本（1986）は「人に環境の適合を高くするための実践的働きかけと，そのための研究をコミュニティ心理学者はすすめなくてはならない」と述べ，コミュニティ心理学者の五つの役割をあげている．これは臨床心理学的地域援助を実践する臨床心理士にも適応できると考えられるのでここに紹介する．

① 変革の促進者としての役割

従来から臨床心理士が実施している個人心理療法や集団心理療法などの技法も含まれる．また，教育現場や職場環境など変革，地域社会の制度の変革者としての役割などがある

② コンサルタントとしての役割

地域社会や医療，教育，福祉，産業，司法などの各現場で活動している

人々と専門的知識と技法をもって協力していくのがコンサルタントとしての役割である．例えば，福祉現場において，介護福祉士（コンサルティ）が認知症高齢者の対応について困っており，その対応の方法について老人心理学の立場から臨床心理士（コンサルタント）がその専門的立場で援助していくことである．

③ 評価者としての役割

従来の臨床心理士は個人の心理診断と心理療法，また家族内力動の診断と家族療法といった治療的プログラムを提供してきた．さらに発展させてクライエントの社会との適合性や環境の影響などを考慮した予防的プログラム，成長・発展プログラムを提供する必要がある．予防的プログラム，成長・発展プログラムがクライエントのニーズに適合しているかどうかを判定する評価者としての役割も重要である．

④ システム・オルガナイザーとしての役割

筆者は障害児とその親の自助グループを専門家の立場から援助したことがある．中心となってリーダーシップをとる親がいて，筆者はそれを背後から応援したのである．これがシステム・オルガナイザーで，いわば黒子的な役割であるといえる．このように既存の公的サービスにはない，クライエントのニーズに合わせた援助を創造し，構築していくことがシステム・オルガナイザーの役割といえる．

⑤ 参加的理論構成者としての役割

研究室にこもって理論の構築やモデル検証のための研究をするのみではなく，研究室から地域社会に出かけていき，現在，地域社会において問題となっていることに手を染め実践的に取り組み，その実践の結果から理論としてまとめあげていく実践的研究者の役割がこれにあたる．

さて，臨床心理的地域援助を実践する臨床心理士のあるべき姿について，筆者は図6-2に示したような体験学習理論（体験学習の循環）も欠かすことのできないものであると考え，それを引き合いに出して考えてみることにする．

星野（1995）は「体験学習の変化（成長）指向は，個人の成長から社会の変革まで，広い範囲に適用されるものである」と述べている．この理論は，

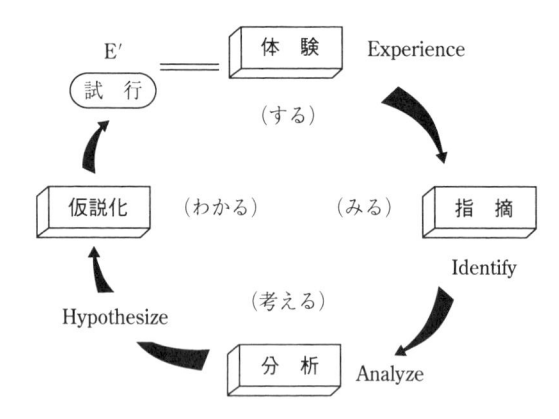

図6-2 体験学習の循環過程
(南山短期大学人間関係学科監修，津村俊充・山口真人編『人間関係トレーニング―私を育てる教育への人間学的アプローチ』ナカニシヤ出版，1995)

臨床心理的地域援助を実践するうえで重要なプロセスであるように考えられる．なぜならば，筆者は，臨床心理的地域援助が伝統的心理臨床の概念や理論にとらわれないで，一歩実際の行動に起こして地域社会やクライエントに働きかけていく開拓者，変革者，あるいは援助者としての役割を担っていると考えているからである．山本(1986)はコミュニティ心理学者の条件として「これまで自分でひっさげてきた発想を点検し，新しい発想をめざした自己変革をめざすものでなくてはならない」と述べ，さらには安藤(1979)は「コミュニティ心理学者は自らに実践と研究の対象たるコミュニティについて大胆に独自の実用的定義を試みるべきである」と述べ，体験学習理論と通ずる示唆を与えている．

　筆者は，臨床心理的地域援助を実践する臨床心理士の真の姿について実際の行動が第一で，それに理論が追従していくもので，実践を優先させながら，それをバックアップする理論の構築を模索すべきであると考えている．

2．臨床心理的地域援助の方法

　臨床心理的地域援助を実践するうえで，臨床心理士が熟知しておく必要の

ある方法の代表的なものは危機介入，コンサルテーション，そして社会的援助組織づくりの方法等である．

(1) 危機介入
a．危機とは

危機介入は，臨床心理的地域援助を実践するうえで基盤となる技法である．後述するコンサルテーション技法や社会的援助組織づくりの方法は，この技法に熟練していることが要求される．

危機とは，英訳するとクライシス（crisis）である．クライシスは辞書によると「危機」の他に「重大局面」「分れ目」「峠」「危期」などの意味がある．まさに出来事が良い方向にも悪い方向にも行く分岐点となり得るタイミングといえる．

キャプラン（Caplan, 1967）は危機状態について次のように定義してる．

「危機状態とは，人生上の重要目標が達成されるのを妨げられる事態に直面したとき，習慣的な課題解決法をまず始めに用いてその事態を解決しようとするが，それでも克服できない結果発生する状態である．危機状態になると混乱と動揺の時期がしばらく続き，その間，打開するための様々の試みがなされる．しかし，結果的にある順応が，その人自身やまわりの人にとって最も良い結果をもたらすか，またそうでないかもしれない結果で形成される．」

人は経験したことのない事態に直面すると，まずこれまでの習慣によって問題解決を図ろうと努力する．努力しても解決できない場合には，より以上に葛藤が増大し，自分自身を見失ってしまい，ひどい場合には不適応行動を引き起こす結果となる．しかし一方では対極性も考えられ，それを打開しのりこえることができたならば，その人自身の自己成長や自己変革の可能性をも秘めているのである．私たちは一般的にいって「危機」というと否定的サイドを想定してしまいがちであるが，物事には二面性があり肯定的サイドも想定できることを知っておくことが重要である．

我々は通常，危機状態に陥り，これまでのやり方でその解決を図ろうとしてもうまくいかない場合には，人に援助を求めることが多々ある．つまり，

これまでとは異なる方法を模索しなければならない．カウンセラーの側からいうと，その時こそがクライエントへの介入の絶好の機会といえよう．カウンセラーは，そのタイミングを逃してはならない．もし逃してしまったのであれば，クライエントの自己成長の機会を失うことにもなりかねない．そういう意味において，危機介入法は，相当の臨床経験が必要となるであろう．

b．危機介入の方法

山本（1978）は，危機介入の一般的に手順について述べている．それを参考にし，危機介入法及び危機介入面接のあり方について検討したい．

まず，第一に，クライエントの危機状態は，何かを具体的に，明確に把握することから始めることが大切である．クライエントは，これまでの経験のなかで培ってきた解決方法を試みてみるが，それでもまうまくいかない場合には，危機状態に陥る．そこで，危機状態を作り出した事件はいったい何か（結実要因）を検討してみることである．これは失恋，失業，リストラ，離婚，配偶者の死，そして突発的な事件など人生の途上で起こってくるさまざまな否定的サイドの出来事である場合が多い．

第二に，その事件に対してクライエントがどのようにそれを見つめているのか，どれほど客観的に理解しているのか，どれくらいの心理的負荷がかかっているのか，さらにはクライエントの人生にとってどのような意味があるのかなどについて明らかにすることである．

第三にどんな援助が得られるのかを検討してみることである．クライエントの家族，周囲の人々（友人，職場の上司，部下など）や環境について知り，クライエントが最も信頼している人は誰か，援助をしてくれる人は誰かを把握し，援助体制をコーディネートしていくことである．

第四にクライエントがこれまでどのような解決方法を用いてきたのか，危機状態に陥ったときにどの方法を使ってみたのか，それがうまくいったのであれば危機状態に至らないのであるが，うまくいかなかったのであればどうしてなのかを検討してみることが必要である．そして，これまで使ったことのない解決方法に気づくきっかけづくりとなるようにする．

最後に，ケースによっては，自殺企図や他害または殺意がないかどうか確かめておく必要がある．これは，聴くことが困難かもしれないが，危機状態

に陥って，かなりの不安と混乱がピークに達している人であれば，その可能性が高いといえ，取り返しのつかない事態を回避するためにも必要と思われる．

以上5点について留意した上で介入計画が進められるが，全くこのとおりにいくかというとそうではない．クライエントの状態と周囲の状況を見極めながら進められるべきである．

ここで申し添えておかなければならないことは，危機介入は，危機状態に陥っているクライエントの失われた心の安定感を取り戻すことを第一の目的としている．心の内面を見つめる心理療法は，危機状態をのりこえてからの次へのステップとなることが多い．クライエントは，とにかく危機状態を解決したいというワラをもすがる思いで来談しているわけであるから，そこに焦点を当てる必要がある．カウンセラーは内的世界を扱う心理療法とは異なり，クライエントのところまで降りていって日常生活における戸惑い，悩みなどの葛藤や不安について共に悩み，共に考え，クライエントが危機状態から抜け出せるよう援助する姿勢が要求される．危機介入面接は心理療法のように長期間に渡ることは少なく，5から6回のものが一般的である．終結に際しては，クライエントに対して再び問題が生じたらいつでも戻って来れることを保証し，カウンセラー自身が開かれた姿勢でいることが大切である．

(2) コンサルテーション
a．コンサルテーションの概念とその特徴

キャプラン (Capulan.G., 1963, 1964, 1970) は，コンサルテーションの方法を確立させた．彼はコンサルテーションの定義を次のように述べている．

「コンサルテーションは，二人の専門家；一方をコンサルタント (consultant)，他方をコンサルティ (consultee) と呼ぶ，の間の相互作用の一つの過程である．そして，コンサルタントがコンサルティに対してコンサルティのかかえているクライエントの精神衛生に関係した特定の問題をコンサルティの仕事の中でより効果的に解決できるよう援助する関係をいう．」

例えば，養護施設において児童指導員がある被虐待児に関して，その子をどのように理解し，どのような援助をしてよいか困っている時に，臨床心理

士が心理的な角度からその援助方法などについて助言をし，児童指導員が被虐待児に対してより良い援助ができるようにする．この場合は臨床心理士がコンサルタントで，児童指導員はコンサルティという関係となる．前者は臨床心理の専門家で，後者が児童福祉の専門家である．両者は他領域の専門家で対等な関係である．コンサルタントは外部の人間であることが必要である．コンサルタントとコンサルティが組織の上下関係であったり，利害関係にあればコンサルティはコンサルタントに本音をいえない可能性があり，もしそうだとするとコンサルテーションは成り立たない．なお，コンサルタントは，コンサルティに招かれた関係であることが望ましい．

コンサルテーションでは，コンサルティの責任においてコンサルティのかかえているクライエントにかかわることが前提となる．なお，コンサルテーションはカウンセリングとは異なり，相手はクライエントではなく，専門性を持ったコンサルティである．コンサルテーションの関係は，あくまでもコンサルティのかかえているクライエントに焦点を当て，客観的に理解することが大切で，コンサルティの個人的問題を中心に扱う必要はなく，あくまでもコンサルティの専門性を尊重すべきである．

なお，スーパーヴィジョンの関係とは同領域の二人の専門家の関係である．一人はこの道の熟練者で，もう一人は経験の浅い者といえる．前者をスーパーヴァイザー，後者をスーパーヴァイジーと呼んでいる．

b．コンサルテーションの種類

キャプランは，コンサルテーションの種類について次の4類型を解説している．

① **クライエント中心の事例コンサルテーション**（client-centered case consultastion）

コンサルタントもコンサルティのかかえているクライエントに，カウンセリングなどを通してかかわりを持ちながら，それと並行してコンサルティにコンサルテーションを実施するような場合である．これは，コンサルタントもコンサルティもお互いにクライエントに対して責任を負うことになる．例えば，スクールカウンセラーが問題生徒のカウンセリングをする一方で，担任教師とその生徒に対応についてコンサルテーションの関係をもつような場

合である．

② **コンサルティ中心の事例コンサルテーション**（consultee-centered case consultation）

コンサルテーションのなかで，最も基本的なものとして位置づけられているといえる．コンサルタントは，コンサルティのかかえているクライエントについて，コンサルティのおかれている職場のなかでいかに援助していけばよいのかを共に考える関係である．クライエントの責任はコンサルティにあり，コンサルタントにはない．両者は他職種の専門家で，対等な関係にある．

③ **対策中心の管理的コンサルテーション**（program-centered adoministrative consultation）

コンサルタントは，教育現場の非行問題対策や職場のうつ病や自殺予防に関する精神保健対策について意見を述べ，その対策に関する立案，実施方法の提案，技術提供などをするような場合をいう．

④ **コンサルティ中心の管理的コンサルテーション**（consultee-cenntered administrative consultation）

コンサルティが組織や集団において担当している計画や立案がうまく推進できない時や，困難な状態に陥った時に，コンサルタントがコンサルティと共に考え，最終的にコンサルティが困難な状態をのりこえていけるように援助するような場合をいう．

その他の分類として，山本（1971）は，次のように二つの類型に分けている．

① **危機コンサルテーション**

教育現場で教師が問題をもつ生徒への対応に困って，危機状況に陥っている時にコンサルタントに専門的援助を求めるような場合である．

② **継続的・定期的コンサルテーション**

筆者がカウンセリングを行っていた登校拒否のクライエントについて，月に１回定期的に学校を訪問し，継続的にその生徒や保護者とのかかわり方について教師にコンサルテーションを実施したことがある．このような場合をいう．

(3) 社会的援助組織づくりの方法
a. 社会的援助とその組織づくり

この方法は，行政などの既存の制度では受けられないようなサービスについて，援助を求めているクライエントと共に地域社会で生活しているキーパーソンがその組織作りを展開し，新しいサービスを開拓していくものである．

また，臨床心理士も相談室から地域に飛び出して，地域の人々と共に援助を必要としているクライエントのために専門性を提供する役割があるが，あまり表に出ないでキーパーソンをサポートする黒子的役割に徹することが必要である．あくまでも主役は地域にいる人々で，臨床心理士は脇役だからである．

なお，臨床心理的地域援助を展開していくうえで，地域住民やボランティアとの連携は重要である．地域社会のキーパーソンのみではなく，それを支える人的資源（ボランティアの人々）の協力は不可欠である．地域社会のなかで生活しているクライエントにとって，専門家とのかかわりよりも，むしろ地域のなかで身近に生活しているボランティアの方がコミュニケーションが取りやすい場合がある．従来の臨床心理士は他職種の専門家（医師，医療ソーシャルワーカーなど）との連携は考えているが，ボランティアとの連携は念頭に置いておいているとは言い難く，これは臨床心理的地域援助の独自性といえる．筆者は相談機関と教育機関を共に含み，そのなかに学生や社会人有志といったボランティアとの連携と協力によって，障害児（者）や心の問題を抱えた人々とその家族に対する援助を目的とした民間の社会援助機関の組織づくり，また障害児とその家族の自助グループのサポートをした経験があるがあるが，ボランティアがいかにクライエントとかかわるかによって，その後のクライエントの成長に大きく影響することを痛感している．臨床心理士は，ボランティアをいかにコーディネートし動かしていくのか，またどのように教育・訓練をしていくのかということにも携わっていく必要がある．

ところで，ここでエンパワーメントの概念を取りあげたい．この概念は社会的援助組織づくりを展開するうえで重要な示唆を与えている．三島

(1997) はエンパワーメントについて「エンパワーメントとは，個人・組織・コミュニティの3層にわたり，自らの生活に統制と意味を見出すことで力を獲得するプロセスである．個人レベルでは，無力の状態から，認知・行動・情動面に変化を生じ，生活面に統制力と意味を見出すことで実現され，組織レベルでは，コミュニティ感覚がグループの中で形成されていくことによって実現し，コミュニティ・レベルでは，対社会に影響を与える運動を展開していくことで実現されるプロセスである．」と述べている．つまり，臨床心理的地域援助を実践する臨床心理士は，心の問題を抱えて人々や障害児（者）とその家族のケアを目的としてそこに踏み留まることなく，このような人々が力を合わせ自らの力で問題解決をしたり，この世の中を生き抜いていくための術を身につけていく力を引き出していくことが援助の最終目的となることを念頭におく必要がある．

b．臨床心理的地域援助におけるボランティアのあり方

現代社会は物質社会といわれ，金品をより多く得ることに終始してきたように見受けられる．戦後，日本は高度経済成長を遂げた．その後低成長の時代に入り，バブルの崩壊，銀行や生命保険会社の破綻，構造不況，リストラなど経済活動だけでは人生は保証されないという出来事が多々発生するようになった．経済活動や物質を追い求めてきた結果として，その影の部分である精神（こころ・気持ち）に関する出来事，例えばうつ病にかかる人や自殺する人が増加傾向が際だってきていると考えられる．こうした諸事情は，私たちに何か警告しているように思えてならない．

こうした時代のなかで私たちは刹那的になりがちで，「自分はいったい何がしたいのか」，「どう生きていけばよいのか」，「何に向かって生きていけばよいのか」といった漠然とした不安感を持ちながら生きているように思われる．

ここで取り上げているボランティアのあり方についても，阪神・淡路大震災をきっかけに，近年各地で盛んに行われ，ある種のブームにすらなっているようである．ボランティアは真に困っている人々のためにという純粋な気持ちで出発したはずであるが，最近の活動を見ていると交通費が支給されたり，あるいは日当が出たりなど，ボランティアといいながらも準アルバイト

化している傾向があるのではないだろうか．筆者は，ボランティア活動そのものが物質性のなかにあるような気がしてならない．このような状況では，純粋な気持ちでボランティアをしたいと思っている人々の気持ちを殺いでしまう結果になってしまわないだろうか．

　さて，ここで臨床心理的地域援助におけるボランティアという観点に立って考えてみると，まず，「だれのためにやるのか」ということである．筆者は，まずボランティアは，援助を必要としているクライエントのためにあるのであって，そこからはずれてはならないと考えている．ボランティアは無理をしてやるものではなく，自分で時間を作り出し，やる以上は決意して取り組むことが大切である．ボランティアの決意がクライエントを成長・発展させていくための一つの要因となっていくのではないか．

　ボランティアが中途半端な気持ちでクライエントにかかわっていると，クライエントに悪影響を及ぼす危険性もある．このことは，覚悟してかかる必要がある．なお，ボランティアはクライエントとかかわることによってさまざまな葛藤を体験するであろうが，この葛藤こそがボランティア自身の最大の獲物であり，それこそがボランティア自身を成長・発展へと導き，最終的には自分のためにやっているのだということに気づくことであろう．

　ところで，ボランティアはクライエントとのかかわりのなかで葛藤を体験したならば，それをそのままにしておかず，専門家（臨床心理士など）にアドバイスを求め，そのことについて解決しておく必要がある．これはその後のかかわり如何によって，クライエントの成長にもつながる可能性があるからである．また，精神病理の深いクライエントは要注意で，クライエントに振り回されて，お互いに傷つく結果となり得る危険性もある．したがって，ボランティアはカウンセリング論やボランティア論などについて実践的に教育・訓練を受けられる場が必要であろう．

3．臨床心理的地域援助による開拓の可能性　－高齢者福祉領域－

（1）高齢者領域の諸問題

　日本における65歳以上の人口割合は，2020年に25.5％に達するといわれて

いる．これは国民4人に1人が65歳以上の高齢者となる計算である．厚生省はこのような高齢化社会に対して危機意識を強めている．こうした社会状況のなかで，1989年，厚生省は高齢者保健福祉推進10カ年計画（新ゴールドプラン）を策定し，在宅介護支援センター，特別養護老人ホーム，老人保健施設の整備を目標に掲げ，2000年4月に介護保険制度がスタートさせた．これに伴って，ホームヘルパー，介護福祉士など福祉のプロフェッショナルの育成が行われている．しかし，こうした介護職員は，介護技術に関しては知識的も実践的にも充分な教育を受けてきているが，心理面への援助については充分であるとはいえない．高齢者福祉の現場において，介護職員が認知症やうつ病の高齢者の心理状態がよくわからないために，どのように対応してよいのかという声をよく耳にする．そのような時に対応方法について老人心理学や臨床心理学の立場から臨床心理士が現場に出かけていき，専門的立場から援助するコンサルテーションが有効に働くのである．

　筆者が関係している老人福祉施設で，心理と名の付く専門職を置いているところはない．全国的に皆無に近いと思われる．しかし，現場では，介護職員は，利用者の心理的援助の必要性に迫られているのである．そこで，今後，臨床心理士が高齢者福祉における心理的ケアの事例など介護職の現任研修プログラムを考案し，高齢者福祉分野への参入，参画といった開拓者としての役割を果たし，心理職の必要性を認知させるために貢献できるであろう．

（2）発想の転換による実践事例

　介護保険とは裏腹に，適用外の，しかも健康な高齢者が地域のなかに生活している．こうした介護を必要としない高齢者への援助を見落としてはならないのであって，ここに臨床心理士による開拓の余地があると考えられる．つまり，認知症の予防，またうつ病・自殺対策として，精神的健康を保つために予防的サービスを提供することも忘れてはならない．予防プログラムを行政機関に介入，提案していくことも臨床心理士の重要な役割である．

　筆者はその一つの試みとして，健康な高齢者と学生の交流を実施している．これはA市社会福祉協議会，A市老人クラブ連合会に介入，提案をし，

賛同が得られ，実施の運びとなった．高齢者と学生が共にゲートボール，レクレーション，自炊をしたり，デイキャンプの形式で行っている．高齢者にとって，若い学生とのかかわりは「楽しかった」，「エネルギーをもらった」，「童心に返ることができた」，「若い頃を思い出した」，「孫がどんなことを考えているのかわかった」などの感想が述べられ，こうした若者の刺激が障害の予防に有効だと考えられる．今後は交流に留まることなく，高齢者と学生の混合のボランティアグループにまで発展し，社会貢献できればと考えている．

4．学 校 臨 床

　学校臨床とは，「学校」という場面で展開される心理臨床活動を示す広い概念であり，大学・専門学校・高等学校・中学校・小学校などが具体的な臨床現場としてあげられよう．このうち，大学・専門学校の学生を対象として行われる相談活動は学生相談という名称で呼ばれることが多い．

　学校臨床という広い概念のなかで，本節ではスクールカウンセラーが多く配置され，臨床活動を展開していると思われる中学校現場におけるスクールカウンセラーについて，その職務内容を中心に紹介したい．

　スクールカウンセラーというと，学校にある相談室で生徒の相談を受けるというイメージをもたれる場合もあるかもしれない．しかし，表6-1に示すように，生徒の相談というのは，スクールカウンセラーの職務の一端に過ぎない．以下にスクールカウンセラーがどんな仕事をするのかを概説していく．

（1）教員への援助

　教員への援助には「教員研修会」「教員へのカウンセリング」「教員へのコンサルテーション」などが含まれよう．

　教員研修会とは，校内で企画される研修活動にスクールカウンセラーが講師としての参加を求められるものである．これらの依頼を受けると，スクールカウンセラーは自分が講義・実習が行える範囲でその内容を決定し，実施

表6-1　スクールカウンセラーの職務

1．教員への援助
「教員研修会」「教員へのカウンセリング」「教員へのコンサルテーション」など
2．児童生徒への援助
「相談室のPR活動」「相談室の運営」「児童生徒へのカウンセリング」「家庭訪問」など
3．保護者への援助
「保護者向け講演会」「保護者のカウンセリング」など
4．地域機関との連携
「児童相談所・教育相談所・医療機関等とのネットワーク構築」など

(佐野，2009を一部加筆)

することとなる．この際に留意すべき点は鵜飼（2002）が「心理職の研修ではなく学校という現場にいる教員にとって役立つ研修会であること」「学校という枠組みを尊重して行うこと」指摘しているように，自分が計画した研修内容が，学校の先生方にとってどのような形で貢献できるかを熟慮する必要があろう．例えばカウンセラーとしてのカウンセリング技法のみを伝達するのではなく，教育現場でどのような適応が可能かを考えていかなくてはならないだろう．そのためには依頼されたときにどのようなニーズを学校側が持っているのかを十分確認することが重要だと考える．

　教員のカウンセリングとは，教員個人の問題に対するカウンセリングである．しかし教員が教育現場に勤務している以上，場合によっては教育現場のさまざまな問題についても相談を受けることもある．教育現場の経験が浅いスクールカウンセラーは，教育現場独自の問題について理解の及ばない点もあろう．スクールカウンセラーは教員から自身のカウンセリングを依頼された場合，どこまでが自分の守備範囲であるのか再確認することが求められよう．

　教員のコンサルテーションであるが，コンサルテーションとは学校現場では「『生徒や保護者の問題に教員がどのようなかかわりをしたらよいか』についてカウンセラーの立場から相談・助言を求められること」を示すことが多い．ここで個人の心理的問題に焦点付けをする訓練を受けてきたカウンセラーが対応しにくい問題としては，虐待・発達障害・保護者への対応などがある．近年これらの問題については，その対応について多くの文献が公刊さ

れている．スクールカウンセラーとして赴任する前に十分な学習を積んでおくと，いざコンサルテーションを求められた際に戸惑うことが少ないと思われる．

(2) 生徒への援助

生徒への援助では「相談室の PR 活動」「相談室の運営」「児童生徒へのカウンセリング」「家庭訪問」などの活動が該当しよう．

一般的なカウンセリング活動では，問題を抱えたクライエントが電話などで相談機関に予約をとり，来談日時と担当者が決められ，1回50分程度のカウンセリングが行われるという「相談までの流れと面接の構造」が比較的明確である．しかしながらスクールカウンセリングでは，カウンセラーが何もせずに相談室に閉じこもっていては生徒は来談することは少ないと考えられる．また生徒は，最初相談室の開いている時間に自由に来談し，1回のカウンセリング時間も明確に決められているわけではない．つまり「相談までの流れと面接の構造」が流動的なのである．したがって，安定したカウンセリング活動を実施するには，「相談室の PR 活動」や「相談室の運営」がカウンセリングを開始する前段階として重要な活動となる．相談室の PR 活動については，赴任時の集会等での挨拶，生徒向けの（時には教師・保護者向けの）相談室便りの発行，給食を各クラスで生徒と一緒に食べる，放課後は校内を巡回しつつ気になる生徒に声をかけるなど，地道な努力の積み重ねが求められる．また，「相談室の運営」については，相談室備品の選択，自由に来談していい時間と予約優先時間など相談室のタイムテーブルの決定，予約相談をしたい場合の具体的方法とその周知などがあげられる．筆者の経験では，具体的な予約相談方法の設定に難しさを感じたことが多かった．匿名性を保ちつつわかりやすい方法で予約相談は設定されなければならない．仮名を使い予約箱にメモを入れてもらい，予約が取れたかどうかの確認について，① 自分で相談室へ確認に来る，② 保健室の先生にカウンセラーからのメモを渡して生徒が取りにいく，③ 図書館司書の先生にカウンセラーからのメモを渡して生徒が取りにいく，④ 担任の先生にカウンセラーからのメモを渡して生徒が取りにいく，などの方法を生徒自身に選択してもらうなど

もひとつの方法であろう．

「児童生徒へのカウンセリング」については，その対象となる問題は，人間関係，いじめ，学業，性格に関することなど多岐にわたるが，先述のように「面接の構造」が明確でない点が一般的なカウンセリングとは異なる特徴であろう．一般的なカウンセリングではインテーク→受理会議→第一回面接という流れが存在するが，スクールカウンセリングではいきなり生徒が「先生，相談があるのだけれど……」と来室してくる．情報収集のためのインテークも心理アセスメントも十分に行えない場合が多い．したがってスクールカウンセリングでは，生徒の持つ問題を短時間で把握し，支持的に接し傾聴的関わりを持つか，問題解決的関わりを持つかの選択をするスキルが求められる．また，生徒によっては，グループで来談する場合も多い．一人のスクールカウンセラーが集団を前にしてどのような対応をとるかは，集団精神療法のかかわり方が参考になるであろう．そして，グループで来談する生徒のなかには，「別の深刻な悩みを抱え，相談しようかどうか迷っており，カウンセラーがどのような人間か友達と一緒に確認しにきた」というものも多い．グループの中で何か言い出しにくそうにしているなど，このような潜在的な相談意思にもスクールカウンセラーは気づき，適切な声掛けを実施することが，その生徒が抱える問題を深刻化しない方略となるであろう．

「家庭訪問」とは，主に学校側から依頼され，不登校生徒の家庭を訪問する場合が多い．このような場合，第一に依頼した学校の教員がどのようなニーズを持っているのか把握することが必要であろう．生徒との関係性をつくり，ゆっくりと接していけばよいのか，登校刺激を与えることを求められているのかによって，その対応は異なっていくと考えられる．また，生徒の生活領域である家庭を訪問するということは，学校を構成するスクールカウンセラーという存在が家庭に入り込む，つまり生徒にとっては「家庭」に「学校」が侵入するという意味を持つことも忘れてはならないだろう．不登校生徒にとっては初対面のスクールカウンセラーに警戒心を持つことは当然であろうし，会ってもらえないことも多くあるだろう．無理に会おうとしなかったり，手紙を残したりという慎重な対応が必要となる．

(3) 保護者への援助

「保護者向け講演会」とは，さまざまな形態でスクールカウンセラーのところに保護者向けの講演等の依頼がくることを示す．この場合，どのような部署がどのようなニーズで講演を持ち込んできたのか，担当者と十分に打ち合わせをしてから引き受けたほうが良いと考える．単に思春期・青年期の一般的特徴と生じやすい問題への対応を講演すればよいのか，発達障害など特定のテーマについた講演を求められているのかを確認する必要があろう．この打ち合わせが十分でないと，出席した保護者や企画した部署のニーズにあった講演にならない可能性もあろう．

「保護者のカウンセリング」は，「児童生徒へのカウンセリング」より，そのカウンセリングの状況は複雑となる．保護者が子どもの問題とは関係ない自分自身の問題についてスクールカウンセラーに相談をするのであれば，スクールカウンセラーは現状に合わせてカウンセリングが可能かどうかを判断すればよいであろう．しかしながらこのような例はまれであり，大概の場合，子どもの問題についての相談と，保護者自身の問題についての相談が入り組んでいる時に，保護者はスクールカウンセラーに相談に来ると思われる．この場合，「子どもである生徒が，保護者がカウンセラーのところに相談に来ていることを知っているか」，あるいは「保護者がカウンセラーに相談に来ていることを子どもに伝えるべきか」など，相談という行為を保護者と子どもが共有すること，あるいはしないことの意味をカウンセラーが考えないと，子どもと保護者の関係が悪化する場合もある．この点にもスクールカウンセラーは留意する必要があると考える．

参考文献

1.～3.
(1) 安藤延夫編『現代のエスプリ コミュニティ再生』(No.269) 至文堂, 1989.
(2) 植村克彦, 三島一郎, 門間昌子, 平川忠敏「コミュニティ心理学におけるエンパワーメント研究動向」『コミュニティ心理学研究』第1巻 p139-168, 日本コミュニティ心理学会編, 1997.
(3) 氏原寛 他共編『心理臨床大辞典』培風館, 1992.

（4）国分康孝監修『スクールカウンセリング辞典』東京書籍，1997．
（5）財団法人日本臨床心理士資格認定協会監修『新・臨床心理士になるために』［平成21年版］誠信書房，2009．
（6）南山短期大学人間関係学科監修　津村俊充・山口真人編『人間関係トレーニング―私を育てる教育への人間学的アプローチ―』ナカニシヤ出版，1995．
（7）日本コミュニティ心理学会編『コミュニティ心理学ハンドブック』東京大学出版会2007．
（8）山本和郎『コミュニティ心理学』東京大学出版会，1986．
（9）山本和郎・原裕視・箕口雅博・久田満編『臨床・コミュニティ心理学―臨床心理学的地域援助の基礎知識』ミネルヴァ書房，1996．
（10）山本和郎『危機介入とコンサルテーション』ミネルヴァ書房，2000．
（11）山本和郎「コミュニティ心理学の臨床分野への貢献　そしてさらなる展開へ」『コミュニティ心理学研究』第5巻第1号，p.39-48，日本コミュニティ心理学会編，2001．

4．
（12）高塚雄介・石井雄吉・野口節子（編著），佐野友泰『臨床心理学　やさしく学ぶ』医学出版社，2009．
（13）村山正治・鵜飼美昭（編），鵜飼啓子『実践！スクールカウンセリング』金剛出版，2002．

第7章
臨床心理学的研究

　本章では，現在心理臨床に携わる場合に避けては通れない研究という実践について解説する．「避けては通れない」などというと，研究は大学や研究所に所属する人にだけ関係する特別な活動だと考えている人は意外に感じるに違いない．しかし実際には，日本の心理臨床実践で現在大きな役割を担っている臨床心理士の主要な業務には，「調査・研究・発表」が含まれている．諸々の事情により学会で研究発表したり論文を書いたりするなどがむずかしい場合でも，自分の実践を研究者的な視点から対象化して反省したり，他の人の研究を参照して知識を拡げたりする活動を怠るわけにはいかないということだ．以下では臨床実践と研究との関連について，特にこれまで行われることが多かった事例研究に焦点を絞ってその意義を解説し，後半では研究例を呈示して臨床心理学的研究の導入としたい．

1．研究することの意味と目的

　みなさんは，「研究」というとどんな活動を思い浮かべるだろうか．複雑な機械を使って厳密な測定をしたり，むずかしい数式や統計を駆使することで世界に関する普遍的な法則を発見したりすることを想像する人もいるかもしれないが，そればかりが研究ではない．ここではまず，研究という活動の意味を見直し，その後，心理臨床実践に関わる分野において研究が何をめざしており，どんな役割を果たしているのかを解説しておく．

(1)「研究」の意味
　カウンセリング研究の権威であるマクレオド（J. McLeod）は，研究を

「妥当な命題や結論を導き出してそれを他の人に伝えようとするシステマティックな探求活動の過程である」と定義している．ここには，厳密な測定装置や統計の使用が必要であるとも，普遍的な法則の発見が研究の目的などとも書かれていない．厳密に数量化する手前で，日常的な言葉を使って私たち一人ひとりが直面する現実を表現してみて，こういうことではないかという仮説を作ってみるのも研究活動の一環として非常に重要だからである．

　上記の定義で注目しておきたいのはむしろ，「システマティックな探求」，それから，「妥当な命題や結論」という言葉である．「システマティックな探求」とは，結論を導くための証拠（データ）がはっきり示された方法で収集，分析されていることを意味している．そうした方法がわかっていれば，結論が導き出された理由や過程が第三者にも理解され，おかしいと思われるところがあったら尋ねたり批判したりできる．また，「命題」とは，"正しい／正しくない"が議論できる文のことである．たとえば，「この花は赤い」は命題であり，「いやオレンジ色だ」などと議論できるが，「この花がほしい」は命題ではなく，正しいも間違いもない．正しいという判断が積み重ねられていけば，その命題はより「妥当」なものになり，他の人と共有できる可能性が高まっていく．

　比喩を使っていい換えれば，研究とは，私たちが直面する「現実」に関する地図を，そこから得られた資料をもとに作り上げようとする営みである．人は「現実」の全体を直接見ることはできないが，そこで生きていくためには，手持ちの情報と道具を駆使してそれがどのようなものかを思い描いてみることが必要になる．そこで描かれた地図は，実際の地図がそうであるように，「現実」そのものの正確なコピーとはいえないかもしれない．しかし自分や自分たちが「現実」に働きかけるときの実践を支える限りにおいて，それはよい地図なのだ．研究もまた，そうした私たちの実践に役立つ「地図」を作ろうとする，共同的な営みである．研究とは，いろいろな人が自由に議論できる土俵の上で，ものごとに対する見方を確認しあいながら共通の「地図」を作り上げていく活動であるといってもよい．

（2）研究活動と臨床実践

　臨床心理学の研究では臨床実践との関わりがとりわけ重要である．心理臨床に携わっていると，このクライエントはどんな悩みを抱えているのか，その悩みはどのような属性があるのか，どんな援助をすればその悩みが解消するのかなど，いろいろな疑問にぶつかる．そうした疑問に対して，往年の理論家がこういっているからと，理論を現実に押しつけるのは必ずしも適切ではない．心や行動の「問題」は時代や文化によって違った形をとることが知られており，有名な理論も理論家の生きた文化や時代の制約を免れないからである．個々の実践においては，理論を養分として取り込みながらも，生きている時代や文化において実践の根拠となる具体的で利用可能な知が求められる．時代の変化が激しく新たな形の悩みや病理などが出現している現代社会ではなおさらである．

　心理臨床の実践と研究との関係は，「実践を通しての研究」と「実践に関する研究」とに区別され，循環的なものとして図7-1のようにまとめられている（下山，2008）．実践を通しての研究は，自ら実践の現場に身を置いて現実に介入しながら，自分の実践を対象化する研究のあり方である．臨床実践のなかでの関わりとそれに伴うクライエントの変化について記述するような研究は，その典型ともいえる．それを通してそのクライエントについての仮説や，さらにはそれを超えて同様の属性をもつ人に適用できるモデルが作られるかもしれない．一方，実践に関する研究は，現場から少し後ろに引いた位置で実践を観察したり，あるいは実験的な状況を設定して仮説を確かめたりするタイプの研究である．うつなどの病理に似た現象が，いわゆる健常者でどういう現れ方をするかといった調査などもこれにあたる．

　そうやって生成された仮説やモデルは，いろいろな形で他の人に伝えられたり，論文などの形で広く公表されたりするが，そこで終わってしまうわけではない．その仮説やモデルは再び実践の現場に戻され，具体的な場で確かめられ，必要に応じて修正が加えられるかもしれないし，ときには別の仮説を生み出すためのきっかけを提供することもある．臨床心理学の研究は，このように臨床実践の現場から産み出され，現場に対して働きかけて実践をよりよいものにするというように，それ自体が実践的な意義をもつのが一つの

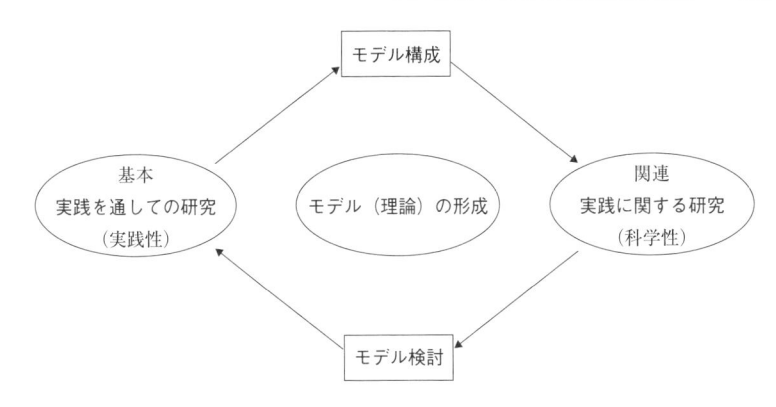

図7-1 研究と臨床実践の関係：実践と科学の間における循環（下山，2008）

[図中のテキスト：モデル構成／基本 実践を通しての研究（実践性）／モデル（理論）の形成／関連 実践に関する研究（科学性）／モデル検討]

特徴であり理想である．

(3) 臨床心理学的研究のテーマ

　臨床心理学の研究領域は幅広いが，そのなかでももっとも関心を集めてきたのが，心理療法の効果とそのプロセスに関する研究である（岩壁，2007）．これらは，心理臨床実践が社会のなかで拡がり，金銭とサービスを交換する消費活動の一部になるに従って，関心が高まっていった．支払われた金銭に見合った成果が得られるのかということについてのアカウンタビリティ（説明責任）が心理臨床家の側に求められるようになってきたためである．本書の第5章でも紹介されているとおり，心理療法やカウンセリングには多様な学派や技法があるが，ほんとうに有効なのか，どのやり方がどういうクライエントに対して有効なのかなどがかなり早い時期から議論になっていた．そこで，質問紙を使って効果を測定しようとしたり，セッションを録音して有効な実践の条件を明らかにしようとしたりする研究が，欧米では1940年代からなされるようになった．

　この二つのタイプの研究の流れは現在もなお発展を続けている．近年の効果研究では，事例の心理療法過程に沿って持続的に効果を測定し，介入の終了後も継続してデータ収集を続けるような長期にわたる効果を検討したり，それまでに報告された事例をまとめて全体的な傾向を分析するメタ分析が行

われたりするなどの試みがなされるようになった.また,プロセス研究では,質問紙などであらかじめ決められた視点からプロセスを見るのではなく,詳細なインタビューなどをもとにクライエントの主観的な体験からプロセスを理解していこうとする,あとで述べる質的研究的な志向性も出てきている.臨床家と研究者を分けることで,心理臨床の場で起こっていることを,より客観的な視点から分析していこうとする動きも,近年のプロセス研究の一つの特徴である.

　もっとも,臨床心理学的な実践は,現在では伝統的な密室での心理療法やカウンセリングに限定されるものではない.関連する社会的な活動も拡がりつつある昨今では,臨床心理学研究のテーマも多様性を増している.例えば,クライエントの拡がりにともなって,特殊な文化的背景や障害などの属性をもつ人の体験する問題状況や困り感の特徴を検討することが研究テーマになることもある.さらに,臨床心理学的な実践の教育が多くの高等教育機関で行われるようになると,そのトレーニングやスーパービジョンも,研究対象になりうる.さらに,第6章で述べられた地域援助に関連して,学校や福祉施設などの現場におけるフィールドワーク的な研究も行われるようになっており,それはしばしば,その現場における具体的な問題の解決をめざしたアクションリサーチの形をとっている.

2.「事例研究」の意味と方法

　以上で述べたように臨床心理学的な研究は幅広さを増しているのだが,伝統的によく見られる研究法のカテゴリーが事例研究(ケース・スタディ)である(山本・鶴田,2001).研究法とはいっても,この言葉は研究対象が「事例」ないし「ケース」であることを示すだけで,研究の具体的手続についても内容についても特定していない.そこで本節では,事例研究の意味と方法について,より具体的に説明を加え,その手続として近年注目されている質的研究法にもふれておきたい.

(1)「事例研究」とは何か

「事例研究(ケース・スタディ)」とは,比較的少数の事例を対象にして資料(データ)を収集・分析し,そこから事例についての理解を深めたり,さらにその事例を越えた仮説を生成しようとしたりする研究の総称である.ケースを「症例」というふうに訳す場合もあるが,それだと病理的な事例にのみ関心があるかのような誤解を招いてしまうかもしれない.医学とは必ずしもイコールではない臨床心理学分野では,「事例」の範囲はもっと広くとらえておくことが多い.すなわち,狭い意味での「病理」とは特に関係のない属性をもつ個人が「事例」とされることもあるし,また,場合によっては個人ですらなく,組織やプログラムや施設や出来事などが「事例」として扱われることもある.

事例研究には大きく分けて二つのタイプがある.その一つである道具的な事例研究(instrumental case study)は,事例の属する集団ないしカテゴリーについての知識を得るために,その事例を一種の「道具」として利用するというタイプの研究である.字を見てもわかるように,「事例」とはもともと,それを一部とするカテゴリーの例,つまり何かのサンプルであることを意味している.どういうカテゴリーなのかは,個体だけをみて一義的に決定することはできない.例えば,失恋の後ずっとうつ傾向が続いている20歳の男子学生を事例とした場合,彼は「うつ傾向をもつ人」の事例ともいえるし,「失恋した人」の事例とみなしてもよい.「20歳の学生」の事例とみなすことも可能である.何の事例なのかは,研究者がその関心をもとに判断・決定していくほかない.

もう一つのタイプは,内在的な事例研究(intrinsic case study)と呼ばれる.例えば,今まで知られていない病理的行動を示すクライエントや先進的な介入の試みをしている機関などが対象とされ,当該事例そのものの特殊性やそうした行動・試み等を支える条件がもっぱら注目される.ただ,事例の外に全く関心がないわけではない.すでに存在するカテゴリーを理解する道具としてではないにしても,その事例をこえた知識を産み出そうとはしている.例えば,その事例について多面的に情報収集し詳細に検討することによって,従来のものの見方,常識,理論などに対する反証になるかもしれな

い．また，現在はまだ実験段階の試みが，どれだけ他の場所でも利用できるかを予想するための手がかりが得られることもある．

(2) 事例研究の資料の収集

先に述べたように，研究とは研究対象に関する「システマティックな探求」だが，探求の第一歩は，研究テーマに関する資料（データ）を収集することである．臨床心理学の事例研究だと，その方法は面接が中心になると思われるかもしれないが必ずしもそうではなく，観察，実験，質問紙調査など心理学研究ではおなじみの方法が適宜使われる（下山・能智，2008）．例えば言語的なコミュニケーションが制限されている幼児を対象にした研究だと，遊戯療法や日常の場面を観察することが主要なデータ収集法になるだろう．また，実験はいわば条件を統制した上での観察ともいえるが，行動療法などで行われている１事例実験は，実験的手法を用いた事例研究である．さらに，既存の質問紙形式の尺度──例えば，クライエントの精神的健康や実践に対する評価を測定するもの──を定期的に施行して，カウンセリングや心理療法の効果を見ていく研究は，広く見れば質問紙調査にも関係している．

収集される資料の属性については，量的なものと質的なものの２タイプが区別される．研究というと，数量的なデータの収集を想像してしまうかもしれないが，対象を数量的に扱うためにはいくつかの条件が必要である．つまり，現実のどの側面を数量化するのか，何を「１」とみなすのかといったことが合意されて初めて適切な数量化といえる．例えば，観察を通じて子どもの攻撃的行動の頻度をデータとして取り出す場合には，「攻撃」とは何を意味しているか，何をもって「１回の攻撃的行動」とみなすかが，納得いく形で定義されていなければならない．数量化すればよいというものではなく，適切に数量化することが必要なのである．

少数の事例をていねいに見ていく事例研究では，対象を数量化する手前で立ち止まって，言葉によって記述していくところから始めることも多い．数量ほど抽象度が高くなく，現実の具象性をある程度保った言葉や概念の形で対象をとらえたものを質的データと呼ぶ．例えば上記の「攻撃行動」にしても，直感や常識からそれを前もって定義してしまうのではなく，対象児やそ

の周りの人の語りやふるまいから，彼らにとって「攻撃」とはどういうことなのか，その主観的な意味をていねいに考えていくこともできる．この場合，対象者の語りの聴取結果やふるまいの観察結果を文字にして記録したものが，質的データである．事例研究がすべて質的データを用いた研究ではないが，質的データを抜きにして，事例研究を語ることはむずかしい（津川・遠藤，2004）．

（3）質的研究法の特徴

　質的データを中心に資料を収集し，それを安易に数量に変換するのではなく，概念的な分析を通じて対象に関する仮説を生成していく研究法を総称して，「質的研究法」と呼ぶ（能智・川野，2007）．細かくいえば，エスノグラフィ（文化人類学），グラウンデッド・セオリー法（社会学），現象学的分析（哲学）など，さまざまな学問分野に由来する研究法がここに含まれる．主流の心理学はもともと量的な志向が強かったが，他の学問分野との交流や協働を通じて，現在では質的研究法も受け入れられるようになってきた．臨床心理学ではもともと，必ずしも数量化されているわけではない臨床実践の記録を，分析・整理して事例研究にする伝統があったが，近年は質的研究の手法を取り入れながら，データ収集と分析をより洗練していこうとする傾向が見られる．

　質的研究法の一例としてグラウンデッド・セオリー（GT）法をとりあげ，その分析の一部を簡単に紹介しておこう．グラウンデッド・セオリーとは，データとは無関係に上から押しつけられる「普遍的」な理論ではなく，データという地面にちゃんと足のついた，たたき上げの理論のことである（戈木クレイグヒル，2006）．グラウンデッド・セオリーを仮説的に作り上げていくために，研究者はまず，インタビューや観察から得られたデータをていねいに読み込んで，「この部分のデータはこういう意味をもっているのではないか」，「この部分はこういう概念にまとめられるのではないか」などと問いかけ，データをラベルづけ（コード化）していく．そうしたデータの読みを，他の部分と継続的に比較し，共通性や関連性を取り出していくことで分析は進んでいく．

一例として，交通事故などで脳に障害を受けた人の心理臨床に関心のある研究者が，患者の抱える悩みとその対処法についてインタビューする場合を考えてみよう．得られた語りを読んで自分の研究設問に関連する部分を切り取り，そこに便宜的なラベルをつけてみる．例えば，

> 私は話しすぎるっていうことでよく叱られるんです．妻は指を唇にあてながら「シー！」って私に合図してくれます．私の"話しすぎ病"が始まったことを，それとなく知らせてくれているんですよ．

という語りに対しては，これを「前頭葉症状」，「脱抑制」などといった専門用語を押しつけるのではなく，「話しすぎることの自覚」，「他者の力を借りた行動のモニター」などといった，語り手の体験に即した日常的な言葉で記述していく．そしてこれを他の部分と比較して，類似の内容をカテゴリーにまとめながら，対象者の体験の特殊性を，データから引き出していくのである．

3．質的な事例研究の例

次に上記の質的研究法を用いた筆者の事例研究の例を紹介しておきたい（『質的心理学研究　5』，新曜社，2006所収）．この研究は，インタビューなど一般的なデータ収集法を部分的にしか用いていない点，また，カウンセリング等の臨床場面の記述ではない点からすれば，むしろ典型とはほど遠いようにも見える．しかし，実際のところ事例研究に唯一決まったデータ収集法や分析法があるわけではなく，研究対象や事例に則して工夫していかなければならない．本研究を選んだのは，ふつうは研究しがたいとされる言葉が不自由な対象者に対して，データ収集や分析の方法を独自に工夫している点で，質的な事例研究がもつべき姿勢の一端を示していると考えられたためである．

（1）研究の対象と手続

この研究は，失語症と呼ばれる脳損傷の後遺症を受けた方が，どのようなプロセスを経て自分の世界を再構築するかという問題意識のもとで行われ

た，事例研究である．失語症をもつひとりの男性（夏川さん：仮名）が研究協力者で，彼は45歳のときに脳卒中により右半身の麻痺が生じるとともに言葉が不自由になった．診断は「非流暢型の失語症」，すなわち，言葉の聴き取りに比して言葉の表出が障害されているタイプの失語症だった．その後リハビリを続けるが，挨拶と片言の会話ができる程度にしか回復せず，状態が安定した後に地域の福祉作業所に週5日通い始めた．作業所では紙すき葉書作り，クッキー作りなどに従事し，研究時点では13年が経とうとしていた．研究者は，研究開始の5年ほど前からボランティアとして作業所に関わり，夏川さんと一緒に作業をするなどの関係が構築されていた．

夏川さんの発話だけでは，夏川さんがたどってきた心理的プロセスをたどり直すことは困難であったので，次のような資料も用いることにした．

・夏川さん夫妻とのインタビュー
・夏川さんに関する筆者の観察データ，および作業所職員の観察報告
・夏川さんを写した作業所のスナップ写真

スナップ写真は，多い年で1年間に数百枚残されており，そのなかから夏川さんが写っているものを選択して分析対象とした．

分析の順序としては，まずスナップ写真を素材とし，環境に対する夏川さんの感情や認知が現れていると思われる部分を，文脈も込みで取り出して記述した．例えば，図7-2のような写真を取りあげて記述し，他の資料と関連づけながら夏川さんの変化をたどっていった．この2枚の写真に関していえば，左が通所開始後1年目，右が4年目のスナップ写真である．夏川さんの表情，視線，姿勢，仕草，服装，周りの人との距離等，さまざまな面での違いが見て取れる．こうした分析を行いながら，並行して他の資料の分析も進められた．

(2) 結果と考察

そこで現れてきたのが，夏川さんにとっての作業所という場の変容過程だった．便宜的に，「未知の場の手探りの時期」，「人間関係の場の発見の時期」，「作業所を停泊地とみなす時期」，「作業所の構成員としての自覚の時期」に分けて，それぞれの時期における夏川さんの行動特徴，それに関係し

198　第7章　臨床心理学的研究

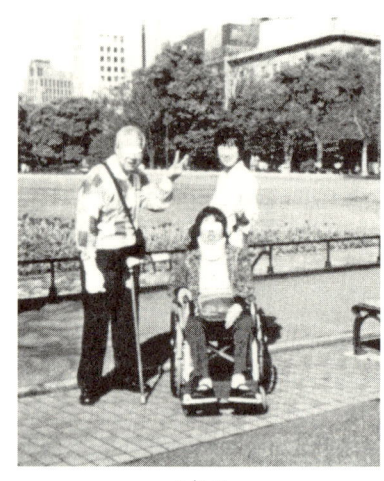

作業所利用開始後1年目　　　　　　　　　4年目

図7-2　夏川さんのスナップ写真の例（能智，2006より）

ていると思われる，周りの人の態度や環境変化などをまとめた．例えば図7-2の左のスナップ写真は，「未知の場の手探りの時期」の1枚である．この頃はジャージのズボンなどラフな格好で写っていることがほとんどで，奥さんも，「動きやすさを重視してそういうのを着ていたんです」と語っている．元来は服に気をつかうタイプだった夏川さんだが，当時の彼にとって作業所は衣服に気をつかう必要がない場所，つまり，自分に積極的にまなざしを向けてくるような他者がいない，あるいは気にならない，病院のような場とみなされていたと推測される．

　このようにして，それぞれの時期とその変化を特徴づけていったのだが，それだけだと単に夏川さんという特殊例の記述でしかない．これを事例報告から事例研究に発展させるためには，他の事例や他の現象を理解するためにこの事例からの知見がどう使えるのか示していく必要があるだろう．それは先行の理論の精緻化や批判・反証であるかもしれないし，今回の知見に基づく新たなモデルの呈示かもしれない．本研究では，後天的に障害をもった方が体験する世界の再構築の過程を，従来の段階的なモデルにあてはめるのではなく，作業所という環境の体験様式という視点で捉え直した．

本研究で示した体験様式は，〈風景としての場〉，〈容器としての場〉，〈網の目としての場〉という場の意味の類型に対応している．〈風景としての場〉とは，自分の周りの場が自分とどのように関係するのかが不明確，あるいは自分とは無関係なものとして体験される様式である．それに対して〈容器としての場〉は，自分をその中に位置づけられるような場の体験様式を意味している．細かくいえば，比喩的に「袋」と表現できるような親和的で柔らかな容器と，「箱」と表現できるような規則や秩序が前面に出ているような容器がある．一方〈網の目としての場〉では，個人は場を構成する一部になって他の人々とつながりあうという体験の特徴がある．こうした場の体験様式は，必ずしも中途障害者に特有なものではなく，人が自らの生きる環境を移行する際に体験する類型としても応用可能ではないかと考えられた．

おわりに

本章は，心理臨床実践における研究の意義と方法について解説をした．研究をするためには，日常的な臨床実践に加えてさらなる時間と労力がかかる．しかし，それに見合った反対給付もあることを忘れてはならない．研究は，自分の実践という行為の現場から一歩離れてクライエントや実践者自身を見直すことである．研究論文などの形で発表するところまではいかなくても，自分の扱っている事例を研究の視点から眺めてみることで何らかのアイデアが得られることもある．そこで見えてきたことをスーパーバイザーや同僚に示してアドバイスをもらえれば，なおさら実践に資するところは大きい．第3節で紹介した，臨床家としての自分が対象として記述されない事例研究ですら，研究の過程は，対象者を見る自分の視点の組み替えの繰り返しである．研究することは心理臨床の対象を見直すチャンスであると同時に，臨床家としての自分を見直すまたとない機会を提供してくれるのである．

参考文献
（1）下山晴彦・能智正博（編）『心理学の実践的研究法を学ぶ』（臨床心理学研究法1）新曜社，2008.
（2）岩壁茂『プロセス研究の方法』（臨床心理学研究法2）新曜社，2008.

（3）能智正博・川野健治（編）『はじめての質的研究法，臨床・社会編』東京図書，2007.
（4）山本力・鶴田和美（編）『心理臨床家のための「事例研究」の進め方』北大路書房，2001.
（5）戈木クレイグヒル滋子『グラウンデッド・セオリー・アプローチ』新曜社，2006.

第Ⅲ部

『こころのケア』の対象

第8章
子どもの心理

1．いじめ

(1) いじめとは

いじめは「当該児童生徒が，一定の人間関係のある者から心理的・物理的な攻撃を受けたことにより，精神的な苦痛を感じているもの」と定義されている（文部科学省，http://www.mext.go.jp/b_menu/houdou/19/11/07110710/002.htm（2009年11月8日現在））．

ここ最近では，暴力などの目立ついじめが減り，仲間外れや無視，遊ぶふりをして叩くなど，「悪ふざけ」との境界線が引きにくくなっている．また，数人で一人をいじめる，教師や大人に見つからないように隠れて行う，いじめが行われていたとしても見て見ぬふりをして問題を大きくしないようにするなど，「いじめ」という行為が現象としてわかりにくいものになってきている．さらにインターネットやメールの普及により，それらもいじめの手段として用いられることが増えて，いじめの「わかりにくさ」を助長している．結果として，学校の対応や介入も遅れてしまうという問題もある．

(2) いじめられる子ども

たびたび，あるいは長い期間いじめの対象になる子どもは，動作が遅い，素直でおとなしい，意思表示がうまくできない，忘れ物や遅刻が多い，一方で自慢をする，教師からかわいがられている，などの特徴がある．また，いじめの背景にしばしば広汎性発達障害の存在が考えられることもある．それらの特徴が集団の中で目立ってしまったときにいじめが発生すると考えられる．しかし，今はどの子もいじめられる可能性があり，数日のサイクルでい

じめる側といじめられる側が入れ替わることもある．一見仲がよさそうなグループの中で特定の子だけ嫌がらせを受けているケースもある．そのように考えると，どの子がいじめられ，どの子がいじめられないのかといった違いを見出すことは極めて困難といえるだろう．

(3) いじめる子ども

いじめる子どもの性格特徴として，わがまま，攻撃的，感情が不安定，短気，などが考えられる．その上で，気に入らないものを排除しようとするのが，いじめという行為ではないかと考えられる．では，いじめをする子に優しさや共感性はないのかといえば，そうではない．彼らも自分の友人に対してはやさしくふるまう．例えば，受験に対して不安に思う友人を励ますだろうし，病気の同級生がいたらその子を見舞うだろう．そのように考えると，いじめる子＝悪であると単純に決めつけることはできない．

(4) いじめをどう考えるか

いじめは極めて難しい問題である．塾やクラブ，習い事など子どもを取り巻く過密スケジュールが子どもにストレスを感じさせ，情緒の不安定につながっている．学校における学力重視・テスト受験体制が子どもを競争状態に追いやっている現状がある．この状態からねたみが生じ，いじめが発生しやすくなることも考えられる．子どもたちに加え，教師や親も多忙であり，子どもと周囲の大人たちの対話も不十分であることも，いじめを食い止められない一因である．「いじめる方がいけない」とか「いじめられる方に原因がある」などと単純に考えることはできない．

(5) いじめを防ぐには

いじめには，被害者，加害者のほかに傍観者や観察者もおり，単純にいじめる子，いじめられる子の二者関係のみでいじめという現象を捉えることはできない．したがって，いじめに対応する場合，被害者と加害者への対応とともに，学級などの集団全体へのかかわりが必要になってくる．いじめを受ける子どもに対しては，教師や保護者，スクール・カウンセラーなどが，心

の痛みを十分理解することが求められる．また，気持ちが落ち着いたところで，適切な自己主張や自己表現などのソーシャルスキルを学んでいくことが必要である．

　いじめる側の子どもに対しても援助は必要だ．過密スケジュールや家庭の問題などで，いじめる側の子どもたちも心理的な問題を抱えていることも考えられる．そういった背景をきちんと理解し，ケアをした上で，当人はいじめだと認識していなくても相手は深刻な苦痛を感じている可能性があることを伝えていく必要がある．

　「個」を尊重するという視点も不可欠である．異質なものを排除するのではなく，それを個性として認めていくという意識を皆が持てば，いじめは減っていくのではないだろうか．加えて，一人ひとりの「強さ」も必要になってくるだろう．いじめをする側は，誰かをいじめること以外でフラストレーションを発散するという強さが，またいじめられる側も，卑屈にならずに胸を張って生活する強さを身につけなければならない．

2．不登校

(1) 不登校とは

　不登校は「何らかの心理的，情緒的，身体的あるいは社会的要因・背景により，登校しないあるいはしたくてもできない状況にあるために年間30日以上欠席した者のうち，病気や経済的な理由によるものを除いたもの」と定義されている（文部科学省，http://www.mext.go.jp/a_menu/shotou/futoukou/03070701/002.pdf（2009年11月8日現在）．

(2) 不登校のタイプ

　小学生では家庭の生活環境の急激な変化や親子関係をめぐる問題，家庭内の不和や自身の病気などをきっかけとするものが多く，中高生になると友人関係をめぐる問題，教師との関係をめぐる問題，学業の不振，クラブ活動や部活動への不適応，学校の決まりをめぐる問題など，学校生活の不全など，さまざまな広がりを見せるようになる．

また，不登校との関連で，新たに高機能自閉性障害，学習障害（LD），注意欠陥・多動性障害（ADHD）などを含む広汎性発達障害の存在が指摘されている．これらの児童生徒は，クラスの子たちと人間関係をうまく結べない，学習の躓きが克服できないなどという状況が進み，不登校に至る事例も多い．

さらに，保護者による子どもの虐待などによって登校が困難になるような事態も考えられ，そのように考えると不登校のタイプはさまざまで，特定しづらいということにも留意する必要がある．

(3) 不登校の要因

不登校児童生徒数は小学生，中学生で大きく異なっており，平成18年の時点では小学生で0.34％，中学生になると2.91％である（文部科学省，http://www.mext.go.jp/b_menu/houdou/20/08/08073006/001.pdf（2009年11月8日現在））．表面だけを見てみると中学生になって急に不登校が増えているが，不登校の問題は小学校の時期から存在するのではないかと思われる．エリクソンによると，学童期の発達課題は「勤勉性対劣等感」である（川畑直人「エリクソンの人格発達理論」p.102-106．氏原寛・小川捷之・東山紘久・村瀬孝雄・山中康裕共編『心理臨床大辞典』培風館，2002）．幼稚園と違い，学校に通うようになると，自分が集団の中でどのくらいの位置にいるのかが，順位や点数など「数字」という形でシビアにあらわれてくる．親や教師の期待に応えて，勉強，スポーツ，クラブ活動，芸術などで納得のいく成果をあげることができれば，努力して何かを身につける意義，すなわち「勤勉性」を学ぶ．それがうまくいかなかった場合は「劣等感」を抱くようになり，学校生活に意味を見出せなくなる．かろうじて小学校を我慢して登校していたが，中学校でさらに過酷な比較・競争にさらされて挫折してしまうケースも多いのではないか．小学校と中学校における不登校児童生徒数の差には，こういった背景も存在すると考えられる．つまり，学校生活の問題や人間関係の問題を抱え，学校に対していいイメージを持たずに登校している，いわば不登校予備群の小学生も多いのではないかと考えられるのだ．

(4) 不登校への対応

不登校本人については，遊戯療法やカウンセリング，行動療法などの専門的な心理的援助を行っていく．また保護者と面接をすることで家族機能のアセスメントを行い，家族側の要因がある場合には家族へのカウンセリングを同時並行で行うなど，それを改善する必要がある．学校側も再登校に備えて受け入れ態勢を整えていく必要があるだろう．学校においては，スクール・カウンセラーがそれらの中心的な役割を果たしている．

最近では学校だけではなく，教育委員会が設置・運営する適応指導教室や民間のフリースクール・フリースペースなどの受け皿もあり，小・中学校ではそこで指導等を受ける場合，出席扱いの措置が取られる．ITなどを活用した自宅学習も，同様に出席扱いになる場合もある．このように，不登校に対しては再登校を促すだけでなく柔軟な対応がとられるようになってきている．

(5) 不登校の捉え方

上記のように不登校に対する考え方は柔軟になってきており，学校以外の場で自分のやるべきことを見出した結果，不登校となる「積極的・意図的不登校」という考え方もある．この考え方によると，「学校に行くのか行かないのか」が重要なのではなく，家であれ学校であれ，「そこで何をするのか」が重要になってくるといえる．

エリクソンは，青年はいろいろな葛藤を経験することで，次第に自らの生き方（アイデンティティ）を確立していくとしている（川畑直人「エリクソンの人格発達理論」p.102-106．氏原寛・小川捷之・東山紘久・村瀬孝雄・山中康裕共編『心理臨床大辞典』培風館, 2002）．学校で友人や教師の影響を受けたり，勉強の得意苦手を肌で感じたりしながら，「自分はこういう生き方が向いていそうだ」，「こういう進路でがんばってみたい」など，将来の目標を絞り込んでいく．不登校生徒は，学校以外の場でこの課題に取り組むことになるが，家で何もせずにいるような状態では，生き方の確立は困難だろう．その場合，いろいろな経験をしたり葛藤したりする機会が先延ばしにされたまま年齢だけを重ね，成人期になってしまう．そうなった場合，問題

はさらに深刻になってくる．不登校の支援というのは，ただ単に「学校に行く」ということの支援ではなく，その児童生徒の「生き方」にかかわる支援であることを忘れてはならないだろう．

3．チック

(1) チックとは

　チックとは，突如として起こる素早くて引きつった運動であり，しばしば繰り返し起こる．本人の意志の力である程度抑制することは可能であるが一時的・部分的であり，完全に抑えることはできない．チックには，意図的な運動とは異なり，出さないようにしようと思っても出てしまう，または「やらずにはいられない」といった感覚に動かされて起こってしまうという特徴がある．チックには運動チックと音声チックがあり，それぞれ症状が１種類に限定される場合を単一性チック，複数の症状がある場合を多発性チックと呼ぶ．多発性チックのなかには「トゥレット症候群」と呼ばれる症状があり，この場合や脳の器質的な問題が疑われる器質性チックの場合には，医学的な検査が必要である．

a．運動チック

　顔をしかめる，首を振る，肩をすくめる，額にしわを寄せる，頬や口，鼻の周りをぴくぴくさせる，など．しゃっくりや咳などの呼吸性のチックもある．顔面や目のチックがとりわけ特徴的で，それらは例えば，まばたきをする，横目をする，白目をむく，目を回転させる，などがあげられる．なかには，足踏みをする，飛び跳ねるなど，大きな動きでなおかつ体のいろいろな部分が同時に動くなど，複雑なものもある．

b．音声チック

　咳払いをする，鼻を鳴らす，ほえるような声を出す，など．状況に合わない単語や句の繰り返しが特徴的な，複雑音声チックと呼ばれるものもある．話をしている途中で，突然声が大きくなったり言葉が途切れてしまったりすることもある．

（2）チックの要因

　チックは神経生物学的基礎のある疾患であると考えられており，神経伝達物質のアンバランス，複数の遺伝子と環境要因との絡み合いによる多因子遺伝の可能性などが示唆されている．

　チックが出やすいのは，緊張していたり，疲労していたりするとき，緊張が解けたときなどである．また，「チックを出さないように」，「静かにしていないといけない」などと意識するとむしろ出現する傾向が強い．逆に何かの作業に意識を集中していると減少する傾向があるが，疲労がたまってきたり何らかの刺激が加わったりして集中が途切れると，治っていたチックが出てくることもある．他の人の話や声につられるようにチックを出してしまうこともあるし，絵や看板などを見て，それに関連した言葉を口にしてしまうこともある．なお，睡眠中にはほとんどみられない．以上のように見てくると，チックの要因はさまざまであるが，症状の変動は心理的な影響によるところが大きいと考えられる．

（3）チックの治療

　子どもの10〜20％が何らかのチックを体験するとされるが，その大多数が一過性であり，1年前後で消失する．しかしまれに，成人まで重症なチックが続いたり，成人後に再発したりすることがある．一般には，多発性チックや慢性的なチックは治療に時間を要する傾向がある（小林正幸「チック」p.578．中島義明ら編集『心理学辞典』有斐閣，1999）．

　チックの治療としては，箱庭療法や夢分析といったイメージを介した心理療法，症状に直接働きかける行動療法的なアプローチも用いられ，場合によっては薬物療法も行われる（千原雅代「チック」p.877-878．氏原寛・小川捷之・東山紘久・村瀬孝雄・山中康裕共編『心理臨床大辞典』培風館，2002）．

　本人だけでなく，家族など周囲の環境に働きかけ，緊張を引き起こすような要因を見極め，取り除くことも必要である．

　いずれにしても，チックはきわめて多様であり，いろいろな観点から総合的に重症度やその子の特性などを評価して，一人ひとりに合わせた治療を

行っていくことが必要である．

4．緘　　黙

(1) 緘黙とは

　言葉を習得しているにもかかわらず，また，発声や聴覚に器質的な障害が認められないにもかかわらず，言葉を発しない状態を緘黙という．状況によって，全く発話が見られない完全緘黙と選択性緘黙に分けられる．完全緘黙は症例としてはまれであり，一般に多くみられるのは，心因性の選択性緘黙である．

　選択性緘黙とは，会話をする能力を持ち，現に家庭では普通に話をすることも多いのに，ある特定の状況（幼稚園や学校など）で特定の人たち（教師や友人）に対して話をしないことである．例えば，プレイ・ルームでカウンセラーと遊んでいるときは，カウンセラーが何を言っても応じず，目も合わせてくれない，表情も動かない，という状況だった子が，家で母親に「楽しかった，また行きたい」などと話す，などのケースである．この場合の「選択性」というのは，子どもが自分で場面を選択して話をしないという意味ではなく，「ある状況では話ができるのに，別の状況では話せない」ことをさす．また，緘黙児の多くが，学校などでは会話をしないだけでなく，グループ活動や遊びの場面などで集団参加への抵抗や緊張がみられることから，緘黙は言葉だけでなく，行動を含めた広い意味でのコミュニケーション障害の問題であることが示唆されている（川嵜克哲「緘黙症」p.775-776．氏原寛・小川捷之・東山紘久・村瀬孝雄・山中康裕共編『心理臨床大辞典』培風館，2002）．

　緘黙の発症時期は，幼児期，児童期，青年前期に分けることができるが，多くは幼稚園・保育園への入園時点と小学校への入学時点に集中しており，男児よりも女児の方にやや多い（佐藤正二「緘黙」p.148-149．中島義明ら編集『心理学辞典』有斐閣，1999）．

(2) 要　　因

　緘黙児はもともと内気で不安になりやすい気質を持っているケースが多く，不安から生じるのではないかと考えられている．通常の子どもでは何ともない学校や幼稚園，顔見知りに話しかけられる場面で，緘黙児は不安になり，緊張して言葉が出てこなくなってしまう．緊張や不安は，人と話をしないことで軽減されるので，これが選択性緘黙を持続させる原因となっている．緘黙児は人との会話が苦手で恐怖や不安に対してとても敏感であり，恐怖や不安から身を守るための防衛反応の一つとして，緘黙という症状を出していると考えることもできる．

　溺愛され，過保護に育つなど，家族以外と接触する経験が乏しかったためコミュニケーション力が育たないなどといった，何らかの環境要因なども指摘されている（川嵜克哲「緘黙症」p.775-776．氏原寛・小川捷之・東山紘久・村瀬孝雄・山中康裕共編『心理臨床大辞典』培風館，2002）．

　いずれにしても，特定の原因は突き止められておらず，さまざまな要因が複合的に作用としていると考えられている．

(3) 治療と経過

　緘黙は不安から出てきている症状であることを念頭に置き，無理に話をさせようとしないことが大切である．また，「言葉さえ出ればよい」というように発話だけに注目するのではなく，その子どもが安心して過ごすことができる環境を増やしていく．安心できるようになれば，発話も増えていく．子どもを不安から守ることも大切であるが，不安以外にも感覚統合や自律神経系の問題も考えられる（中川，2008a）．生活リズムを整え，体を使って遊んだり，言葉以外のもので（箱庭や絵画など）で自己表現をしたりする機会を提供することなども心がける必要がある．

　緘黙を，「話したくない」のではなく「話せない」ととらえることもできる．話しかけたが反応がなかった，だから今後は話しかけない，という態度は，「見捨てられた」という感覚を相手に与えてしまうことになるだろう．それゆえ，緘黙児の防衛を強化しないような，安心感のあるかかわりが大前提である．具体的には，過度に視線を合わせたりじっと見つめたりせず，わ

かりやすい言葉で穏やかな口調で話すことなどで信頼関係を築き，かかわりを安定させていく．症状の特性上，箱庭や描画などの非言語的な治療手段，ジェスチャー，頷き，筆談などを用いたり，場合によっては養育者のカウンセリングを並行したりすることも効果的である．

5. 吃　音

(1) 吃音とは

　吃音とは，「音を繰り返したり，詰まったりするなどの明確な言語障害があること」と定義されており，さらに「本人がどもることを自覚し，不安を持ち，悩み，話すのを避けようとする」といった二次的心理的状態が加わることによって吃音とするという見方もある．言葉の症状だけの状態を一次吃音，二次的心理的問題が加わった状態を二次吃音とする考え方もある（中川，2008b）．

(2) 吃音の症状

　吃音は「どもる」ことを言い，「せ，せ，せ，せんせい」のように音を繰り返すもの（繰り返し）が一般的であるが，その他にもいろいろな症状がある．例えば「せーーんせい」など音を引き延ばすもの（引き伸ばし），「…っぼく…っきのう」など音が詰まってなかなか出せないもの（ブロック），「せんせい，せんせい，きのう，きのう，きのう」など言葉を繰り返すもの（語句の繰り返し），「えーと，あのー，きのう，ぼくね，えーと」など相の手がたくさん入るもの（挿入）などさまざまである．これらのうち，音を繰り返すものは初期の症状で比較的軽度，音を引き延ばすものや言葉が出てこないものはやや進行した状態である．重い吃音になると，足ではずみをつけたり手や首を振ったりしながら言葉を絞り出すなど，発声に身体的な動きを伴うようになる．

(3) 吃音の要因

　発症率の男女比に男性が多いこと，文化圏や人種による差が少ないことか

ら，何らかの遺伝的な要因も存在するとされており，もともと神経系の働き方の特性として，吃音になりやすい傾向の存在が考えられている．

　養育の要因も考えられる．吃音は3歳前後の言語活動がさかんになってくる頃にみられはじめる（大島剛「吃音」p.778-779．氏原寛・小川捷之・東山紘久・村瀬孝雄・山中康裕共編『心理臨床大辞典』培風館，2002）．幼児期は子どもたちがどんどん新しい言葉を覚えていく時期であるが，発声機能がそれについていけずに一時的にどもりがみられることがあるためである．

　こういった一時的な「どもり」に対して周囲の大人が「この子はどもっているのでは」と不安を抱き，本人の発話に対して必要以上に意識することで，吃音の進展に影響を与えていることも考えられる．つまり，「もっとゆっくり」，「落ち着いて」などと干渉することで，子どもに「きちんと話さなければ」という意識過剰・緊張感を植え付けている可能性もある．その結果，子どもは力んでうまくしゃべることができなかったり，話すことに恐れを抱き，人と話をする場面や人間関係そのものを避けたりするようになることも考えられるのである．

（4）吃音の治療

　吃音に対する働きかけとしては遊戯療法，リラクセーション，カウンセリング，流暢性促進（流暢な話し方の練習），随意吃（話し方を意識的に制御する），薬物療法などがある．幼児の場合には，養育者へのカウンセリングやガイダンスなどを行い，環境調整をしていくことも有効である．

　「治った」状態を本人がどのようにとらえているかも重要である．つまり，つかえずにすらすら話せるようになることが「治る」ことなのか，どもることが気にならなくなればよいのか．このどちらを目指すかで，アプローチは異なってくるだろう．

　以上を踏まえ，家族関係や環境，本人の思いをきちんとアセスメントした上で，適切な治療法を選択していくことが大切である．

6. 児童虐待

(1) 児童虐待とは

児童虐待とは，親または親に代わる保護者により非偶発的に児童に加えられる行為をいい，虐待は，身体的虐待，心理的虐待，非養育的虐待（ネグレクト），性的虐待の四つに分類される．

① 身体的虐待

殴る，蹴る，首を絞める，やけどさせる，拘禁する，など．

② 心理的虐待

極度に無視をする，いやみを繰り返し言う，威嚇を繰り返す，など．

③ 非養育的虐待（ネグレクト）

入浴させない，着替えをさせない，登校させない，病気になったりけがをしたりしても受診させない，食事を与えない，など．

④ 性的虐待

児童にわいせつな行為をする，または子どもを性的対象にする，自らの性器を見せる，性交を見せつける，強要するなど．

それぞれの虐待は別個で起こるわけではなく，さまざまなタイプの虐待が重複しているケースも多い．

虐待を受けた子どもは，自己評価が低くなる，感情が不安定になる，非行傾向，孤立しやすい，他者の顔色をうかがう，などの心理的特徴を示すようになる．さらに気分障害，統合失調症，人格障害，不安障害，依存症，強迫性障害などの精神障害と児童虐待との親和性も考えられている．

(2) 児童虐待の背景

虐待の背景は複雑であり，さまざまな要因が重なり合っている．養育者の要因としては，完全主義（適度に手を抜くことができない），対人関係の不得手，自信のなさ，人に頼れない，などがあげられ，もともと余裕を持ちにくい傾向が養育者側にあると推測できる．子ども側の要因としては，自閉症などの発達障害をはじめとする発達の遅れ，落ち着きのなさ，育てにくさなどがある．

その他，貧困，住宅事情，夫婦関係の悪さ，実家との関係の悪さなど，家族が置かれている環境や状況の要因も無数に存在し，養育者の余裕のなさに拍車をかけている．自分の子どもをかわいがりたいのに，「よい母親でなければならない」という気持ちからそれができず，厳しいしつけがエスカレートして子どもをたたいてしまう．そんな自分を責めて苦しみ，虐待をエスカレートさせてしまう悪循環もある．そのように考えると，虐待者もまた苦しんでおり，「加害者」であると同時に「被害者」でもあると考えることもできる．

虐待を受けた子どもが成長して結婚し，親になった場合，その親は子どもと友好的に接することを体験的に学ぶことが十分にできていない．自分自身の親との関係にある葛藤が解決されないまま，それが子どもとの関係に投映されてしまうこともある．このようにして，世代を超えて虐待が繰り返されてしまう，いわゆる「虐待の連鎖」が起こることもある．

(3) 児童虐待への対処

虐待を受けている子どもたちへの治療は，まず安全で安定した生活の確保が大切である．家庭の中でそういった環境が整えられることが望ましいが，場合によっては一時保護や施設措置などによって危険な環境から物理的に離すことも必要となることもある．

自分が安全であることが実感できてしばらくすると，子どもたちはさまざまな感情表現や甘え行動を起こすようになる．これまで我慢をしていた反動，および試し行動と解釈することができるが，それらはしばしば器物破損や暴力，性的問題，過度の甘え，長期にわたる不登校など，いわゆる問題行動として表現されることもある．そういった行動に対して，施設の職員と児童相談所の職員，精神科医や精神科のスタッフなどの連携で対処することが多い．

彼らとのかかわりにあたっては，表面的な行動にとらわれるのではなく，行動の背景にある彼らの思いをくみ取って粘り強く接していくことが必要である．子どもたちだけでなく，養育者にも援助は必要である．我が子を虐待してしまったことで苦しんでいる養育者に対しては，カウンセリング等で

「虐待をしなければならなかった」苦しみを受け止め，支えていく必要もあるだろう．

7．発達障害

(1) 発達障害とは

　通常，幼児期や児童期，または青年期に初めて診断され，その障害の起因が精神的，または身体的であるか，あるいは心身両面にわたり，その状態がいつまで続くか予測することができず，自己管理，言語機能，学習，移動，自立した生活能力，経済的自立等のいくつかの領域で機能上の制限のあるものを発達障害という（坂野雄二「発達障害」p.693．中島義明ら編集『心理学辞典』有斐閣，1999）．その典型例に自閉症があるが，これまで自閉症としてまとめられていた疾患群にも症状がきわめて重度の者から，一見すると気付かれないほどの軽度の者まで幅広く存在し，最近では「自閉症スペクトラム（連続体）」として捉えられるようになってきている．そのなかで，知的機能全体としては遅れのないものを「軽度発達障害」と呼ぶ．軽度発達障害は，高機能広汎性発達障害，学習障害，注意欠陥/多動性障害に分類される．ここでは，主に軽度発達障害について述べていくことにする．

a．高機能広汎性発達障害

　高機能広汎性発達障害は，「高機能自閉症」と「アスペルガー症候群」をさす．全体として知的な発達の遅れがないもの（IQ70以上のもの）を高機能群とし，さらに言葉の発達の遅れがないものをアスペルガー症候群と呼ぶ．高機能自閉症とアスペルガー症候群の異同については現在でも明確な区別がなされているわけではないが，両者とも，知的発達に全体的な遅れがなく，自閉的傾向（以下に述べる ① ～ ③）を持つといった症候群であると考えることができる．

① 社会性・対人関係の障害

　場の雰囲気が読めない，表情が読めないといったことが中心である．そのために，対人関係の場面において，その場にふさわしい言動をとることが苦手であり，周囲が驚くような発言をしばしばしてしまうことがある．例え

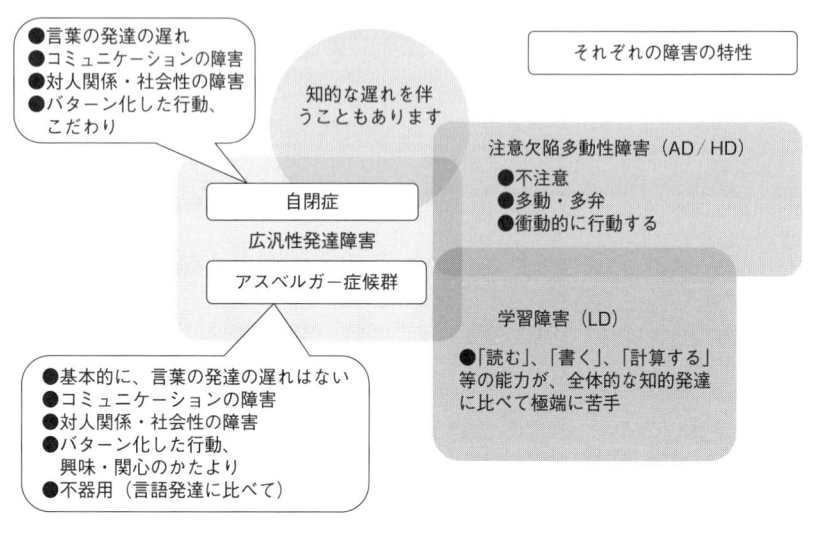

図 8-1　発達障害のタイプ

自閉症（広汎性発達障害）
- 言葉の発達の遅れ
- コミュニケーションの障害
- 対人関係・社会性の障害
- パターン化した行動、こだわり

知的な遅れを伴うこともあります

アスペルガー症候群
- 基本的に、言葉の発達の遅れはない
- コミュニケーションの障害
- 対人関係・社会性の障害
- パターン化した行動、興味・関心のかたより
- 不器用（言語発達に比べて）

それぞれの障害の特性

注意欠陥多動性障害（AD/HD）
- 不注意
- 多動・多弁
- 衝動的に行動する

学習障害（LD）
- 「読む」、「書く」、「計算する」等の能力が、全体的な知的発達に比べて極端に苦手

（厚生労働省，http://www.mhlw.go.jp/seisaku/17.html（2009年11月8日現在）

ば，スポーツでミスをした人に「へたくそ」と言ったり，何かを頼まれ，気乗りがしないときなどにあっさりと「いやだ」と言ったりしてしまう，などである．本人に悪気は全くないが，結果周囲から敬遠され，対人関係の不得手がさらに進行してしまうといった悪循環も考えられる．

② 言語・コミュニケーションの障害

言語が全く使えないということはなく，非常に流暢に話すこともある．しかしながら，彼らのコミュニケーションの様式を詳しくみると，話し方や受け取り方に特徴を持つケースもある．話し方については抑揚がない，感情がこもっていない，大きな声で唐突に話す，など，受け取り方については比喩や言外の意味を理解することができず，字義どおりの受け取り方をしてしまうなどである．例えば，列で並んでいて「もっと前の子にくっついて」という指示に対し，前の子との間を狭めるのではなく，密着すると理解してしまうこともある．

③ 想像力の障害

興味や関心を向ける内容の幅が狭く，一つのことに没頭することが特徴で

あるため，自分が興味をもった分野で大成することもある．幼い子どもでは，電車の時刻表を暗記しているとか，自動車の車種をすべて覚えることができる，といったことがある．しかしながら，興味がないものについては全く取り組まない傾向がある．イメージ形成が悪く，過去と現在と未来をつなげて物事を考えることが苦手で，「今ここ」の出来事にとらわれてしまうことが多い．

b．学習障害（LD）

学習障害は，「基本的には全般的な知的発達に遅れはないが，聞く，話す，読む，書く，計算する，推論する能力のうち，特定のものの習得と使用に著しい困難を示すもの」と定義されている（文部科学省，http://www.mext.go.jp/a_menu/shotou/tokubetu/004/008/001.htm（2009年11月8日現在））．つまり，ある特定の分野で苦手があるものの，それ以外は平均以上の能力水準を持っているということである．子どもによっては，このうち一つだけに困難がある場合もあるし，さまざまな領域で困難を示す場合もあり，学校などでは，例えば国語と社会と英語はよくできるのに数学と理科の成績が著しく悪い，などといった形で表れてくる．こういった，能力的なバランスの悪さが学習障害の特徴である．文字の読み書きが極端に苦手な事例も多く，これを「ディスレクシア（dyslexia）」と呼ぶ．

c．注意欠陥/多動性障害（AD/HD）

「注意欠陥・多動性障害（AD/HD: Attention Deficit / Hyperactivity Disorder）は，症状として以下の三つの特徴を持つ．

① 不注意

他のことに気を取られやすい，話しかけられても聞いていない，いろいろな活動において注意の集中・持続ができない，注意配分の悪さ，忘れ物，ミスが多い，外からの刺激で容易に注意がそらされてしまう，など．

② 多動性

じっと座っていられず，離席し動き回る（移動性多動），離席はないが，手足など体の一部を絶えず動かしている（非移動性多動），多弁，過度に騒がしい，はしゃぎすぎるなど．

③ 衝動性

行動が突発的で出し抜けであるが，衝動性＝暴力という意味ではない．具体的には，相手の話が終わらないうちに話し出す，教師の質問の答えがわかった瞬間，質問の途中でも答えてしまう，順番を待つことができない，他人の会話に割り込むなど．そのときどきで頭で考えるよりも先に体の方が動いてしまう．

これらの特徴のどれか一つが顕著にみられる場合もあり，さまざまな特徴が重複してみられる場合もある．

（2）発達障害の支援

軽度発達障害は能力のばらつきの障害であり，知能が全般的に遅れているわけではないため，なかなか障害に気付かれにくいし，理解されにくい．障害や苦手さから表面化した行動を本人の性格の問題，やる気の問題，あるいは親や教師のしつけや教育の問題に帰属され，誤解されてしまうケースも少なくない．いじめや叱責の対象になり，そこから人間関係の不全，自尊心の傷つきなどを経て，不登校やひきこもり，うつ状態などの二次的な障害を引き起こすこともある．表面に現れた本人の行動よりも，まずは本人がなぜそのような行動をしなければならなかったのか，あるいは本人のできなさがどこから来ているのかを考え，理解していく必要がある．

「発達障害」といっても，知能の程度，こだわりの具合，認知の傾向，家庭環境などは一人ひとり異なり，当然のことながら子どもの状態も一人ひとり異なる．まずは，一人ひとりの子どもを知ることが大切である．それぞれの障害の特性を把握し，それに合わせた本人，家族に対する支援の方法を考えていく必要がある．具体的には，ペアレント・トレーニングなどで本人の置かれている家庭環境を調整する，予定表など視覚情報を利用する，指示は「今ここ」の会話の中で行う，などが考えられる．

参考文献
（1）池田勝昭・目黒達哉共編著『障害者の心理・「こころ」－育ち，成長，かかわり－』学術図書出版社，2008．
（2）金井剛「虐待が生じる背景・メカニズムと支援（特集 子ども虐待の現状

と支援)」発達,8-15,ミネルヴァ書房,2009.
(3) 中川信子「場面緘黙(選択制緘黙)について」月刊地域保健,39-8,東京法規出版,2008a.
(4) 中川信子「吃音について(1〜4)」月刊地域保健,39-4〜7,東京法規出版,2008b.
(5) 福屋武人編『現代の臨床心理学』学術図書出版社 2002.
(6) 小野次郎・上野一彦・藤田継道編,『よくわかる発達障害』,ミネルヴァ書房,2008.

第9章
障害児・者の心理

1. 障害児・者全般についての基本概念と特性

(1) 障害児・者の概念とケア

　障害児・者はさまざまな種類があり，特性も異なっている側面があり，一括して概説することには困難がある．しかし，それぞれは基本的には障害を有するという点において共通する概念や特性は考えられる．本書は，こころのケアというテーマを主旨にしている専門図書であることから，障害児・者全般について共通性の観点から，特に，多くのケアを必要とする対象者に関して臨床心理学の立場から述べることにする．したがって，本章も全般的，共通性を重視して障害児・者の心理について，こころのケアに視点をおき，ケア・アプローチについて概説する．

　障害児・者に対する一般的社会の意識性は「障害」という呼称だけで短絡的に歪んだ先入観や偏見，認識を有する場合が多いので，いかに是正して正しい理解と協力，そして支援やケアを図るかは重要な社会的課題である．直接の関係者はもちろんのこと社会全体において，すなわち，構成員一人ひとりに求められ，現代における重大な社会的責務であると考える．

(2) 障害児・者の種別と特性

　障害児・者は，人間の基本的機能として身体面または精神面，さらには両面において何らかの障害を有しているために日常の社会生活上に不自由や困難，支障をきたしている場合の総称である．原因や発生状況は，胎内（妊娠）期や出産時期，誕生直後期，超乳児期等，また，いわゆる先天性や後天性あるいは事故・ケガ・病気等による中途性障害，なお最近では急速な高齢

化に伴う心身機能低下による病気や後遺症性の障害，そして原因が主として脳の中枢神経系障害の場合や病気等による障害，その他の原因による障害等があり，きわめて多種・多様である．

障害自体が，精神の知的側面や社会性の不適応面に特性があれば「知的障害」，身体面で肢体の不自由さにあれば「身体障害」あるいは「肢体不自由」，視覚や聴覚の感覚機能上にあれば「視覚障害」，「聴覚障害」，また，精神の情緒・意志面において不安定さや落ちつきのなさが顕著であれば「自閉症」，ないしは「情緒障害」等として命名，呼称される．障害の程度も軽度から中度，重度，さらには最重度，そして障害が重複した重度・重複障害の段階があり，対象者によりケアの方法は異なってくる．いずれにしても，障害特性の実態を十分に把握，理解の上で適切なケアの対応を図り，改善・向上に努めることがきわめて重要な課題である．

(3) 障害児・者のケアの基本原理

障害児・者の心理に関して特にこころのケアを中心に考える場合に共通的に指摘される基本理念なり，原則なり，方針が求められる．表9-1は，筆者がすでに論文に提言した要旨の指導方法の原理に関する心理臨床学の観点からの考察である（池田，2002年①）．本原理において重要な点は，当人自身があくまでもしあわせであることが大前提であり，社会参加と自立ができ，生きていく人間としてのたくましい力の養成を目指すことにある．そのためには基本的に10項目の原理が必要であり，相互に関連しあって駆使される事と考える．本表は，キーワード的に箇条書きに表記してイメージ的に理解できるようにしている．また，障害の有無にかかわらず健常者も含めて普遍的な原理としても参考になると考えている．

障害児・者のこころのケアに当たっては，指導者側におけるこころの構えが先決課題であり，基本的に重要な要因であることを加えておきたい．こころのケアを実践する現場においては直接の対象者に対して具体的にどのような方針をもって臨むかにより影響が異なる．筆者が常々留意している事項は，うつくしい心，明るい心，強い心の，いわゆる「三つの心」と称する指導者自身の心理的内面性の大事さを強調している．その底流にある原点は，

表9-1 障害児の指導法原理

<いつも子どもの側に立ってしあわせを考える>
―成長の保障・豊かな発達,生きる喜び・たくましく生きる力,自立(身辺・職業・社会)―

<10大原理>
1. 希望をもつ,あきらめない,可能性を信じる(潜在能力がある)
2. 根気強く,小さな変化を大事に,あせらない
3. よくほめる(励ます),結果でなく努力(過程)を,意欲や自身を
4. 触れ合い(スキンシップ),体(体感・体験)でおぼえる
5. 保護と自立は半分半分,甘やかしはよくない
6. (見通し(予測)を立てる,先を考える(読む)
7. 愛情・情熱・気迫,体力がいる,石の上にも3年,継続は力なり
8. 子は親を見て育つ,親が大事
9. 共に育ち合う,子どもから学ぶ,教育とは"共育"なり,同じ目の高さで
10. 体や動きを通して心を育てる(自己の活性化),"心身一如",知・徳・体(・食)育,心・技・体

＊ 上記の10原理を一人ひとりの子どもの状況に応じて適正に対処する.

「思いやり」,「いたわり」,「やさしさ」,「ありがとうの感謝」であり,換言すれば「深い愛の心」と言っても過言ではない.表9-1の指導法原理は,まさに「人間愛」を中核に位置付け,意味付けている考えである.障害児・者のこころのケアにおいても十分に適用できると確信しており,仮に,必ずしも障害を有していない場合においても,一般的な家庭・学校・施設等の教育や福祉問題の予防や解決のために,さらに,こころの健全な成長,発達の改善・向上においても十分に参考・活用になると考えるので,この際に掲載しておきたい.

2. 障害児・者のこころのケアに関する基礎理解と展開

(1) 障害児・者ケアの理解にあたって

障害児・者の心理については,特にこころのケアを実践する以前に実態把握のために基礎理論を十分に会得して展開・進展を図ることである.基本的に大きく4点の基礎理論が指摘される.まず一つは人間が本来的に有してい

る心理構造についてであり，次は人間の成長・発達の構造についてであり，三つ目は人間の生活行動・動作についての構造である．そして，四つ目として人間の生後ごく初期における超乳幼児期でのこころの萌芽とケア対応についてである．障害児・者の心理は，健常者と本来は何ら変わらない存在であるとよく言われている．全く同感であり，したがって，人間自体についての基礎理解を十分に深めておくことがきわめて肝要であり，出発点である．

人間自体の心理についての理解は確かにむずかしく困難であるが避けることはできない課題である．以下に基礎理論を順次に述べるが，よく理解の上で実践展開の参考にしていただきたい．筆者の40有余年の臨床経験からの実感的な指摘であり，これまでも多くの論文，図書等において常に記述し，強調してきたことでもある．

（2）人間本来の心理構造および発達構造の基礎理解と特性

図9-1（昇地，1976年②）と図9-2（石部，1975年③）は，本来の人間が所有している心理の基本構造であり，また，人間生来の成長・発達の基本構造として古今からよく知られている貴重な提言理論である．両図ともに人間の心理や発達の解明と理解に不可欠であり，また，こころのケアのためにも意義深い考えである．このような視点なり，観点から対象者についての見たて方，とらえ方，考え方を常に所持しておくことは，特にこころのケアにかかわる場合にはなおさら重要である．

こころのケアにおいては人間の本質なり特性の基礎理解が発端であり，その上で具体的なアプローチが求められる．臨床心理学的に対応し，基本に立脚した展開と進展を図ることにある．本図はともに現在においても日本の第一人者として活躍中の著名な学者であり，研究者，実践家でもあり，きわめて有意義な心理臨床の考え方の基礎理論である．

まず図9-1は，もともと人間本来の基本的心理構造として理解すべきである．たとえ障害を有していても本質は同じ人間として何ら変わらない存在であるとされている．本図は，図書の性格から第1次症状に肢体不自由が基本障害として位置づけされている．そして，その障害が影響して次の情緒不安をもたらし，さらに第3次症状の劣等感へと連鎖・悪循環的に第5次症状へ

224　第9章　障害児・者の心理

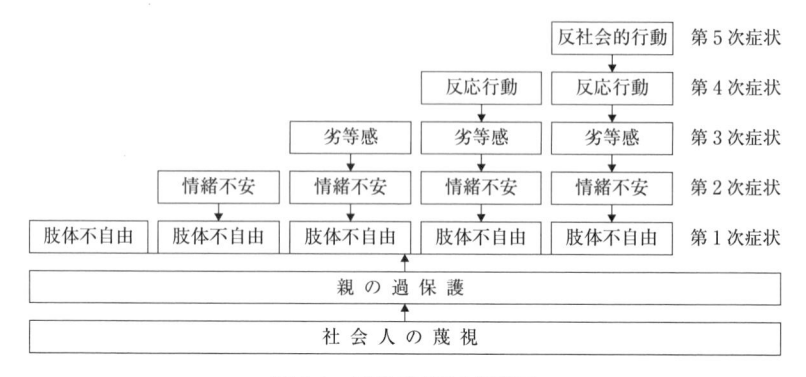

```
                                            反社会的行動    第5次症状
                                反応行動      反応行動      第4次症状
                    劣等感       劣等感       劣等感       第3次症状
        情緒不安    情緒不安    情緒不安    情緒不安    第2次症状
肢体不自由 肢体不自由 肢体不自由 肢体不自由 肢体不自由  第1次症状
─────────────────────────────────────────
            親　の　過　保　護
─────────────────────────────────────────
            社　会　人　の　蔑　視
─────────────────────────────────────────
```

図9-1　障害重責深化過程図

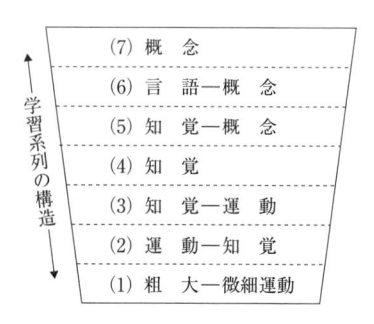

```
┌─────────────────────┐
│   (7) 概　　念       │
│   (6) 言　語―概　念 │
│   (5) 知　覚―概　念 │
│   (4) 知　　覚       │
│   (3) 知　覚―運　動 │
│   (2) 運　動―知　覚 │
│   (1) 粗　大―微細運動│
└─────────────────────┘
        ←学習系列の構造→
```

図9-2　学習系列としての発達構造

と移行していくのである．また親や家族等の過保護，さらには社会からの軽蔑や冷たい視線等にもさらされて重複的に症状，障害が重積深化，悪化していくことを説明している．

　人間は誰しも生活においてケガや病気，事故等により思わぬ不自由や支障をきたすことはある．それが最初の第1次症状として生起し，次の症状へ移行し，連鎖反応により重積深化の悪循環化していくことになる．したがって，いかに症状進行を予防，防止するかがこころのケアとして重要な課題となる．特に，第2症状の情緒不安の除去なり，減少化は当面の課題として肝要であると強調されている．そのことが後の症状を緩和なり，防止することになる．

　次に図9-2は，人間本来が有している発達の基本構造である．発達は学習

により系列・階層的に獲得され高次化していくのである．身体および精神活動のすべては学習により順次に構築，構成され完成される．（1）の生後直後における粗大―微細運動は感覚―運動を含んで次の（2）運動―知覚の段階へ向上し，さらに次へと高次能力へと進行していく．11～12歳には抽象的に思考できる概念の能力が獲得される．低次段階にある運動的な体験中心による理解から言語や知的能力による理解へと年齢により系列・構造的に発達向上していく．

障害を有する場合は，基盤となる，いわゆる（1）～（4）段階までにおいて発達の困難や不安定があり，（5）～（7）段階への達成に影響があり，支障をきたすことがある．いかに基盤を改善し強化し向上を図るかが重要な課題となる．遊びやスポーツ，また特別な訓練，リハビリテイション等を駆使し，工夫・創意せねばならない．教育や福祉，医学等の有効な方法の活用が多々開発されているので大いに期待される．なお，最近は普通といわれている子どもたちがゲーム等に熱中しすぎ遊びや運動不足によりからだが硬い，運動が不器用，骨が折れやすい，箸やハサミがうまく使えない等，さまざまなからだの問題が指摘されている．発達上の基礎・基盤に相当することだけに家庭・学校・社会全体で十分に留意し，理解と協力が強く求められる現代の喫緊課題と考える．

（3）行動・動作の構造と特性

人間の身体運動は本人自身の意図・意欲や努力なり，計画性のもとで生起する心理的な活動であるとされている．自らの気持ちによって結果として身体運動が生起する．外見上は筋肉や骨の動きとして捉え，生理現象であるような理解をしがちであるが，実は内面のこころの働きがあっての身体活動であり，心理現象として考え，理解すべきである．図9-3（成瀬，1992年④）の主旨は，この点にあるために動作図式として掲載しているが，この方法によるケアについての詳細な説明は第5章，5の心理リハビリテイションを参照されたい．いずれにしても動作学的なケア・アプローチはきわめて有効とされ，国内外において今日では活発に利用されている．また，特別支援教育における自立活動の教育課程では中心的に活用が図られている現状にある．

図 9-3　動作図式

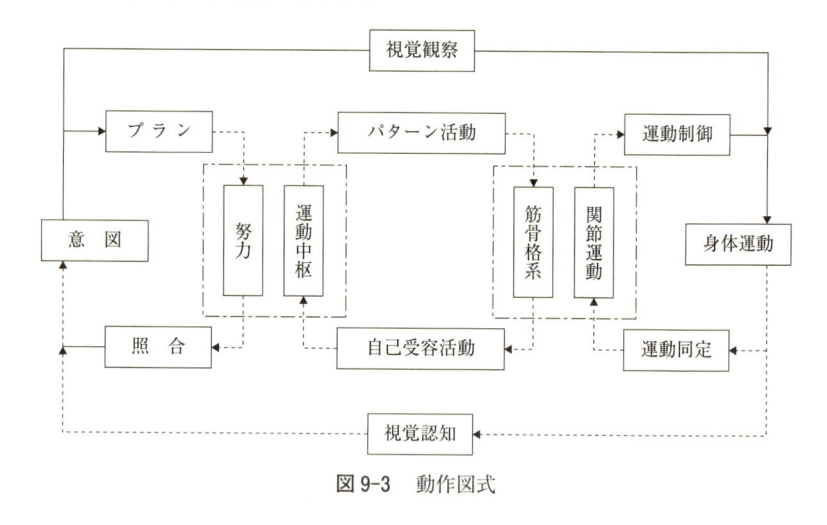

さらなる充実，発展を望み，期待，評価するものである．また，福祉の分野においても同様であり，健康法としても幅広く応用できることから，こころのケアとして一般性が高いだけに学ぶ機会をぜひにと願うものである．

（4）超早期における乳幼児期のこころの萌芽と特性

最新の障害児の心理学研究では，人間の超早期における乳幼児の成長・発達に関する分析研究が活発である．図9-4（森崎，2004年⑤，船橋，2004年⑥）らの乳幼児に関する発達心理学の提言はきわめて貴重であり注目に値する．特に船橋の縦断的母子観察事例についての研究では，乳児期の成長発達過程において「生後9ヶ月の奇跡」と称される不思議な時期があるということである．すなわち，身体機能中心から精神機能活動へ転換，移行，連結していく最初の重要なこころの発達的萌芽が出現する時期と指摘している．運動発達上の「おすわり」「はいはい」「つかまり立ち」「ひとり立ち」という段階での身体姿勢の「縦（タテ）」の体型に変換する時期である．それまでの2次元の世界空間である「横（ヨコ）」体型での身体運動とはことなり3次元または4次元の立体的空間世界へ導入，変換されることで高次な精神活動の契機になる．人間の人間たるこころの萌芽と称してよい重要な発達転換の節目時期として重視される．

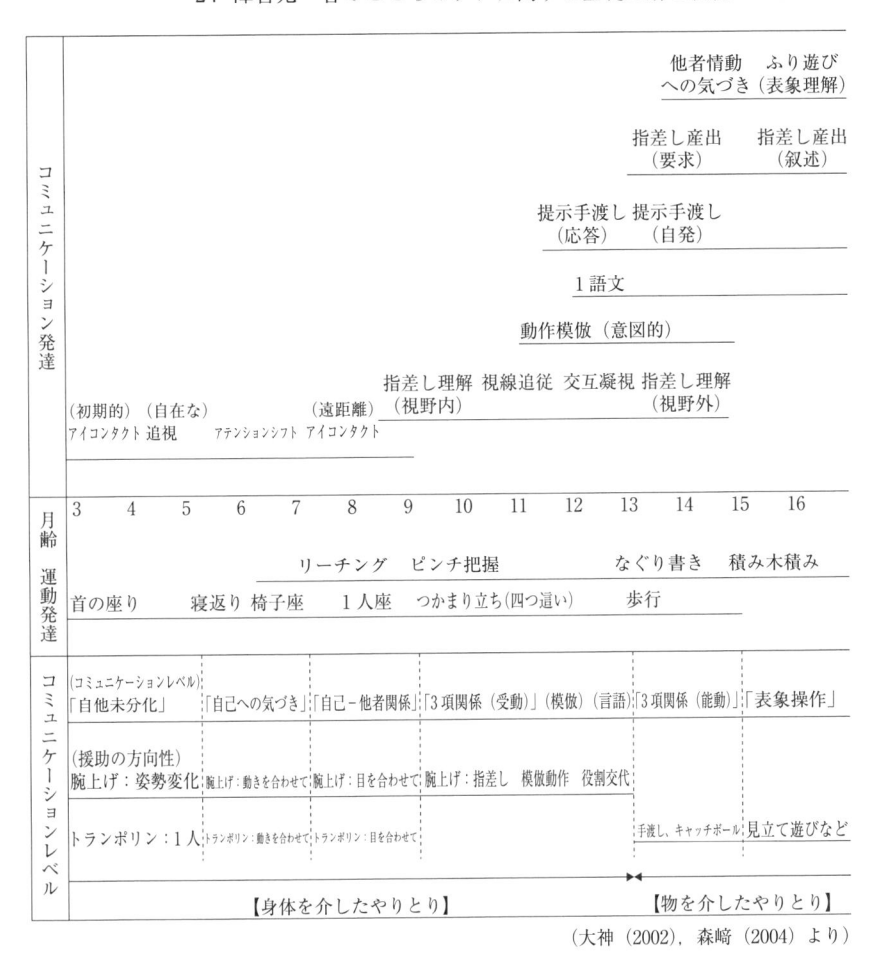

2．障害児・者のこころのケアに関する基礎理解と展開　227

コミュニケーション発達									
							他者情動 への気づき	ふり遊び （表象理解）	
							指差し産出 （要求）	指差し産出 （叙述）	
						提示手渡し （応答）	提示手渡し （自発）		
							1語文		
					動作模倣（意図的）				
				指差し理解 （遠距離）	視線追従 （視野内）	交互凝視	指差し理解 （視野外）		
（初期的） アイコンタクト	（自在な） 追視	アテンションシフト	アイコンタクト						

月齢	3	4	5	6	7	8	9	10	11	12	13	14	15	16
運動発達					リーチング		ピンチ把握				なぐり書き		積み木積み	
	首の座り		寝返り	椅子座		1人座	つかまり立ち（四つ這い）		歩行					

コミュニケーションレベル									
（コミュニケーションレベル） 「自他未分化」	「自己への気づき」	「自己-他者関係」	「3項関係（受動）」	（模倣）	（言語）	「3項関係（能動）」	「表象操作」		
（援助の方向性） 腕上げ：姿勢変化	腕上げ：動きを合わせて	腕上げ：目を合わせて	腕上げ：指差し	模倣動作	役割交代				
トランポリン：1人	トランポリン：動きを合わせて	トランポリン：目を合わせて				手渡し、キャッチボール	見立て遊びなど		
【身体を介したやりとり】						【物を介したやりとり】			

(大神（2002），森﨑（2004）より)

図9-4　コミュニケーション発達と発達支援のあり方

　身体の，いわゆる「タテ」という体型姿勢は地球の重力に抗している状況であり，その後の空間知覚や認知，言語，概念能力等の基礎・基盤を培う根源として人間の精神活動には不可欠な要因である．生後9ヶ月前後は，発達上の2項関係や3項関係，指さし，さらに共同注意といった身体を介したやりとりから物を介したやりとりへ転換する人間のコミュニケーション能力の活発な発達時期にあり，支援，ケアのあり方が問われ，求められ，さらなる

高次の成長・発達に影響が大とされている．

3．こころのケアにおける具体的なアプローチと展開

（1）心理リハビリテイション（動作法）と応用としてのストレス・マネジメント法

　昨今，障害児・者に限らずこころのケア，または一般の健康法としても心理リハビリテイション（最近は動作法という呼称が多い）および応用されたストレス・マネジメント法が広く注目されている．本書では第5章において地域援助・支援も加えて詳細に説明されており，また他の図書や論文等も多々である．筆者（池田，2002年①，2007年⑦，1985年⑨，2007年⑩）も，こころのケアを視点にいれながら永年研究に取り組み，専門分野として現在に至っている．

　障害の有無によらずストレス性による体調不良や問題行動，精神疾患等は急増しているだけに有効なケアのアプローチが現代社会の課題として誰にしも求められている．これらの方法は，こころのケアのためには身体の動作を介してこころの安定や活性化を図ることにあり，子ども，高齢者ともに理解しやすいケアの方法である．全国の諸学校や施設等で多く実践されている現状にあるので身近にある関係機関で紹介を受け，契機にしていただきたい．インターネットでも簡単に検索可能であり，相互に連携しあってネット・ワーク化して活動している現況にある．

（2）特別支援教育および福祉，家庭，地域社会におけるこころのケアと支援

　現代は，ますます少子高齢化時代にあって人間の時代，こころや福祉の時代ともいわれ重視化されている．特に教育においては特別支援教育が学校教育法改正により障害の有無を問わず平等に教育を図ることが義務付けられている．戦後60年の教育大改革とも称せられている．まだ取り組みは中途ながらも現場は努力に追われているが，多大な成果が期待され，発展を強く願うところである．詳細は，文部科学省のホーム・ページをぜひ参照いただきた

い．

　筆者（池田，2007年⑩）も前任校の教育系大学から現在の福祉系大学においても活動を継続中にあるが，特にこころのケアには重点をおいて取り組んでいる．人間中心，こころの尊重を重視した豊かな教育・福祉をいかにして構築していくかである．専門家一人だけでは限界があり，社会全体の認識の向上が必要かつ重要である．今日，時代は確かに変革の流れにあり，社会の仕組み等の見直しが問われている．国外ともに世界全体において変革は同一のキー・ワードとして重要なテーマとして強調されているが，一層の連帯と努力が現代の最大課題であると考える．お互いの思いやりやいたわり，やさしさのこころ作り，人間作りがまさに強く求められているといえる．

4．障害児・者の心理とこころのケアにおける課題と展望

　本書および本章の主旨である，いわゆる，こころのケア全般に関して基本的に重要な課題は，対象者自身についての的確な実態の把握であり，さらにどのような方針，方法を駆使して改善，解決を図るかの指導者側の創意と工夫が求められる．障害の種類や特性の違いもあって多難は予想されるが，本質的には健常者と何ら変わらないという視点と認識の上で有効なケアを図ることである．そのためには平素から研修に努め，スーパビジョンを十分に受けて対応すべきである．

　現代社会はストレスも多く，残忍な事件が多発しているが，いかに事前に予防，防止するかの方策が肝要となる．家庭・学校・社会における教育や福祉，医学等の望ましいあり方が問われる．直接の関係者はもちろんのこと，社会全体の正しい認識，理解，協力がかかせない．それぞれの連携や専門機関等のネットワークの強化，構築が求められる．豊かな社会的資源としての使用・活用が充実し，さらに向上，発展していく時代を迎えている．各人ひとりひとりの社会的自覚と責務が一層必要であると考える．

参考・引用文献
① 池田勝昭『障害児の指導方法の原理に関する心理学的考察』治療教育学研

究　第22輯,愛知教育大学障害児治療教育センター，2002．
② 　昇地三郎『脳性マヒ児の治療教育』ミネルヴァ書房，1976．
③ 　石部元雄『肢体不自由児の教育』ミネルヴァ書房，1975．
④ 　成瀬悟策編『臨床動作法の理論と治療』至文社，1992．
⑤ 　森﨑博志「自閉的な子どもへの身体を介した関わりの意義―発達的視点からの理論的考察―」『リハビリテイション心理学研究』第32巻　第2号，2004．
⑥ 　船橋篤彦「乳児の移動運動獲得は「生後9ヶ月の」を説明できるか―縦断的母子観察事例からの考察―」『九州大学心理学研究』第5巻，2004．
⑦ 　池田勝昭・目黒達哉共編著『障害者の心理・こころ―育ち，成長，かかわり―』学術図書出版社，2007．
⑧ 　平松芳樹・池田勝昭編『精神保健』（株）みらい，2007．
⑨ 　池田勝昭「心理リハビリテイションと障害児教育」『愛知教育大学研究報告第34輯（教育科学)』，1985．
⑩ 　池田勝昭「障害者福祉の支援に関する臨床心理学的考察」『愛知新城大谷大学研究紀要』第4号，2007．

第10章
高齢者の心理

1. 高齢者の知能

　知能の発達は，青年期あるいは成人期前期までであり，その後の知能は加齢とともに衰退していくと長い間考えられていた．しかし，長期の縦断的研究の成果から，中年期まで知能が発達し続けることが明らかにされるようになった．また，最近では知能検査で測られるような狭い意味での知能だけでなく，日常生活のなかで発揮される能力，知恵や創造性といったもっと広い意味での知能に関する課題にも目がむけられている．

(1) 知能とは（知能の定義）
　ここでは代表的な知能検査を作り，最も包括的な知能の定義として，ウェクスラー（Wechsler, D., 1958）に従い「目的にあった行動をし，合理的に考え，環境からのはたらきに効果的に対処する能力」を用いる．

(2) 知能の構造
　知能が流動性知能と結晶性知能という二つの一般因子で構成されるという説を提唱した（Cattell, 1963; Cattell & Horn, 1978）．流動性知能は，新しいことの学習や新しい環境に適応するために必要な問題解決能力である．大脳の生理的な面との結びつきが強く，加齢や脳の器質的障害の影響を受けやすい．これに対し，結晶性知能は蓄積した経験を生かす能力である．学校教育や仕事などのさまざまな経験の蓄積によって育てられていく能力である．結晶性知能は加齢や脳の器質的障害の影響を受けにくい．WAISなどの知能検査では，おおよそ言語性検査が結晶性知能を，動作性検査が流動性知能を

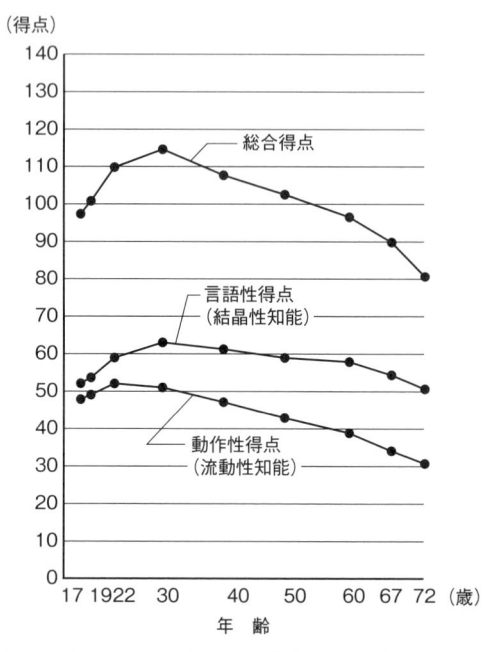

図10-1 アメリカのWAIS-Rの標準化データ（Wechsler, 1981）
Wechsler, D. 1981 Wechsler Adult Inteligence Scale-Revised (WAIS-R), San Antonio, TX, The Psychological Corporation

測ると考えられている．

（3）知能の加齢に伴う変化

　知能は加齢に伴う変化が，知能検査を用い測定した場合，どのような変化を示すか概観する．

　アメリカのWAIS-Rの標準化データを表したものが図10-1である．言語性得点が最も高いのは30歳頃，動作性得点では22歳頃であり，それ以降はどちらも年齢とともに得点が低くなり，言語性得点よりも動作性得点のほうが年齢差が大きいことがわかる．しかし，これらの変化は年齢差または年齢群差は直接的に知能の発達や加齢を示すものではない．つまり，年齢差には各々の年齢群の出生年代の違いの影響が強く加わっているため，そのまま成長・加齢を示すものとみなすことができないのである（コホート）．

1. 高齢者の知能　233

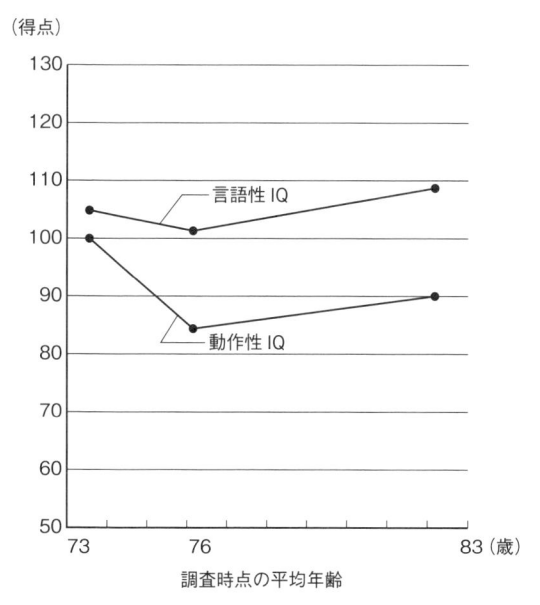

(得点)

図10-2　73〜83歳までの10年間の知能の縦断的変化（東京都老人総合研究所，1992）
　東京都老人総合研究所心理学部門　1992　老人の知識と加齢に関する縦断的研究

　高齢者の成績が若年者に比べて劣っていることは示すことはできるが，それが加齢の影響を受けているとはいえない．高齢者と若年者では，年齢以外で知能に影響を及ぼす要因が他にもある．とくに，高齢者と若年者間では生きてきた社会的背景が異なっている．その社会的背景のなかで最も大きな要因は教育の違いであると考えられている．一般に，先に生まれた世代ほど教育の機会に恵まれず学歴が低くなる傾向がある．また，テレビやラジオなどが無かった世代を考えると学校教育だけではなく，日常生活のなかでの知的刺激の差も時代により異なり，それが知能の発達に影響していると考えられている．そこで発達や加齢を直接的に観察する場合は縦断的データが必要になる．

　一定の集団を追跡調査して得られるデータに基づく縦断変化は，真の加齢を表すと考えられやすい．図10-2は，73〜83歳までの10年間の知能の変化をWAISを用いて調べたものである（東京都老人総合研究所，1992）．言語性知能は10年間で低下せず，動作性知能は低下が顕著にみられる．しかしな

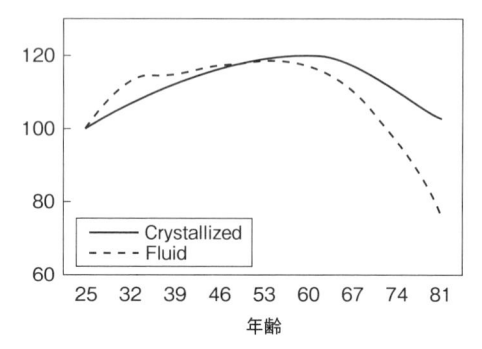

図10-3 推定した結晶性知識と流動性知識の発達曲線（Schaic, 1980）
Schaie, K.W. 1980 Intelligence and problem solving. In Birren, J. E., & Sloane, R.（Eds.）
(1980). Handbook of mental health and aging. Englewood Cliffs, NJ: Prentice-Hall. 262-284

がら，縦断的研究は長期間にわたりデータを収集するため健康状態の良いひとや検査に協力的なひとだけが選別される傾向が強いこと，同一のひとが同じ知能検査を何度も受検することから練習効果やテストへの慣れから生じることがある．つまり，加齢による真の知能の変化を示していないと考えられている．

したがって，縦断データと横断データ共に異なる理由ではあるが，そのまま加齢変化を表していると解釈することは難しい．

このような問題に対して系列法と呼ばれる横断法と縦断法を組み合わせることにより加齢変化だけを取り出すための手法を提案し解決を試みている（Schaie, 1980, 1996）．図10-3から，結晶性知能のピークは60歳代でその後の80歳代以降にならないと大きな衰えがみられないこと，また，流動性知能では40歳頃にピークを迎え，60歳代後半以降大きく低下するという知能の発達曲線を推定している．

以上のことから，横断法は年齢差からの加齢変化を推定すると低下を過大評価しやすく，縦断法は低下を過小評価しやすいことになる．研究方法の変化と改善は，当初から指摘されてきた知能の低下よりも年齢がずっと後になってから知能の低下が起こることを明らかにした．

(4) 加齢変化に影響する要因

　知能の加齢変化は，ひとを取り巻く環境や状況，身体機能の変化，病気や健康状態などの主に三つが影響することが報告されている．

　はじめに，ひとを取り巻くさまざまな環境や状況から影響を受けているなかでも知能と教育の関係はかなり強いことが指摘されている．一般には高学歴であるほど，教育年数が長いほど知能検査の成績は高得点になる傾向があることが明らかになっている（Birren & Morrison, 1961）．また，日常生活で知的な活動に参加しているひとでは知能の低下が起きにくいことも報告されている（Hultsch et al, 1999）．

　次に，加齢に伴う身体機能の変化は大きな影響を及ぼすことが指摘されている．たとえば，加齢に伴う脳の全体の萎縮，神経細胞の死滅や神経細胞間の結びつきの減少，非常に小さく症状を伴わない脳梗塞など脳の器質的変化が起きてくる．このような脳の器質的変化が直接的に知能の低下につながるわけではないが，脳の器質的変化が蓄積され，ある一定のレベルを超えると知能の低下として現れてくる．それは，もともと脳がもっている修復機能のために，外に現れる能力や機能の低下がそれほど大きくならないことや変化の起きやすい部位，あまり起きない部位があり全体的な能力への影響が限られることがわかっている（Labouvie-Vief, 1982; Xu et al, 2000）．

　最後に，病気や健康状態によって影響を受けることが報告されている．認知症など脳疾患による低下は，病気によって知能に影響がみられる．また，心臓や血管疾患を患ったひとは，そうでないひとより得点が低かったという結果が得られている（Hertzog et al., 1978）．

(5) 知　　恵

　知能に関するさまざまな研究から，知能は高齢期に入ってもある程度，維持されることがわかってきた．従来の高齢者の知能に対するイメージは，加齢に伴い低下するというネガティブな考え方が主流であったが，近年の研究では，高齢者のイメージはポジティブな側面，すなわち豊かな人生経験によって培われる知恵に注目があつまり研究が進められている．

　知能は問題解決のための手がかりを高い確信をもち問題を解く能力である

が，知恵とは十分な手がかりがない，不確実性を含んだ問題を解決する能力であり，人生のさまざまな問題や葛藤を解決できる能力である．高齢者の多くは職業生活などから引退しているにも関わらず，学業成績・学力を予測するための知能検査で測定された結果だけを知能と考えるのは狭い意味あいになると思われる．人生の中で蓄積されてきた知識や判断力，理解力の統合された形である知恵などは高齢期でも発達しつづけ高い能力を示すことがわかってきている．

2．高齢者の心理的問題

　乳児期・幼児期・青年期・成人期へと徐々に移行し老年期と呼ばれる時期に達することになる．これまでは上昇と広がりの感覚に支えられた発達の延長線上に成人期以降の発達を重ねて考えるのは難しくなる．この時期は老いや死への接近といった，それまでの時期には表面化しなかったことを経験することになる．心理的問題は問題への判断基準が多義的であり，また社会状況によって変動することもある．ここでは，高齢期に出現することの多い精神疾患や精神症状，発生要因が喪失体験などの心理社会的要因や身体的要因の比重が脳器質性障害より大きいと考えられる心理的不適応状態，社会的に望ましくないと判断される行為や心理状態の三つに分けてみた．ひとつめの精神医学上の問題は次節認知症高齢者の心理的問題にて概観する．

(1) 喪 失 体 験

　人間は成長とともにさまざまなものを獲得するが，高齢期になるとそれらをひとつずつ失っていく体験のことをいう．主なものとして活力の減退，感覚器官の衰退，身体機能の衰退，記憶・推理など知的機能の衰退，配偶者・親族や友人との死別，経済力の低下，役割の喪失などがある．ここでは，精神的健康に影響を及ぼすといわれている感覚器官の衰退と身体機能の衰退を説明する．また，配偶者・親族や友人との死別，経済力の低下，役割の喪失をライフイベントの観点から説明する．

　感覚機能は外界の情報を中枢神経に伝え，運動機能は中枢から指令に基づ

2．高齢者の心理的問題　237

いて外界から働きかける役割をもっている．すなわち，感覚・運動機能は中枢神経系と外界との橋渡しをする重要な割合をもっている．耳が遠くなる，目がかすんでくるなどの感覚機能の低下は，最も明らかな老化の兆候のひとつである．また，運動機能の衰えで老いを自覚することも多い．井口（2000）は高齢者の感覚・運動機能の低下は，活動性・対人関係・認知機能などに影響を与えること，また，高齢者を社会的孤立と隔離状態に追いやる原因になることを指摘している．

　運動機能の低下の要因のひとつに加齢があることが指摘されている（田島ら，1997）．運動は，筋力，持久力，瞬発力，敏捷性，巧緻性，平衡性，柔軟性，協応性が総合され発揮される．これらの各要素は，加齢に伴いそれぞれ低下する．熟練した運動のスピードが低下し，姿勢の維持や歩き方にも変化があらわれることが指摘されている（小林ら，1985）．また，高齢者は転倒すると，骨粗鬆症の進行もあって骨折の危険が高い．とくに大腿骨頸部骨折は寝たきりを招いてQOLを著しく低下させる．転倒の主な原因は足腰の筋力低下と全身の平衡感覚および足底の圧感覚によるバランスをとる能力とが落ちていることにある．安藤ら（2000）は，筋力の加齢変化を上肢（手の握力）と下肢（膝伸展力）比較検討を行っている．例えば，歩行などの全身運動に必要な下肢の筋力は若いうちから低下して，80歳になると20歳のときの60％にまで弱くなる．また，バランス能力を片足立ち時間でみると，開眼片足立ちが60秒できるひとは，65～69歳で54％，70歳代で34％，80代で7％まで少なくなる．直立した姿勢から身体を前後に傾けた場合，その姿勢の保持は80歳ではほとんどできなくなる．転倒の危険因子は筋力とバランス能力の低下のほかにもある（鈴木ら，2004）．例えば，関節の変形性変化，脊椎の変形，筋骨系の疼痛，平衡感覚障害，視力障害，薬物の副作用としての意識障害など身体に起因するものと，滑りやすい床や段差などの不適切な環境などである．

　以上のことから，感覚機能の低下については，感覚器そのものの劣化と中枢神経での情報処理能力の低下の両方が考えられる．外部からの情報の認識がうまくできなければ，精神・神経活動の低下を招き，外への適応や対応がうまくいかなくなる．その結果，不安，焦燥，憂うつ，不機嫌，悲哀感，興

味喪失などの気分の落ち込みと意欲低下に見舞われ，心気症やうつ状態の誘因になりうることが指摘されている（堀田，2001）．また，運動能力の低下による転倒は，骨折・挫傷・硬膜下血腫など身体合併症と歩行することへの不安がつのったり，抑うつ状態が現れたりすることなど精神面への影響をもたらすことが指摘されている（鈴木ら，2004）．

　高齢期は若い時期と違うストレスを伴うライフイベントを体験しやすいといわれている．ライフイベントとは，人生に大きな影響を与えるような何らかの刺激状況や出来事のことである．例えば，坂田ら（1990）は「身近なひとや自身の疾病」「身近なひととの死別」「収入減などの経済的問題」の体験はうつ症状と関連があることを指摘している．また，男性が「配偶者以外の家族の喪失」を体験した場合，うつ反応を生じやすいことが報告されている（Siegel & Kuykendall, 1990）．つぎに，子どもらの独立による「子どもとの別居」は，子どもが独立して家を出て親だけになった家庭の状況を鳥の巣になぞらえて「空の巣」ライフイベントと呼び，親役割の喪失によって不適応状態に陥った事例を「空の巣症候群」として報告されてきた．しかしながら，親役割からの解放というような良いライフイベントと評価されている（東京都老人総合研究所，2000）．最後に，経済面の悪化についてだが，職業生活からの引退が心身の健康に及ぼす影響は否定的側面，肯定的側面の両方から研究されている（Reitzes, Mutran, & Fernandez, 1996）．中里ら（2000）は，引退の前後5年間の心理的適応過程を追跡し，定年退職直前では精神的健康は悪くなるが，引退後は徐々に精神的健康が回復していく意外な結果を得ている．引退のイベントは労働役割を喪失するという予期が精神的健康の悪化を生むのであって，体験後に悪化するのではないことを示している．その一方で，失業は引退に比較して長期にわたって精神的健康に悪影響を及ぼすことが確認されている．

（2）高齢者の自殺

　高齢者の自殺の特徴は，致死性の高い手段を用いるなど既遂自殺に終わる危険が高いこと，自殺動機に病苦が多いいことがあげられる（高橋ら，1999）．しかしながら，必ずしも重症の身体疾患に罹患している場合ばかり

ではないことも報告されている．高齢者を取り巻く人間関係が良くないなどの疾患を癒せる状況にない環境が原因のひとつでもあることを指摘している．明確に言明されない喪失感や生の意義への疑念が病苦という身体症状に集約した形で現れているのではないかと報告している．また，高橋（2003）は，身体症状の訴えあるいは身体症状を気にする心気症が伴うタイプのうつ病は，心気症を伴わないうつ病よりも自殺の危険性が高いことや，せん妄や認知症の初期にうつ病症状が重なると自殺の危険が高まることを指摘している．そして，非定型なうつ症状をプライマリケアの場で早期に発見し，精神科受診の抵抗感を軽減していくことも重要であることを述べている．高齢者に対するネガティブな治療的態度，高齢者を心理社会的に支える地域のネットワーク不足，過度の飲酒など寿命を縮めかねない間接的な自己破壊行動などの問題への対応も重要であることを指摘している．こうした問題点を踏まえて，地域をあげてうつ病高齢者の早期発見と治療および危機介入を行うことによって自殺率が減少した報告もみられる（高橋，1998）．

(3) 高齢者介護

介護とは，身体的な介助や不適切な行動への対応または見守りなどの援助を通して日常生活を営むことが困難なひとの生活を支え続けることである．こうした介護は介護者である家族に負担をかけ，家族の心身の健康の悪化や施設入所への意思決定を招き（朝田，2000），また高齢者虐待を誘発させる一要因になると指摘されている（田中，2005）．

家族介護者の精神的健康状態については，GHQ12項目版を用いて認知症高齢者を介護する家族に調査を行った（土井ら，2000）．精神的不健康である可能性の高い4点以上の割合は27.2％であり，項目別にみるとストレス，抑うつ，不眠の訴えが多くみられた．90％以上が「自分が役立たずと考えたことは無い」と回答し，40％以上の者が「幸福感を感じる」と回答していた．このことから軽度の認知症高齢者が多いなどの条件がこの調査結果に影響を及ぼしている可能性を指摘している（土井ら，2000）．

介護負担の研究では，外的リソースのひとつであるソーシャルサポートがよく取りあげられる．介護ストレッサーの認知的評価である介護負担感の緩

衝効果について検討を行った．相談相手がいること，家族からのサポートを受けていることというサポートが介護についての心配，人間関係の問題，社会的サービスの不足といった介護負担感の緩衝効果として有効であるという結果が得られている（新名ら，1991）．また，ストレス反応として精神的健康を取りあげ，配偶者以外の家族や親族などからの情緒的サポートに精神的健康の軽減効果を見出している．

3．認知症高齢者の心理的特徴

　認知症は，社会的な機能や職業的な機能に支障をきたすほど知能が低下してしまった状態のことである．認知症は何年もかけてゆっくり進行するが，微妙な認知面での欠落や行動面での失敗は，そのひとが目立った障害を示すようになる前から気がつく場合もある．最も中核的な症状は，物事や最近の出来事を思い出すのが難しくなることである．そのため認知症のひとは，作業が少し中断している間にその作業に戻ることを忘れてしまうため，まだ終えていない作業をやりっぱなしにしてしまうことがみられる．例えば，ポットにお湯を入れようとしていたが，お湯を出しっぱなしにしてしまうことがある．また，息子，娘の名を思い出すことができなくなる．さらには，自分に子どもがいたことを思い出せず，子どもたちが訪ねてきても誰なのかわからなくなるようなこともある．また，慣れ親しんだ環境のなかでも自分がどこにいてどちらに行けば良いのかわからなくなってしまうこともある．記憶障害のほかにも，判断力に誤りが生じ，状況を理解し計画を立て決定を下すのが難しくなる．自分の生活を支えてきた規範に従うことが困難になり，衝動のコントロールも困難になる．そのため，乱暴な言葉遣いに終始したり，不適切な冗談を言ってみたり，万引きをしたり，見知らぬ人に性的な行為を働こうとしたりする．また，身体能力が維持されていても，身体を動かすことが困難になる場合もある．例えば，歯を磨く，化粧をするなど整容が困難になり，自分で更衣をすることなども困難になる．

　認知症の経過は，その原因によって進行したり，状態に変化がなかったり，軽減したりする．進行性の認知症を患っている場合は，引きこもるよう

表10-1 アルツハイマー病，血管性認知症，ピック病の臨床像の比較

	アルツハイマー病	血管性認知症	ピック病
発症年齢	初老期〜高齢期	初老期〜高齢期	初老期
発症のしかた	ゆっくり進行	しばしば急激	ゆっくり進行
初期症状	記憶・記銘障害	脳虚血発作 脳血管障害発作	人格 性格変化
認知障害の性状	全般的認知障害	まだら状認知障害	全般的認知障害
人格変化	進行すると変化がみられる	通常変化しない	初期から変化する
経過	進行性	階段状，動揺性	進行性

になり，無気力になってくることがある．最終局面においては，パーソナリティは生気を失い，解体する．他者との社会的交流は狭まり，ついには周囲に対し無関心になる．

　主な認知症としてアルツハイマー病（アルツハイマー型認知症）と血管性認知症とピック病がある．アルツハイマー病は「経過はゆるやかな発症と持続的な認知機能の低下により特徴づけられる」というのが診断のポイントになる．一方，血管性認知症は「局所神経微候および症状の存在，また認知症の発現と関連していると考えられる脳血管障害を示唆する検査所見」であり，これが血管性認知症の特徴となる．ピック病の多くが50歳代から60歳代にかけて発症する初老期の認知症の代表とされている．その最大の特徴は人格・人柄の変化，他者の言動を無視することから人間関係が破綻しやすくなる．意欲の減退や社会生活，職業生活の継続が困難になっていくことになる．

(1) 高齢者のうつ病の特徴

　青壮年期のうつ病と比較して異なる病像を呈する場合がある．身体的訴えや認知障害を伴うことも多く，抑うつ気分が若年群に比較すると顕著でないことも稀ではない．さらに，精神的に重要なつながりをもったひとを亡くした後に認める死別反応や，認知症に伴う抑うつ状態などと，内因性のうつ病との鑑別が難しいことがある．

興味の減退,動作の緩慢化,注意集中困難,記憶障害,失見当識などを呈し,一見,認知症との鑑別が難しい高齢のうつ病患者が存在する.何らかの認知の障害を伴う患者群が存在し,必ずしもその認知障害は抑うつ症状とともに並行して改善するといった可逆的なものばかりでなく,一部は抑うつ症状が改善した後もある程度の認知障害が残存し,さらに重症化する例もあるという意見が一般的になっている.

他の年代以上に高齢期においては知人や配偶者といった精神的に重要なつながりをもったひとの死を体験することが多くなる.そのような体験をした高齢者は抑うつ気分,不安焦燥感,身体化傾向,対人関係の障害などの症状を呈し,重症となると大うつ病の診断にも該当する場合もある.

4. 高齢者の生と死

(1) 死の概念の発達

Newman, B.M.と Newman, P.R. (2003) は,中年期・高齢期の死の概念の発達について説明している.中年期は,人生の半分以上を生きてきたことになる.親や年上の親類の死によって死の問題は具体的になってくる.また,家族や地域への自分の影響力もしだいに大きくなり,後の世代への自分の貢献から得られる満足感が大きいほど,死への不安を減らすことができる.子どもを生み育て,社会のなかで働くという生殖性の感覚を獲得することが,死後も自分が存在したことの影響が続くという感覚につながり死を受け入れさせてくれる.高齢期は,生きてきた人生をそのまま受け入れられるようになり,死を生涯の自然な部分と受けとめられるようになる.死はもはや自分の価値,達成の可能性を脅かすものではない.自分の人生を受け入れた結果,失望せずに人生の終わりを受け入れられるようになる.つまり,死を事実として受け入れられるようになる.

(2) 死 の 過 程

死別が高齢者にどのような影響を与えるか検討するため,配偶者と死別した高齢者の追跡調査を行った(Bonanno, 2002).死別前と死別の半年後,死

別の1年半後，の心理状態の変化を検討した．対象者はその抑うつと悲嘆反応の変化から，五つにグループ分けされた．① 一般悲嘆型が10.5%，② 慢性抑うつ型が7.8%，③ 慢性悲嘆型が15.6%，④ 抑うつ回復型が10.2%，⑤ 弾力性型が45.9%であった．各群の死別前，死別半年後，死別1年半後の抑うつ症状を比較した．半数近い対象者は，弾力性型が死別前後を通じて心理的に安定し死別の影響を大きく受けなかった．慢性抑うつ型と慢性悲嘆型の2群が，死別後の適応が良くないのが明らかになっている．しかしながら，両群を合わせても全体の4分の1ほどでしかなかった．慢性悲嘆型の適応の悪さは死別後のソーシャルサポートが少ないことやもともと依存的であることが関係していることが考えられる．

(3) 死別における高齢者独特の問題

　死別は誰にとっても悲しい出来事であるが，高齢者の場合にとくに考慮する必要がある．高齢者にとって重要で最も体験する可能性が高いのが配偶者との死別である．平均寿命が男性より女性のほうが長いことからわかるように，夫が妻よりも先に逝くことが多くなる．つまり，高齢期に配偶者との死別を経験するのは，大部分が女性だということを考える必要がある．残されたひとが先だったひとに依存する度合いが高いほど，死別後の適応が難しくなる．とくに，それまで自分の死について考えてこなかったひとは突然に，自分も死を免れないし，死が差し迫った問題であることに気づき，自分の死の受容という問題にも直面することになる．女性の場合はそれまで夫が担ってきた役割を，男性の場合は妻が担ってきた役割をしなければならなくなる．この点では家事万端をやってきた女性の方が負担が少ないことが予想される．男性の場合は家事に不慣れであり，生活そのものに困ることも多くなり，男性の場合は子どもに引き取られる場合が少なくない．

参考図書
（1）G. Mauree Chaisson-Stewart, R. N. 西村健ら（訳）『老年期のうつ病』西村書店, 1995.
（2）日本老年医学会編『改訂第3版　老年医学テキスト』MEDICAL VIEW,

2008.

引用文献
① 朝田　隆『医療と介護―家族介護と介護負担』松下正明（総編集）『臨床精神医学講座Ｓ９巻　アルツハイマー病』中山書店，p.470-481，2000.
② Birren, J.E., & Morrison, D. F., Analysis of the WAIS subtests in relation to age and education. Journal of Gerontology, 16, p.363-369, 1961.
③ Bonanno, G. A., Wortman, C.B., Lehman, D. R., Tweed, R. G., Haring, M., Sonnega, J., Carr, D., and Nesse, R. M., Resiliense to loss and chronic grief : A prospective study from preloss to 18months postloss. Journal of Personality and Social Psychology, 83, p.1150-1164, 2002.
④ Cattell, R. B., Theory of fluid and crystallized intelligence: A critical experiment. Journal of educational Psychology, 54, p1-22, 1963.
⑤ Cattell, R.B. and Horn, J.L., Acheck on the theory offluid and crystallized intelligence with description of new subtests designs. Journal of Educational Measurement, 15, p.139-164, 1978.
⑥ 土井由利子・尾方克己「痴呆症状を有する在宅高齢者を介護する主介護者の精神的健康に関する研究」『日本公衆衛生雑誌』47（１），p.32-46，2000.
⑦ Hertzog, C., Shaie, K. W., & Gribbbin, K., Cardiovascular disease and changes in intellectual functioning from middle to old age. Journal of Gerontology, 33, p.872-883, 1978.
⑧ 堀田晴美「感覚・運動機能の老化とその対策」『老年精神医学雑誌』12（３），p.229-235，2001.
⑨ Hultsch, D. F., Hertzog, C., Small, B. J., & Dixon, R. A., Use it or lose it: Engaged lifestyle as a buffer of cognitive decline in aging? Psychology and Aging, 14, p.245-263, 1999.
⑩ 井口昭久編『これからの老年学』名古屋大学出版会，2000.
⑪ 小林寛道ら『高齢者の健康と体力』朝倉書店，1985.
⑫ Labouvie-Vief, G., Dynamic development and mature autonomy: A theoretical prologue. Human Development, 25, p.161-191, 1982.
⑬ 中里克治ら「中高年期における職業生活からの完全な引退と失業への心理的適応プロセス」『老年社会科学』22, p.37-45，2000.
⑭ Newman, B.M. and Newman, P.R., Development through life: A psychosocial approach. Eighth edition. Wadswarth / Thompson, Baltimore, CA, 2003.
⑮ 新名理恵「在宅痴呆性老人の介護負担感―研究の問題点と今後の展望」『老年精神医学雑誌』2（6），p.754-761，1991.
⑯ Reitzes, D. C. Mutran, E., & Fernandez, M. E., Does retirement hurt well-being? Factors influencing self-esteem and depression among retirees and

workers. Gerontologist, 36, p.649-656, 1996.
⑰ 坂田周一ら「高齢者における社会支援のストレス・バッファ効果」『社会老年学』31, p.80-90, 1990.
⑱ Schaie, K.W., Intelligence and problem solving. In Birren, J. E., & Sloane, R. (Eds.) (1980). Handbook of mental health and aging. Englewood Cliffs, NJ: Prentice-Hall, p.262-284, 1980.
⑲ Schaie, K. W., Intellectual development in adulthood: The Seattle Longitudinal Study. Cambridge UK: Cambridge University Press, 1996.
⑳ Siegel, J. M. et al, Loss, widowhood, and psychological distress among the elderly.Journal of Cousulting and Clinical Psychology, 58, p.519-524, 1990.
㉑ 鈴木隆雄ら『介護予防完全マニュアル』東京都高齢者研究・福祉振興財団, 2004.
㉒ 田島直也ら編『中高年のスポーツ医学』南江堂, 1997.
㉓ 田中荘司「高齢者虐待問題研究の歴史と展望」『老年精神医学雑誌』16（2）, p.165-171, 2005.
㉔ 東京都老人総合研究所心理学部門「老人の知能と加齢に関する縦断的研究」, 1992.
㉕ Wechsler, D., The Measurement and Appraisal of Adult Intelligence. Baltimore: The Williams & Wilkins Cimpany. 茂木茂八・泰富利光・福原真知子（訳）『成人知能の測定と評価』日本文化科学社, 1958.
㉖ Xu, J., Kobayashi, S., Yamaguchi, S., Iijima, K., Okada, K., & Yamashita, K., Gender effects on age-related changes in brain structure. American Journal of Neuroradiology, 21, p.112-118, 2000.

第11章
精神障害者の心理

1. 精神障害とは

　精神障害とは，精神の疾患名を指す場合（統合失調症など）と精神機能の悪化によって引き起こされる状態を指す場合がある．精神状態を表す場合はさらに，疾患から直接引き起こされる機能障害（認知機能の低下など）と，そこから生じる生活能力の障害（能力障害）および二次的な能力低下（社会的不利）とに分かれる．これは世界保健機関（WHO）が提唱する国際生活機能分類（ICF）に準ずる考え方である．

　国際生活機能分類（ICF）では機能障害を"心身機能・身体構造"，能力障害・社会的不利を"活動・参加"としており，さらにこれらに"環境因子""個人因子"を加え，相互間のつながりを見ることが重要とされている（図11-1）．つまり精神障害を捉える場合，表面的な症状だけではなく，症状によって引き起こされている日常生活上の不利益や，環境による要因など複合的に考える必要がある．

2. 精神障害の症状と分類

（1）精神障害でみられる主な症状

　精神障害においてはさまざまな症状が見られる．それらは以下のように症状の種類により分類される．

1）思考の障害

　思考とは思いめぐらすこと，考えることである．概念や判断，推理の作用のことをいう．

2．精神障害の症状と分類　247

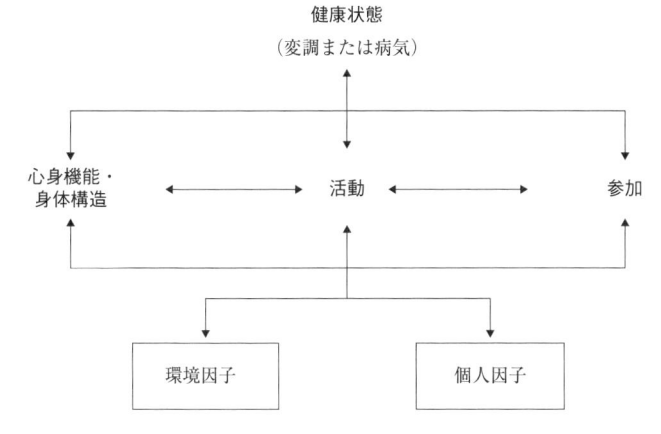

図11-1　ICFの構成要素間の相互作用
（IFC 国際生活機能分類―国際障害分類改訂版―より）

① 思考体験の異常
　a．思考伝播：自分の考えが他人に通じてしまうこと．
　b．思考吹込：外部から思考が吹き込まれること．
② 思考内容の異常
　a．妄想：思考の意味づけが間違っているが，その人はその内容を確信しており，訂正できないもの．
　b．強迫思考：不合理な考えが湧いてきて，ばかげたことであるとわかりながらも，抑えられない．
　c．支配観念：ある考えが強い信念となり，その人の生活を支配する．
③ 思路の異常
　a．思考途絶：思考が突然停止する．
　b．滅裂思考：思考のつながりがなく何の話をしているのかわからない．
　c．連合弛緩：滅裂の軽いもの．話はわかるがつながりが見えにくく，全体としてまとまらない．
　d．観念奔逸：次々に考えが浮かんでくるが，それらはまとまりがなく，論理的ではない．

e．迂遠：細かい所に話が留まり，なかなか話が前に進まない．

2）知覚の障害

　知覚とは感覚器官を通して外部の出来事を意識することで，視覚，聴覚，臭覚，味覚，触覚などがある．

　① 錯覚：実際に存在するものを別のものとして，とらえること．

　② 幻覚：実際には存在しないものを存在するかのようにとらえること．

3）知能の障害

　知能の障害には精神遅滞と認知症の二つがある．

　① 精神遅滞

　先天性または人生の早期に何らかの原因により，知能が発達せず低い状態で留まっている状態．

　② 認知症

　いったん正常に発達した知能が何らかの原因により持続的に低下した状態．

4）感情の障害

　感情は人の内外の刺激を受けて起きる，あるいは行動しているときに起きる主観的な体験である．生理的身体的なものとして表出されるのものが情動であり，比較的長く持続し健康状態や天候などに左右されやすいのが気分とされる．

　① 気分の異常

　気分の異常でよく見られるのが，躁とうつである．躁状態では爽快感や高揚感が生じる．うつ状態では悲壮感や苦悶感，憂うつ感が生じる．

　② 情動の異常

　情動に異常をきたすと，喜怒哀楽や愛情といった感情も障害される．肉親の死などに対しても大きな変化を示さなくなる感情鈍磨や，逆に興奮性が亢進しちょっとしたことに過敏になる易刺激性という状態もみられる．

（2）成因による分類

　精神障害は主要な原因が何によって引き起こされているかによって，内因性精神障害，外因性精神障害，心因性精神障害の三つに分類される．

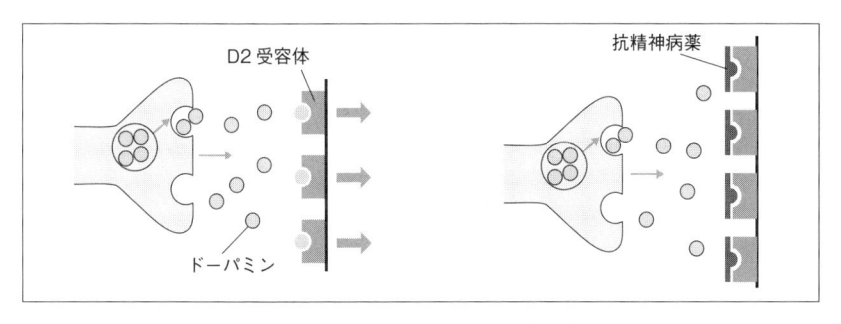

図11-2 ドーパミン仮説：ドーパミンの異常放出を抗精神病薬でブロックする．
（すまいるナビゲーターより）

1）内因性精神障害

十分に原因が解明されていないもので，病気に個人の"内側"で起こっていることは間違いないが，それが脳の機能的障害であるのか，個人の素因から来ているものなのか，明確ではないものをいう．

① 統合失調症

幻覚・妄想などの"陽性症状"と無関心・閉じこもりなどの"陰性症状"が特徴の精神疾患．脳内のドーパミンの排出異常が主要因とされており，治療には抗精神病薬などの薬物療法が基本となる．また治療は長期に亘る場合が多く，治療に対する本人や家族など周囲の人々の理解や，リハビリテーション（作業療法・SST）などの包括的な支援が重要である．病型分類としては破瓜型，妄想型，緊張型がある．

　a．破瓜型：15～25歳で発症．思考障害が中心．予後は不良で再発・再燃を繰り返し，欠陥状態に陥るケースが多い．

　b．妄想型：30歳代で発症．幻覚・妄想が中心．抗精神病薬が比較的効くため，治療は進めやすい．人格は保たれていることが多い．

　c．緊張型：20歳前後で発症．急激に精神運動興奮，緊張病性姿勢保持などを示す．症状は比較的短時間のうちに消失するが，周期的経過をとることが多い．一般的には再発を繰り返しても予後は良好．

② 気分障害（うつ病，躁うつ病）

うつ病は気分が沈み，行動や動作が緩慢になり，不眠や頭痛などの身体症

状も伴い日常生活に支障をきたす疾患である．躁うつ病は，躁状態（考えが次々に湧いてきて，気分が高揚してくる）とうつ状態とが交互に繰り返す疾患である．また，DSM-Ⅳでは重いうつ病と躁病の組み合わせによって，双極性Ⅰ型障害（躁病と大うつ病），双極性Ⅱ型障害（軽躁病と大うつ病），大うつ病性障害（大うつ病のみ）に分け，軽いうつ病と躁病の組み合わせによって，気分変調性障害（うつのみ），気分循環性障害（うつと軽躁病）に分けている．

2）心因性精神障害

精神障害が心理的，環境的要因から引き起こされたもので以下のものなどを総称して神経症といっている．

① 不安神経症

不安状態は全般性不安障害とパニック障害に分けられる．全般性不安障害では，特定の状況に限定されない不安を体験する．パニック障害では反復性の重篤な不安（パニック）発作が特定の状況に限定されずに，しかも予期せずに生ずる．

② 抑うつ神経症

喪失体験，恋愛などにおけるトラブルなどを契機として抑うつ状態に陥る．不安，意欲低下，睡眠障害などの症状が見られる．

③ 強迫性障害

強迫思考と強迫行為がある．強迫思考は考え，衝動などが本人の意思に反し繰り返し現れる．意思に反して現れるが，自分自身の思考だという認識は保たれる．強迫思考を満足させるために強迫行為（度の過ぎる手洗いなど）を行うことがある．

④ 解離性障害

かつてはヒステリーと呼ばれた．解離とは意識，記憶などの機能が部分的，または完全に破綻することである．最近の重要な出来事の記憶喪失（解離性健忘）や，家庭や職場から突然放浪に出ると同時に過去の記憶を失い，誰であるかわからなくなる（解離性遁走），などの症状がある．

3）外因性精神障害

障害の原因が身体，つまり心の外に存在するもの．脳の病気や外傷による

ものや薬物による中毒がこれにあたる.
① 器質性精神障害
脳血管障害,脳腫瘍などが原因となり精神症状を引き起こす疾患.
 a．脳血管性認知症
  脳梗塞や脳出血により脳の機能が妨げられ,記憶障害などの認知機能低下や抑うつ状態などの痴呆症状が現れる.
 b．アルツハイマー型認知症
  脳の萎縮や神経細胞の著しい変性や脱落により痴呆症状を呈する.
② 中毒性精神病
中毒による精神病状．アルコール依存,薬物依存など.

3．精神保健活動と予防

(1) 精神医療の歴史
1) 鉄鎖からの解放

フランスのピネル (Pinel, 1945～1826) は,18世紀末に当時鎖につながれて生活していた精神病患者を解放し「鉄鎖からの解放」を試みた．ピネルは精神病患者の処遇にあたって,無拘束を原則とし,生活指導を中心とした開放的精神医療を実施した.

2) 明治以前～第二次大戦までの日本の動き

日本においては古くから,多くの精神病患者は放置されたり,家庭内の座敷牢などに隔離されていた．こうしたなか,1883年に精神病患者であった旧中村藩 (現相馬市) 藩主の病院監禁の是非をめぐる裁判訴訟 (相場事件) が起こった．これが契機となり,1900年に精神障害者の処遇を定めた日本で最初の法律「精神病者監護法」が成立した．しかしこれは,患者の治療より,社会の治安・防衛を目的としたものであり,患者の私宅監置を合法化するものでしかなかった.

これに対し,西洋の近代精神医学とその制度を見学してきた呉秀三 (東京帝国大学教授) らは,精神病者監護法の欠陥を激しく糾弾．1919年に「精神

病院法」が制定され，道府県立精神病院の設置がされることになった．しかしいくつかの公立病院が造られたのみで，その後も私宅監置は後を絶たなかった．

3）第二次大戦後〜私立精神科病院の増加

第二次大戦後，戦前の精神障害者への強制隔離制度に対する反省から，1950年に「精神衛生法」が制定された．これにより私宅監置が禁じられ，都道府県に公立病院の設置が義務付けられた．しかし私立の病院を「指定病院」として代替することも認められたため，私立の精神科病院が増加．1965年には私立精神科病院は1200，病床数は20万を超えることとなった．

4）近年の精神医療の動き

このように，日本では精神医療が入院中心であったのに対し，欧米では抗精神病薬の開発・導入を受けて1960年代から「脱施設化・地域医療」が推進された．薬物療法導入による症状の軽快の結果，患者への対応がそれまでより容易となり，また人権意識への高まりから患者の社会復帰への促進が目指されるようになった．

日本では1987年の「精神保健法」，1993年の「障害者基本法」，1995年「精神保健福祉法」，2006年「障害者自立支援法」と徐々に法の整備がなされると共に，2004年に国が精神保健医療福祉の改革ビジョンを示し，2002年時点35万人の入院患者を2012年までに地域生活が可能とされる方，約7万人を退院してもらう計画を打ち出されている．

（2）精神障害者退院促進支援事業について

精神障害者が地域社会に復帰するために，これまでは各病院・診療所が独自に動いてきた．しかし単体病院レベルでは十分な推進を図ることが，難しい場合がある．先に述べたように，国は10年間で7万人のいわゆる社会的入院者の退院を目指すとしたが，これを推進するために，「精神障害者退院促進支援事業」を立ち上げた．以下にその内容を記す．

1）精神障害者退院促進支援事業（以下，事業）とは

個々の精神科病院において，各々の患者の事情に即して行っていた退院・社会復帰支援を制度化したもの．この事業は行政が責任や理念を明確にし，

3. 精神保健活動と予防　253

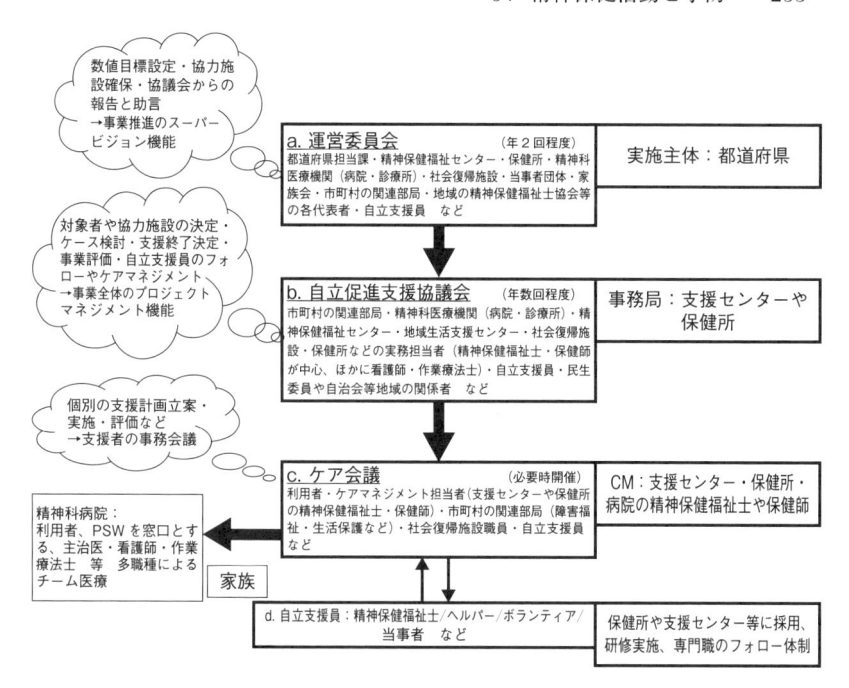

図11-3 精神障害者退院促進支援事業体制図（例）
（出典：『精神障害者の退院促進支援事業の手引き』）

地域関係機関や専門職のみならず，民間病院なども連携し，精神障害者の退院に向けた支援を協業で行う．

この事業は実施主体を都道府県が担い，地域の多種関係機関を含む運営委員会を設置して，利用者の精神科病院における社会復帰支援の"仕上げに近い部分から退院し地域生活を開始するまで"の特定の期間に提供されるものである．

これまで各病院が単独で行っていたことを都道府県が共に行うというところが，この事業の特徴である．

2）精神障害者退院促進支援事業の体制

本事業は多種多様な機関・職種が連携しながら推進するものであり，一般的に事業を運営する部門と実施する部門から構成される．主な構成員と役割は図11-3のようになっている．

4. 精神障害者の生き方について

　うつ病や神経症など比較的入院治療の少ない疾患を患った場合は，症状悪化時に外来診察を受けたりデイケア施設など利用しながら，地域で生活していくことが多い．

　しかし，統合失調症などにおいては状態が改善しない，社会的入院などにより長期入院となってしまう場合も多い．各病院・機関において独自に地域生活への移行支援を行ったり，先に述べた"精神障害者退院促進支援事業"を活用し長期入院患者の退院は促進されてきているが，まだ十分とはいえないのが現状である．

　入院患者のなかでも人格荒廃や家族の受け入れ拒否などで，入院生活継続を余儀なくされているケースと，地域で暮らす能力を再獲得し退院していくケースとに分かれてきている．以下に二つの特徴的な事例を記す．

【事例1：人格荒廃により退院の目処が立たないケース】
　〔事例の概要〕
　50代男性，統合失調症．家族は両親（共に死去），兄．高校在学中，興奮状態にて精神科病院初回入院（1ヶ月）．高校卒業後，地元企業に就職するも，1週間で退職．以後自宅で無為に過ごす．6年後（20代半ば）睡眠障害，幻聴が著しく興奮状態を示すため2度目の入院（1ヶ月）．退院後自宅で無為に過ごし，独語・空笑が目立つ．5年後（30代前半）母が事故にて死去．それを期に抑うつ状態となり，3度目の入院．30代半ばの入院中，父が自殺し兄も海外に転勤となる．以後義理姉が保護者となる．以後，20年以上入院生活を続けている．

　〔入院生活の様子〕
　「俺は天皇陛下の息子だ！」という血統妄想や「コンピューターが何もするなと言っている」といった支離滅裂な言動が見られ，独語・空笑も継続．精神症状が改善されていない．

　病棟内のレクリエーション，娯楽活動には参加するが，病気や地域生活を知るための学習活動には「俺は病気じゃないから」と参加しない．

　〔考察〕
　家族の不幸により抑うつ状態となり，兄の転勤などで帰る場所がなくなり，入院生活を余儀なくされている中，人格荒廃につながってしまったケースである．

【事例2：障害を抱えながらも地域で生活しているケース】
　〔事例紹介〕

4．精神障害者の生き方について 255

　50代男性．統合失調症．小太り．家族は両親，姉．大学卒業後製造業に就職．数年間勤めるも人間関係が上手くいかず退職．以後自宅で無為に過ごし自室から出ない生活が続く．20年後（40代半ば）突然，朝家を出ては夜帰るという生活が続くようになる（体重減少のため外を歩いたり，トレーニングをしていた様子）．自転車を盗んだり，商店で自分の名前を名乗り品物を持って行ったりするようになる．親族より精神科受診を勧められ家族同伴で来院．家族の同意を得て入院となる．

〔入院生活〕
　20代のような無為な生活を送る．病院内の日常活動には参加せず，ベッドで寝ていることが多かった．しかし生活能力は維持されており，身辺処理や食事・入浴などのADL能力は自立していた．

〔退院への取り組み〕
　5年間の入院生活が続くが，看護師より，退院を目指し地域生活支援プログラムに促され参加．地域社会への接点を多く持つことで，次第に活動性が向上．半年間の訓練の後，福祉ホームへの退院となる．

〔現在の様子〕
　福祉ホームへ退院後は，毎日精神科デイケアに通い，生活リズムが安定．自転車も購入し，朝晩と近隣のサイクリングが日課となり40代半ばのような明るさを取り戻す．週1回の外来受診を継続するなど，障害を抱えながらも本人なりの生活を送ることが出来ている．

〔考察〕
　5年間の入院生活が続いたが陽性症状はほとんどなく，ADL能力は維持されていた．福祉ホームを活用することにより地域生活への復帰を果たし，本人なりの生活を営むことが出来ているケースである．

参考文献
（1）障害者福祉研究会『ICF 国際生活機能分類』中央法規，2003．
（2）影山任佐『心の病と精神医学』ナツメ社，2002．
（3）朝田隆・中島直・堀田英樹『精神疾患の理解と精神科作業療法』中央法規，2005．
（4）社団法人日本精神保健福祉士協会『精神障害者の退院促進支援事業の手引き』2007．
（5）福屋武人『現代の臨床心理学』学術図書出版社，2002．
（6）すまいるナビゲーター　http://www.smilenavigator.jp/index.html（2009年11月30日現在）

おわりに

　読者の皆様，いかがでしたでしょうか．まだまだ不十分なところもあるかと思いますが，今後も第2版，第3版と，より質の高い専門書を目指していきたいと思います．

　最後になりましたが，ご執筆いただきました先生方に敬意を表すとともに，企画から編集，出版まで担当し，サポートしていただきました（株）学術図書出版社編集部の杉浦幹男さんに深く感謝いたします．

　　　　　　　　　　　　　　　　　平成22年（2010年）5月
　　　　　　　　　　　　　　　　愛知教育大学　名誉教授
　　　　　　　　　　　　　　　　　　　　　池田　勝昭
　　　　　　　　　　　　　　　同朋大学　教授
　　　　　　　　　　　　　　　　　　　　　目黒　達哉

索　引

——あ 行——

IQ	64
ICD-10	10
愛知教育大学	150
愛着理論	46
アイデンティティ	206
アカウンタビリティ	191
アクションリサーチ	192
アスペルガー症候群	2
アセスメント	29, 114
遊び	127
アタッチメント（愛着）	46
圧縮	35
アルツハイマー型認知症	251
アルツハイマー病	241
安心感	127
EAS	70
意識	32
意識化	37
いじめ	1
依存症	213
一次過程	33
1事例実験	194
イド	93
移動	35
医療領域	12
陰性強化	105
陰性罰	105
ウェクスラー	21
ウォーミング・アップ	125
内田・クレペリン精神作業検査	82
内田勇三郎	73, 82
うつ病	1, 241, 254
HTP	136
HTPP	136
エクササイズ	134
エゴ	93
エス	93, 94
S-HTP	136
SST（生活技能訓練）	121
SCI	69
SCT	76
エディプス・コンプレックス	47
NEO-PI-R	69
エビデンスに基づく臨床心理学	9
MA	64
MSSM	136
MMPI	68
エリクソン	47, 205
エンカウンター・グループ	121, 130
演者	124
エンパワーメント	16, 178
横断法	234
応用行動分析	27
応用心理学	8
オペラント条件付け	100
思い込み	37
音楽鑑賞	138
音楽療法	136
音楽を用いた身体運動	140
音楽を用いたリラクセーション	139

——か 行——

外因性精神障害	9, 248, 250
絵画療法	134
開業領域	12
外顕的行動	99
介護福祉士	181
介護負担	239
介護負担感	240
解釈	98
介入	114
外発的強化	106
解離性障害	250
カウンセラー	3
科学者―実践家モデル	17
鏡	126
学習障害	2, 205
学習優位説	45
家族療法	15
片口安史	73
カタルシス	22, 123
カタルシス効果	135
学校臨床	182
葛藤	214
家庭訪問	185
カルフ	117
感覚運動期	49
感覚統合	210
観客	124
環境閾値説	46
環境研究	168
間欠強化スケジュール	106
感情	40
監督	124
観念奔逸	247
記憶障害	240, 242
危機	173
危機介入	28, 168, 173, 174
危機状態	173, 174
凝集性	127
基礎心理学	8
気づき	37, 127
気分障害	213
気分障害（うつ病，躁うつ病）	249
客我	44
逆転移	61
キャッテル	20
キャプラン	173, 175
教育年数	235
教育領域	12
教員研修会	182
教員のカウンセリング	183
教員のコンサルテーション	183

索　引　259

教員への援助	182	
強化	100	
共感性	203	
共感的理解	111	
共同注意	227	
強迫性障害	213, 250	
去勢不安	47	
均衡	48	
具体的操作期	49	
クライエント	113, 177	
グラウンデッド・セオリー法	195	
グループ・アプローチ	120	
グループ・プロセス	131	
クレペリン	19, 82	
群指数	65	
形式的操作期	49	
芸術療法	121	
系列法	234	
KFD	136	
ゲゼル	45	
血管性認知症	241	
結晶性知能	231	
幻覚	248	
元型	36	
言語性IQ	65, 66	
言語性得点	232	
言語聴覚士	16	
原抑圧	36	
効果研究	191	
高機能自閉性障害	205	
口唇期	46	
構成的グループ・エンカウンター	133	
構造化面接	10	
構造化面接法	52	
交通遺児	4	
行動アセスメント	99	
行動観察	14	
行動療法	15, 206	
広汎性発達障害	2, 202	
肛門期	46	
肛門性格	47	
高齢期	4	
コーチング	129	
国際生活機能分類（ICF）	246	
國分康孝	133	
個人的無意識	34	
コッホ	136	
古典的心理劇	122	
コホート	232	
コミュニティ心理学	168	
コミュニティ心理学者	172	
コンサルタント	170, 175, 176, 177	
コンサルティ	175, 176, 177	
コンサルテーション	28, 168, 175, 176, 177	
コンプレックス	34, 35	

──さ　行──

サイコドラマ	121	
再発	11	
作業曲線	82	
作業検査法	82	
作業療法	161	
査定面接（アセスメント面接）	52	
産業領域	12	
3項関係	227	
GIM	140	
CA	64	
CMI	71	
シェアリング	125	
シェマ	48	
自我	23, 32, 43, 93, 94	
視覚障害	221	
自我同一性（アイデンティティ）	48	
自我同一性拡散	48	
自己意識	44	
自己一致	109	
思考	39	
自己概念	108, 109	
自己実現傾向	107, 109	
自己不一致	109	
自殺	1, 238	
自死遺児	4	
自傷他害	12	
システム・オルガナイザー	171	
肢体不自由	221, 223	
失語症	196	
失策行為	34	
実践に関する研究	190	
実践を通しての研究	190	
質的研究法	195	
質的データ	194, 195	
質問紙調査	194	
児童期	2	
児童生徒へのカウンセリング	185	
自発性	122	
自閉症	2, 221	
自閉症スペクトラム（連続体）	215	
死別	243	
司法領域	12	
社会学習理論	27	
社会的支援	168	
社会的スキル訓練	127	
社会的ひきこもり	3	
社会的要因の相互作用	9	
集合的無意識	36	
集団芸術療法	121	
集団心理療法	120	
縦断法	234	
自由にして守られた空間	117	
自由連想	98	
自由連想法	24	
主我	44	
受動的音楽療法	138	
主役選択	125	
純粋さ（genuineness）	110	
情緒障害	221	
自立活動	225	
自律神経系	210	
事例	193	
事例研究	30, 188, 192, 198	
事例報告	198	
心因性精神障害	9, 248, 250	
人格	38, 40	
人格障害	213	

索引

神経症　43
新行動SR仲介理論　27
身体障害　221
心理学的要因　9
心理劇　121
心理的ケア　181
心理リハビリテイション　228
随意吃　212
スーパーエゴ　93
スーパーヴァイザー　176
スーパーヴァイジー　176
スーパーヴィジョン　176
スキーマ　39
スキナー　100
スクールカウンセラー　3,203
ストレス・マネジメント法　228
性格　40
性格検査　14
生活技能訓練　127
性器期　46
生後9ヶ月の奇跡　226
成熟優位説　45
成人期　4
精神障害　246,248,250
精神障害者退院促進支援事業　252
精神分析　23
精神分析療法　15
精神保健福祉士　16
精神力動　93
生徒への援助　184
青年期　3
潜伏期　46
生物学的要因　9
生物主義　93
世界技法　116
折衷的アプローチ　15
全検査IQ　65,66
前操作期　49
相互作用説　45
喪失体験　4,236
双生児法　45

相談機関　12
相談室のPR活動　184
相談室の運営　184
ソーシャルスキル　204
ソシオドラマ　122
即興楽器演奏　140

――た 行――

体験学習理論　171
体験治療論　144
対人不信感　14
態度　39
代理貨幣（トークン）　104
高橋雅春　136
多軸評定　10
多動性障害　205
田中ビネー知能検査V　64
タナトス　95
男根期　46
知恵　235
知的障害　26,221
知能　218,231
知能検査　20
知能指数　21
注意欠陥　205
注意欠陥多動性障害　2
超越的機能　37
聴覚障害　221
超自我　32,36,41,93,94
調節　48
治療的因子　126
追跡調査　233
対提示　100
DIQ　65
TAT　75
DAP　135
DSM-Ⅳ　10
抵抗　98
ディスレクシア　217
テレ　123
転移　61,98
同一化　42
投映　214
投映法　71
同化　48

道具的な事例研究　193
統合失調症　113,127,249,254
動作　142
動作性IQ　65,66
動作性得点　232
洞察　98,114
トゥレット症候群　207
特性論　41
特別支援教育　225,228
ドラマ　125
取り入れられた価値　109

――な 行――

内因性精神障害　9,248,249
内在的な事例研究　193
内潜的行動　99
内発的強化　106
中井久夫　136,135
ナルシシズム　43
ニート　3
2項関係　227
二次過程　43
二重自我　126
二重性　39,44
日本語版WAIS-Ⅲ　65
日本版WISC-Ⅲ　66
乳幼児期　2
認知　218
認知行動療法　15,27
認知症　240
脳血管性認知症　251
能動的な音楽療法　138

――は 行――

パーソナリティ　38
パーソナリティ障害　9
バーンズ　136
配偶者と死別　242
バウムテスト　79,136
箱庭療法　116,208
罰　100
バック　136
発達障害　2
発達段階　1

半構造化面接法	52	
バンデューラー	101	
ハンドテスト	80	
パヴロフ	100	
ピアジェ	48	
P-Fスタディ	77	
POMS	70	
ひきこもり	218	
非言語的表現	134	
非言語的要素	128	
非構造化面接法	52	
ヒステリー	26	
ビネー	20	
病識	11	
ファシリテーター	131	
不安	238	
不安障害	213	
不安神経症	250	
フィードバック	129	
フィールドワーク	192	
風景構成法	136	
福祉領域	12	
輻輳説	46	
舞台	124	
不登校	1	
プライマリケア	239	
フリースクール	206	
フリースペース	206	
フリーター	3	
フロイト	22,32,46,92	
プロセス研究	192	
プロンプティング	129	
ペアレント・トレーニング	218	
ベーシック・エンカウンター・グループ	130	
ベンダー・ゲシュタルト検査	84	
ヴント	18	
防衛機制	25,33,43,96	
母子一体性	117	
ボウルビィ	46	
ホームヘルパー	181	
保護者のカウンセリング	186	
保護者への援助	186	
保護者向け講演会	186	
補助自我	124	
ボランティア	179,180	

――ま 行――

マコーヴァー	135	
三上直子	136	
三つの心	221	
無意識	23,32,33,36,93	
無条件の肯定的配慮	111	
面接	52	
メンバー	128	
妄想	247	
モデリング	101	
モラトリアム人間	3	

――や 行――

薬物療法	17	
役割	122	
役割演技	123	
役割解除	125	
役割交換	126	
役割取得	123	
役割創造	123	
矢田部-ギルフォード性格検査	66	
山中康裕	136	
有機体的価値	108	
遊戯療法	206,212	
優勢な機能	35	
指さし	227	
夢分析	208	
ユング	25,34	
陽性強化	105	
陽性罰	105	
抑圧	22,33	
抑うつ状態	238,241	
抑うつ神経症	250	
欲動	32,43	
欲望	32,43	
余剰現実	123	

――ら 行――

来談者中心療法	15,29	
ライフイベント	236	
ラカン	35	
ラポール	56	
力動	93	
リビドー	23,46,94	
流暢性促進	212	
流動性知能	231	
両極説	46	
リラクセーション	212	
リレーション	133	
臨床心理学	8	
臨床心理学的アセスメント	14	
臨床心理査定技法	5	
臨床心理士	3,5,16,29,168,172,188	
臨床心理的地域援助	168,180	
臨床心理的地域援助技法	5	
臨床心理面接技法	5	
臨床的面接	14	
臨床動作法	141	
類型論	41	
レスポンデント条件付け	100	
劣勢な機能	35	
連合弛緩	247	
連続強化スケジュール	106	
ローウェンフェルト	116	
ロールシャッハ法	72	
ロールプレイ	129	
ロールプレイング	122	
ロジャーズ	130,131	

――わ 行――

枠組み	140	
ワトソン	99	

執筆者一覧 （執筆順）

池田勝昭＊	愛知教育大学名誉教授	序論，第9章
目黒達哉＊	同朋大学教授	序論，第6章1～3
松田英子	東洋大学教授	第1章
村木太一	名鉄看護専門学校講師(非)	第2章1～3
石牧良浩	同朋大学教授	第2章4～5，第5章2.4)，第8章
鈴木敏昭	四国大学教授	第3章1,2
渡部 諭	秋田県立大学教授	第3章3，第4章1,5
佐野友泰	札幌学院大学教授	第4章2,3，第6章4
金 愛慶	名古屋学院大学教授	第4章4
春日作太郎	都留文科大学・大学院教授	第5章1，2.1)～3)，3
熊谷直人	三重県多度あやめ病院臨床心理士	第5章2.5)，4.3)，4)(1)
茨木博子	駒澤大学教授	第5章4.1)
鈴木淳子	元愛知文教女子短期大学	第5章4.2)
廣川恵理	聖徳大学教授	第5章4.4)(2)
船橋篤彦	広島大学大学院准教授	第5章5.1)
森﨑博志	愛知教育大学教授	第5章5.2)
中山真一	魚津緑ヶ丘病院作業療法士	第5章6，第11章
能智正博	東京大学教授	第7章
北川公路	東北文化学園大学准教授	第10章

＊は編者

こころのケア
　　臨床心理学的アプローチ

2010 年 4 月 30 日　第 1 版　第 1 刷　発行
2023 年 4 月 1 日　第 1 版　第10刷　発行

　　　　　　編　　者　　池　田　勝　昭
　　　　　　　　　　　　目　黒　達　哉
　　　　　　発 行 者　　発　田　和　子
　　　　　　発 行 所　　株式会社　学術図書出版社
　　　　　　〒 113-0033　東京都文京区本郷 5-4-6
　　　　　　TEL 03〈3811〉0889　　振替 00110-4-28454
　　　　　　　　　　　　　印刷　三松堂印刷（株）

定価はカバーに表示してあります．

　　　　　　本書の一部または全部を無断で複写（コピー）・複製・転
　　　　　　載することは，著作権法で認められた場合を除き，著作
　　　　　　者および出版社の権利の侵害となります．あらかじめ，
　　　　　　小社に承諾を求めてください．

　　　　　Ⓒ2010　K. IKEDA, T. MEGURO Printed in Japan
　　　　　ISBN978-4-7806-0205-0　C3011